U0583779

本书获以下项目资助

郑州大学公共管理一流培育学科建设（双）专项资金

郑州大学人文社会科学优秀青年科研团队资助项目（2023-QNTD-03）

郑州大学 2023 年度教学改革研究与实践项目
"与行业职业标准相衔接的'社会工作评估'课程教学内容与方式改革研究"
（2023ZZUJGXM126）

第三方评估

THIRD PARTY EVALUATION
DEVIATION

偏差

基于政府购买社工服务项目的探讨

AN EXPLORATION BASED ON GOVERNMENT PURCHASE OF
SOCIAL WORK SERVICE PROJECTS

韩江风　著

社会科学文献出版社

SOCIAL SCIENCES ACADEMIC PRESS (CHINA)

序

改进评估方法，不断提高政府购买社会
工作服务的质量

当代社会中，政府通过广泛提供各类公共服务而在公共事务中发挥着越来越重要的作用。政府为提供公共服务而调动的资源在社会总财富中已占很高的比例，政府公共服务规模的扩大和水平的提高，在促进再分配、满足广大人民群众的需要、解决各种社会问题、促进经济和社会发展、维护社会稳定与和谐方面发挥着积极的作用。但是，政府在调动、分配和使用丰富资源的过程中，如何才能使公共资源被合理有效使用并高效率达到目标，始终是一个令人关注的问题。政府通过公共行动的方式分配和使用公共资源的过程在很大程度上是一个人为的行动过程，难以依赖市场机制的"天然"作用去加以规制和调节，并且常常缺乏有效的社会监督，因而只能靠政府自身的努力去提升公共服务的实际效能和运行效率，从而使巨量公共资源能够高效率运用。为此，各国政府和学术界大多积极探寻公共服务运行的体制机制。但是，由于这一问题的高度复杂性，迄今为止仍没有找到一个普遍有效的办法。当代各国，如何提高公共服务效能和运行效率仍然是一个既重要又复杂的议题，吸引着众多的研究者为之探索。

提高公共服务效能与效率需要在多方面发力，其中主要包括改革和优化公共服务提供方式，以及改革和完善公共服务的评估机制。一方面，在过去几十年里公共服务提供方式有了较大的变化。在运行机制上从过去的

纯福利机制逐步转向福利机制与市场机制相结合的"混合福利机制"或"准市场机制",通过引入一定的市场机制而扩大服务供给内容,约束不合理的福利需要,并激励服务提供者控制服务成本和提高服务质量。在服务主体上则从过去强调政府包办而逐渐转向政府与社会力量结合与配合,通过社会力量的广泛参与扩大服务供给,并提高服务质量与效率。另一方面,各国都在积极探索对公共服务绩效合理有效评估的方式,以提高对公共服务项目绩效和效率评估的科学性和合理性。公共服务不能像企业生产那样靠利润率等简单的指标去衡量服务行动的绩效与效率,而是需要通过对个性化的服务内容及其实效进行分析评估,从而把握其绩效及运行效率。理论和实践都证明,对公共服务绩效评估是一项既相当重要,又相当复杂的行动。政府和学术界经过多年的实践探索和理论研究,开发了多种类型的评估方式,但尚未有一种公认较为完美的公共服务评估方式。即使是目前采用较多、相对较有效的"第三方评估"方式,也存在不少问题,有待进一步研究完善。

改革开放以来,我国各级政府的公共服务提供方式发生了较大的变化。目前,政府向社会力量购买服务已成为一种主要的公共服务提供方式。在社会工作领域,自2006年党的十六届六中全会提出要建立一支宏大的社会工作人才队伍以后,社会工作人才队伍建设及社会工作服务大幅度拓展,其基本采用了以民办社会工作机构为主的体制,社会工作服务也主要以政府向社会工作机构购买服务的方式提供。在这种服务提供方式下,如何对社会工作机构的服务质量和效率开展评估,就成为提高社会工作领域公共服务绩效与效率的重要议题。目前,政府向社会工作机构购买服务主要采用第三方评估的方式,这种方式普遍被认为是迄今为止适用政府向社会力量购买服务项目质量与效率评估的最佳方式。但是,即使是"最佳评估方式",在政府向社会工作机构购买服务的项目评估实践中也出现不少问题,需要进一步研究优化。

韩江风博士在社会工作服务评估方面有长期的研究。多年来,他坚持深入一线,通过直接参与具体的实践和广泛深入开展调查获取了大量第一手资料。《第三方评估偏差——基于政府购买社工服务项目的探讨》一书是他在此领域长期研究的重要成果。该书在对前人研究成果分析和传承的基础上,系统地介绍了其多年来的调查研究及理论研究成果。其中,用经验事实揭示了政府购买社会工作服务第三方评估方法运行中存在的形式化、功利化、片面化等问题，并对造成这些问题的深层次原因进行了深入剖析，提出了第三方评估的制度不足是导致这些问题的重要原因。此书将我国学术界对政府购买服务项目第三方评估方法的研究向前推进了一步。此书中重要的发现都来自可靠的实际调查，资料基础较为扎实。此书对所研究问题的理论分析也较为深入，具有较高的学术价值和实际应用价值，对于学术界深入研究公共服务绩效及其评估方法具有积极的理论参考意义，对于各级政府进一步改进向社会力量购买服务项目的绩效管理及其评估方法也具有重要的应用参考价值。

研究改进政府向社会工作机构购买服务的评估方法和绩效管理方法是一个复杂和长期的行动过程，需要政府和学界高度重视，有更多的研究投入和实践探索。韩江风博士的研究和本书的出版将会在此领域起到积极的推动作用。我希望，此书的出版能够得到学术界、政府和相关社会领域的高度重视，大家一起进一步推动这一领域的研究和实践发展，进一步完善评估的制度，改进评估方法，不断提高政府购买社会工作服务的质量，更好地造福广大人民群众。

关信平

南开大学社会学院教授

社会建设与管理研究院院长

2024 年 5 月

前　言

自 20 世纪 90 年代我国正式出现政府购买社会工作服务项目以来，对于社会工作服务成效的问责和评估实际上一直未曾间断。但是，直到党群服务中心项目、乡镇（街道）社会工作服务站项目等站点类、常态化且与行政体制深度融合的政府购买社会工作服务项目出现，"社工服务项目的实际成效究竟如何"这一问题才真正引起了政府、学界、社工实务界以及社会大众的广泛重视。由此，作为监督和改善社工服务项目的重要外部评价机制，以独立、客观、公正、专业为核心特质的第三方评估被社会各方寄予了深厚期望。多元利益相关者希望第三方评估能在服务促进、社会交代、监督管理、资源争取等方面发挥更加积极的作用，并切实履行监督核查、以评促建、以评促改、以评促管、以评促强的美好使命。但是，随着第三方评估实践的发展，一些学者逐渐发现，第三方评估也出现了形式化、功利化、片面化的不良倾向。

随着中国社会工作三十多年本土化进程的不断深入，一批优秀的社会工作专著慢慢涌现出来，例如张和清教授等人的《从群众中来 到群众中去——"双百"社会工作概论》《社区为本的整合社会工作实践：理论、实务与绿耕经验》、向荣教授等人的《"流行社工"路：云南连心本土社会工作实践》、乔东平教授等人的《政府与社会组织的合作：模式、机制和策略》等。这些著作极大地促进了中国社会工作的本土化、现代化、专业化，赢得了学者和实务工作者的极大赞许。但是，对于社会工作服务领域的第三方评估问题，目前只有数位学者的零星研究成果，始终未能形成系统、全面、专业的学术专题著作，对于社工服务第三方评估问题的研究总体还不够深入。

基于此，笔者在六年（2018~2023年）追踪调查研究的基础上，综合运用实地研究、案例研究、比较研究等多种研究方法，借助参与式观察法、访谈法等资料收集方法收集了大量文本、音频、视频资料，并撰写了本书。本书是国内首本重点关注政府购买社工服务领域第三方评估偏差问题的学术专著，是笔者长达六年参与式追踪调查的成果结晶。本书有助于社会工作、社会学以及评估学领域的师生和从业者们深度了解社工服务第三方评估项目的"全貌"；有助于社会大众打开和理解所谓的第三方评估"黑箱"；有助于促使第三方评估更加科学，更好地发挥自身的价值；同时也有助于丰富和完善中国式现代化社会工作的本土化理论体系。

具体来说，笔者凭借高校学者兼市级行业协会评估项目主任的角色，对第三方评估机构X市社工协会开展了六年的追踪调查，并从X市政府工作人员、社区居委会成员、社工机构负责人、一线社工、评估专家、评估机构员工、服务对象等利益相关者处收集了大量的访谈资料。在整理分析这些一手研究资料的基础上，本书最终选取了X市A区、B区、C区三个政府购买社工服务第三方评估典型案例。通过三个典型案例的分析和比较，本书发现第三方评估能够在规范项目管理、厘清项目定位、保障项目专业性、扩大项目影响力等方面发挥积极作用，但仍存在第三方评估的形式化、功利化、片面化等评估偏差问题。随之而来的研究问题是，第三方评估为何会出现偏差？

为了解释第三方评估出现形式化、功利化、片面化等偏差问题的原因，学者们使用委托代理理论、志愿失灵理论、第四代评估理论等理论工具进行了多个层面的探索。但是，这些理论工具都无法很好地做到整合制度及合法性、政社关系与评估机制、评估方法与技术这三个层面的关系，无法提供一种内外部联动的分析视角，无法给出更加明确的中间变量。为了弥补上述缺陷，本书采用理性选择理论作为分析工具，构建了"制度缺陷—行动策略—评估偏差"的第三方评估偏差分析框架。从这一框架出发，本书认为：当前第三方评估的制度缺陷使得评估偏差问题难以避免，但评估偏差的程度取决于第三方评估机构的具体行动策略。具体可以从以下三个方面进行说明。

第一，当前第三方评估呈现法律合法性不足、社会合法性欠缺、专业合法性较弱、行政合法性强势的合法性失衡状态。这种合法性上的失衡状态使得第三方评估得不到法律、社会大众和一线社工的有力支持，反而更多受行政力量的制约。第三方评估机构为了生存，不得不采取主动转让评估权力、主动转移评估责任、主动迎合购买方需求等权责转让式的行动策略。然而，权责转让式的行动策略是以牺牲第三方评估的独立性为代价的，其结果是衍生出了第三方评估的形式化问题。

第二，在政府购买社工服务第三方评估领域，成体系的外部监督制度尚未建立。购买方对第三方评估机构只进行选择性监管、社会组织的年检流于形式、行业监管体系混乱、第三方评估的信息公开制度止于表面等问题反映了当前外部监督制度的严重缺失。外部监督制度的缺失以及社会组织自身的生存危机，使第三方评估机构通过压缩评估时间、临聘外部人员、简化评估流程、量产评估报告等行动策略来控制评估成本。然而，成本控制的行动策略在一定程度上侵蚀了第三方评估的专业性，使第三方评估表现出明显的功利主义倾向。

第三，在政府购买社工服务第三方评估领域，目前还没有建立起较为完善的行业准入制度。一方面，第三方评估资质的授予主体并未明确界定、评估资质授予和清退的标准模糊不清、全国性评估统辖管理机构尚未建立；另一方面，人才培养和认证制度尚未建立，评估专业人才十分稀缺。行业准入制度缺失致使第三方评估机构缺乏权威性，迫使第三方评估机构更乐于使用偏项目管理轻专业服务、偏产出评估轻成效评估、偏事后评估轻事前评估、偏短期考核轻长期影响等过于简单化的评估策略。这种化繁为简式的评估方式既无法保证第三方评估机构自身的公正性和客观性，也难以保证自身践行以评促建的评估宗旨。由此，衍生出了第三方评估的片面化问题。

基于理性选择理论以及第三方评估偏差的分析框架，本书认为：应当从宏观社会系统和微观法人行动者两个角度，从完善第三方评估的制度体系、规制第三方评估机构的行动策略两个层面来优化当前的第三方评估机制，以达到标本兼治的目的。此外，在评估理论与方法技术研究方面，也应当有所进益。共享主义第五代评估范式的理论创新，以及区块链、大数据、人工智能等技术方面的革新，都有可能为社工服务第三方评估的本土化、中国化、现代化、专业化带来一些可喜的变化。

目　录

导　论

第一节　问题提出

一　政府购买社工服务的兴起

作为一种极具创新性和现代性的公共服务供给机制，我国政府购买服务于 20 世纪 90 年代率先从上海、深圳、广州等沿海发达地区推广开来。1996 年，上海市浦东新区社会发展局联合基督教上海青年会共同创建了罗山市民会馆，这是我国大陆地区第一次出现政府委托、社会团体托管的公共服务项目。① 2000 年，上海市在卢湾等 6 个区的 12 个街道开展居家养老服务试点，开国内政府购买服务的先河；2004 年，上海市阳光社区青少年事务中心、自强社会服务总社、新航社区服务总站等三家社会组织成立，正式以政府购买服务的形式聘用专业社会工作者来承担禁毒、社区矫正、社区青少年事务等方面的社会工作服务；2007 年，深圳市政府推动成立了深圳慈善公益网、鹏星社会工作服务社、社联社会工作服务中心等三家社会工作机构，在外来人口服务、社会福利与救助、社区建设等领域开展了政府购买社工服务项目的试点。② 此后，以政府购买为主要资金来源的社会工作服务项目如雨后春笋般蓬勃发展起来。中国社会工作

---

① 马秀莲、杨团：《政社合作下社区托管服务的规模化和专业化——从罗山市民会馆到华爱社区管理中心》，《理论探讨》2017 年第 2 期。

② 谢海山：《国内外政府购买服务的简要历程》，《社会与公益》2012 年第 8 期。

联合会发布的《2018 年度中国社会工作发展报告》显示，2018 年各地投入社会工作资金就已达 61.12 亿元，同比增长约 19.6%，其中，广州、上海投入资金超过 14 亿元，北京超过 5 亿元，天津、江苏、浙江、河南、重庆超过 2 亿元。[①]

此外，国务院、民政部、财政部等政府部门陆续发布了《民政部 财政部关于政府购买社会工作服务的指导意见》（民发〔2012〕196 号）、《国务院办公厅关于政府向社会力量购买服务的指导意见》（国办发〔2013〕96 号）、《民政部关于进一步加快推进民办社会工作服务机构发展的意见》（民发〔2014〕80 号）、《民政部 财政部关于加快推进社会救助领域社会工作发展的意见》（民发〔2015〕88 号）等一系列指导意见，进一步夯实了政府购买社工服务的政策基础。2020 年 10 月，民政部在湖南长沙召开了"加强乡镇（街道）社会工作人才队伍建设推进会"，会议充分肯定了湖南、广东等地通过建立乡镇（街道）社工站，将社会工作与基层民政建设紧密结合，从而打通为民服务"最后一米"的优秀经验，正式提出了"力争'十四五'末，实现乡镇（街道）都有社工站，村（社区）都有社会工作者提供服务"的建设目标，标志着全国乡镇（街道）社工站建设全面启动。次年，民政部办公厅又印发了《关于加快乡镇（街道）社工站建设的通知》（民办函〔2021〕20 号），从政策支持、资金保障、推进步骤、资源整合，以及聚焦重点人群、发挥专业优势、加大人才培养、规范机构建设、强化督导支持、加强组织领导等方面给出了更加具体的指导意见。此后，轰轰烈烈的社工站建设迅速在全国拉开帷幕。截至 2022 年 12 月底，全国已建成乡镇（街道）社工站 2.9 万个，7 万名社会工作者驻站开展服务，8 个省份已经实现了乡镇（街道）社工站全覆盖，16 个省份覆盖率超过 80%，全国覆盖率达到 78%。[②] 由此可见，政府购买社工服务已经成为中国社会工作发展的重要推动力之一，同时也是国家推进政府职能转型，实现国家治理能力和社会治理体系现代化的重要抓手之一。

---

① 徐健、姜微、张红、王俊山、赵怡婕、王欣懿、俞汶君：《2018 年度中国社会工作发展报告发布》，《公益时报》2019 年 3 月 26 日，第 7 版。

② 许娓、徐蕴：《全国志愿服务和社会工作电视电话会议在京召开 已建成乡镇（街道）社工站 2.9 万个》，《中国社会报》2023 年 1 月 18 日，第 A01 版。

二　社工服务项目需要第三方评估

一方面，自政府购买社会工作服务项目纳入国家社会福利和社会保障政策体系以来，第三方评估就与社会工作服务项目相伴相生。例如，《民政部 财政部关于政府购买社会工作服务的指导意见》（民发〔2012〕196号）明确提出，"积极推进第三方评估，发挥专业评估机构、行业管理组织、专家等方面作用，对服务机构承担的项目管理、服务成效、经费使用等内容进行综合考评"。《国务院办公厅关于政府向社会力量购买服务的指导意见》（国办发〔2013〕96号）也提出，"建立健全由购买主体、服务对象及第三方组成的综合性评审机制，对购买服务项目数量、质量和资金使用绩效等进行考核评价"。《民政部关于进一步加快推进民办社会工作服务机构发展的意见》（民发〔2014〕80号）强调，"积极发展社会工作专业评估与咨询服务机构，为开展政府购买社会工作服务提供技术支持"。《民政部 财政部关于加快推进社会救助领域社会工作发展的意见》（民发〔2015〕88号）提出，"加强政府购买社会救助领域社会工作服务项目评估，规范立项评估和绩效评估程序，对申请承接政府购买社会救助领域社会工作服务的机构，从专业资质、内部治理、人才资源等维度进行第三方立项评估"。《民政部办公厅关于加快乡镇（街道）社工站建设的通知》（民办函〔2021〕20号）提出，"各地要明确分工，压实工作责任，把乡镇（街道）社工站建设纳入重点工作评估或基层绩效考核，建立日常监测、台账记录、定期考评和第三方评估机制"。此外，民政部还发布了《关于探索建立社会组织第三方评估机制的指导意见》（民发〔2015〕89号）、《社会工作服务项目绩效评估指南》等专门的第三方评估指导意见，初步明确了第三方评估的总体思路、基本原则、资金保障机制、信息公开和结果运用办法。可见，对于政府购买社会工作服务项目进行第三方评估是政策文件的一贯要求，是开展社会工作服务项目必不可少的重要环节之一。

另一方面，随着政府购买社工服务项目的快速发展，社工服务项目中出现了外部服务行政化、内部管理官僚化、专业性体现不足、独立性丧失、"指标绑架"等服务困境。例如，朱健刚等发现，外部服务行政化、内部治理官僚化、专业建制化等问题，使得社会工作在社区治理中难以发挥足够的影响力。① 肖小霞等指出，家综服务中心的社工服务出现了理论和现实相分离、以合同和指标为导向、以维稳为目的、迎合政府需求等问题，从而导致了社工服务在道德实践和政治实践层面的异化。② 吴耀建等认为，外部系统的行政化和专业自闭造成了社工服务内卷化困境，具体表现为社工服务的全能化、技工化、精致化，以及服务受众面窄、弱势案主不受重视等问题。③ 文军等发现，服务的最大效益化通常决定了社会工作服务的方向和方式，因而在实务操作过程中无论是选择容易接触或者介入难度较小的群体作为服务对象，还是将特定问题强加于特殊对象使之"被服务"等"选择性"服务现象都屡见不鲜。④ 面对政府和学界对政府购买社工服务真实效果的诸多质疑和批评，仅靠社工机构的自我评价和政府的行政评估显然难以服众，社会工作迫切需要一个"第三者"来检验和证明自身服务质量，并回应政府和社会大众的问责。由此，声称能做到独立、客观、公正、专业的第三方评估，成为"检验"和"证明"社工服务实际成效的首选工具。

从理论上来说，第三方评估能够起到规范专业服务、协调政社关系、促进项目改进的作用，从而使社会工作服务项目的实际成效得到保障。例如，赵环等认为第三方评估是协调购买方、服务方、服务对象之间关系的重要力量，更是化解政府购买服务中诸多实践问题的重要机制。⑤ 姚进忠等指出，第三方评估能够发挥服务促进、内部管理、资源争取、社会交代等积极作用，有利于推进我国社会工作的专业化和职业化进程。⑥ 潘旦等认为，第三方评估可以帮助社工机构获得合法性，并防止社工机构被内部

① 朱健刚、陈安娜：《嵌入中的专业社会工作与街区权力关系——对一个政府购买服务项目的个案分析》，《社会学研究》2013 年第 1 期。
② 肖小霞、张兴杰、张开云：《政府购买社工服务：道德实践和政治实践的异化》，《理论月刊》2013 年第 7 期。
③ 吴耀健、陈安娜：《行政化与专业自闭桎梏：广东 D 区民办社会工作机构的内卷化》，《社会工作》2017 年第 5 期。
④ 文军、何威：《社会工作"选择性服务"现象及其反思》，《学习与探索》2016 年第 7 期。
⑤ 赵环、严骏夫、徐选国：《政府购买社会服务的逻辑起点与第三方评估机制创新》，《华东理工大学学报》（社会科学版）2014 年第 3 期。
⑥ 姚进忠、崔坤杰：《绩效抑或专业：我国社会工作评估的困境与对策》，《中州学刊》2015 年第 1 期。

人控制以及权力滥用等问题。① 滕爱聪认为，第三方评估在政府购买社工服务的质量监督和管理方面，发挥着非常重要的作用。② 徐双敏等认为，科学合理的第三方评估，有利于甄别和培育合格的服务承接者，从而最大限度减少政府购买服务的失灵风险。③ 可见，学者们曾希望第三方评估能够在协调多元主体之间的关系、解决政府购买服务问题、促进社会工作职业化和专业化、促进社工机构成长、监督社工服务项目等方面发挥积极的作用，对第三方评估的前景有非常美好的预期。

三　第三方评估未能完全实现预期效果

作为一种新的公共服务评价机制，第三方评估并不仅仅被应用于社工服务领域，其较早出现于教育评估和政府绩效评估领域，而后逐渐扩散到了公共体育服务、精准扶贫成效、社会风险，甚至交通行业、卫生城市等十分广泛的社会服务领域。但遗憾的是，在很多社会服务领域中，第三方评估机制都暴露出了一些问题。例如，王向华等指出第三方评估在高等教育评估领域存在立法保障不到位、社会影响力不足以及监督机制不健全等问题。④ 在 A 县扶贫绩效的第三方评估个案研究中，蒋天佑分析了农户、基层政策、第三方评估机构基于自身利益而采取的博弈行为，其发现三者的博弈行为消解了第三方评估的客观性，致使第三方评估变成了利益相关方的技术工具。⑤ 第三方评估的广泛运用，一方面反映出第三方评估具有一些不可替代的独特优势，另一方面也为其下一步的发展埋下了一些隐患。通过本研究，笔者希望能进一步引起政府部门及社会大众对第三方评估行业的重视，进而加快我国第三方评估制度完善进程。

一般来说，第三方评估应该具有引入外部专家资源、匡正项目定位、

① 潘旦、向德彩：《社会组织第三方评估机制建设研究》，《华东理工大学学报》（社会科学版）2013 年第 1 期。

② 滕爱聪：《政府购买服务引入第三方评估机制效果可期》，《中国社会报》2015 年 7 月 3 日，第 5 版。

③ 徐双敏、崔丹丹：《完善社会组织第三方评估工作机制研究——基于 5 市调查数据的分析》，《中南财经政法大学学报》2016 年第 6 期。

④ 王向华、张曦琳：《管办评分离背景下高等教育第三方评估的探索与实践——以上海市教育评估协会和麦可思研究院为例》，《当代教育科学》2019 年第 2 期。

⑤ 蒋天佑：《扶贫绩效第三方评估客观性消解及其应对——基于 A 县个案和相关者利益博弈视角的分析》，《湖南农业大学学报》（社会科学版）2018 年第 5 期。

规范项目管理、保障服务专业性、打造项目服务品牌、提升项目影响力等方面的积极作用，能够帮助社会工作服务项目实现提质增效。因此，作为监督和改善社工服务项目的一项重要机制，第三方评估被政府、学界和社会大众寄予厚望。但是，随着第三方评估在实践过程中暴露出越来越多的问题，一些学者对第三方评估也产生了质疑：第三方评估真的能圆满达成政府、学界和社会大众的美好预期吗？第三方评估真的能坚定地秉持其独立、客观、公正、专业的特质，进而充分履行其监督核查、以评促建的使命吗？

从学者们的研究成果来看，第三方评估在规范项目管理、厘清项目定位、保障项目专业性、扩大项目影响力等方面能够起到一些积极作用，但并不能完全实现自身的价值和使命，其也有可能出现评估偏差的问题。例如，郑佳斯等指出，标榜客观公正的第三方评估在实践中却并不尽如人意，甚至被诟病为伪独立、伪专业、伪客观。① 徐选国等认为第三方评估存在着"名实不符"的现象，在实践过程中更呈现多重乱象。② 姚进忠等指出，强调指标化的管理主义评估过于关注效率和问责，使得第三方评估的效果不佳。③ 综上所述，学界和社工实务界已经开始认识到：第三方评估并不是完美的神话，也远非已经达到完善程度的机制；第三方评估尚未完全实现自身的价值和使命，其也有可能出现评估偏差的问题，甚至有可能会衍生出评估失灵、评估失效、评估失败等严重的社会后果。

就本书而言，笔者自 2017 年开始研究社工服务第三方评估项目，至今已陆陆续续参与或主持过 30 多项社工服务第三方评估项目。但在长期的评估实践过程中，笔者时常对评估理论与实践的脱节、评估机构的生存难题和尴尬地位、评估的真实效用等问题感到深深的困惑。因此，笔者带着第三方评估为什么会出现偏差的研究问题，开展了更加系统的实地研究。具体来说，基于对第三方评估机构 X 市社工协会六年的追踪调查，以及对以

---

① 郑佳斯、卜熙：《失效的第三方：组织自利性下的社会组织评估》，《华南师范大学学报》（社会科学版）2020 年第 5 期。

② 徐选国、黄颖：《政社分开与团结：政府购买社会服务第三方评估的风险及其治理——基于 S 市的评估实践》，《社会工作与管理》2017 年第 2 期。

③ 姚进忠、崔坤杰：《绩效抑或专业：我国社会工作评估的困境与对策》，《中州学刊》2015 年第 1 期。

X市A区、B区、C区三个社工服务第三方评估项目为主，其他评估项目为辅的评估项目的总结、归纳和分析，研究发现：在政府购买社工服务项目中，第三方评估并没有社会大众所预期的那样独立、客观、公正和专业，监督核查、引导激励、以评促建的评估使命也很难充分完成。换句话说，第三方评估也可能会出现评估偏差，甚至评估失灵或评估失效问题。基于此判断，本书主要聚焦以下研究问题。

（一）第三方评估出现的问题

在政府购买社工服务项目中，第三方评估涉及购买方（政府）、服务方（社工与社工机构）、合作方（社区基层自治组织或用人单位）、服务对象（受助对象）、评估方（第三方评估机构）等多个利益相关主体。如此多元的利益相关主体必然会产生多元化的利益诉求，例如购买方需要彰显购买服务的政绩成果，服务方要确保项目资金的尽快回笼，社区合作方或用人单位希望项目社工能够承担更多的行政辅助任务，服务对象希望进一步提高生活质量，评估方希望获得更好的生存空间。面对如此多元化的利益诉求，评估方常常难以保持严格的独立、客观、公正和专业，由此衍生出诸多评估偏差，甚至评估失效问题。例如，由于购买方具有权力和资源优势，第三方评估机构的独立性常常得不到有力保障，有可能会成为购买方的"执行机构"，进而衍生出第三方评估的形式化问题；由于第三方评估机构和服务方的人情与利益纠缠，第三方评估的客观性和公正性不时面临挑战，再加上第三方评估机构本身也面临巨大的经济压力，而不得不采用市场行为来引导自身的行动策略；此外，服务对象的参与问题、评估机构自身能力的欠缺、评估理论和实践的脱节、评估指标的不合理也导致第三方评估往往难以全面地反映社工服务的真实成效，进而呈现片面化的倾向。从已有的研究成果和笔者的实际调研结果来看，第三方评估机构在多元主体间保持完全的独立、客观、公正和专业存在难度，第三方评估结果的公布更像是一个购买方、服务方、合作方、评估方等多元主体间的利益妥协和博弈过程。在这一过程中，社工服务项目的服务对象似乎只是一个参与很少的群体，是可以用技术手段处理的数据，由此衍生出了第三方评估的偏差问题。

（二）第三方评估偏差何以产生

基于对三个社工服务第三方评估案例的比较研究，以及对现有文献的考察，本书认为在政府购买社工服务项目中，第三方评估出现了诸多评估偏差问题。那么，导致这些问题的原因是什么呢？目前国内学者们大致上从三个层面探讨了第三方评估出现偏差的具体原因。第一个层面侧重于制度及合法性等第三方评估的外部环境因素，认为评估制度不健全、法律和社会合法性不足、专业发展不成熟等原因是造成第三方评估出现偏差的主要因素。第二个层面侧重于政社关系不平衡以及评估机制中存在的诸多限制性因素所带来的负面影响。例如，购买方和评估方的利益关系、评估方自主性和独立性不足、管理主义思维、技术治理逻辑等。第三个层面则更多是从评估方法与技术以及评估专家的个体参与等更加微观的视角来解读第三方评估偏差出现的相关原因。例如，评估指标体系的信效度不足、服务对象的代表性存疑、结果评估的片面化、过度指标化、专家评估系统的弊端等因素。值得指出的是，目前专门从第三方评估机构的理性选择视角出发，探讨第三方评估的制度缺陷对第三方评估机构行动策略的影响，进而阐述其社会后果的系统性研究还不多，而这也是本书的创新点之一。

（三）如何优化第三方评估机制

由于第三方评估的偏差问题还未引起学者们的充分重视，相关的对策研究也处在比较基础和零散的阶段。不过，针对社会工作服务项目第三方评估的某些具体实践问题，学者们提出了一些有针对性的建议。例如，在制度及合法性层面，要重构第三方评估的结构性位置、重建其合法性基础、增强第三方评估的权威性、加快评估的职业化和专业化进程等。在评估机制方面，要建立合作式的政社合作关系、赋权服务对象、强化评估伦理等。在评估方法和技术层面，要完善评估内容，严格评估流程，更加强调前置评估、增能评估、案主满意度评估等。这些已有的解决方案为应对第三方评估偏差问题提供了很多有价值的思路和方法，是本书中第三方评估机制优化体系的重要组成部分之一。

第二节　研究综述

作为一种专业的评估机制，第三方评估被广泛应用于政府绩效评估、教育项目评估、工程项目评估、社会服务项目评估、社会组织评估等多种多样的社会活动领域，其表现出的优势、特征和缺陷也各有差异。出于本研究主题的聚焦性，笔者重点整理和分析了国外第三方评估机制在公共服务和社会工作领域的发展历程以及前人的相关研究成果。

一　国外研究述评

（一）第三方评估的理论脉络

从国外研究文献来看，一些学者认为，在 20 世纪 60 年代肯尼迪政府时期，美国社会各界对社会工作的要求逐渐增多，社会大众强烈要求社会工作评估自己的工作，从而证明自身的合理性。[①] 其最突出的标志就是1964 年《经济机会法》的推出，以及肯尼迪政府 1962 年通过的《社会保障法修正案》。[②] 欧洲在 20 世纪 60 年代末才开始进行评估研究，相对美国而言晚了大约十年的时间。[③] 到 20 世纪 70 年代，随着新自由主义、新保守主义思潮对凯恩斯主义和福利国家的大力批判，评估研究被用来证明社会服务项目的效率，被要求权衡项目成本和效益，进而掀起了一轮评估浪潮。20 世纪 80 年代，评估模式和技术得到了新一轮革新。爱泼斯坦提出了实务建构、系统整合、处遇系统、偶然使用、非正式便捷等社会工作评估的五种常用模式。[④] 斯塔弗尔比姆将项目分为背景评估、输入评估、过程评估、产出评估，进而提出了经典的 CIPP 评估模式，而后又将产出评估分解为影响、成效、可持续性、可行性，由此衍生出了七阶段的评估模式。[⑤] 古贝和林肯于 1989 年正式出版了《第四代评估》一书，该书系统提出了建构主义第四代评估范式。对于社会服务第三方评估领域而言，该书有着非常重要的学术价值，其为社会服务评估打开了新的研究图景。这种

① Louise C. Johnson, "Social Work Practice, A Generalist Approach," *Revista Médica De Chile* 8 (2010): 1122–1125.

② Leon H. Ginsberg：《社会工作评估——原理与方法》，黄晨熹译，华东理工大学出版社，2005，第 9~13 页。

③ 赖茵哈德·施托克曼、沃尔夫冈·梅耶：《评估学》，唐以志译，人民出版社，2012，第17 页。

④ L. Epstein, *Brief Treatment and a New Look at the Task-Centered Approach* (New York: Macmillan, 1992), p. 327.

⑤ Daniel L. Stufflebeam and Chris L. S. Coryn, *Evaluation Theory, Models, and Applications* (San Francisco, C. A.: Jossey-Bass, 2014), pp. 3–30.

基于建构主义的评估范式具有明显不同于测量、描述、判断等前三代评估范式的突出特征，其并不追求唯一的、客观的评估结果，转而强调"充分尊重利益相关者的权利和意见"，并通过谈判协商来不断弥合"利益相关者的主张、焦虑和争议"，最终达成一种理论上永不休止的评估循环。

但是，第四代评估始终难以克服实际可操作性差、经济和时间成本过高、评估主观性过强等问题，导致其无法完全付诸实践，更多是作为一种启发性的评估理论或辅助性评估工具而存在。① 因此，20 世纪 90 年代至今，英美等国普遍认同和建立的仍是"证据为本"的实证主义量化评估范式，强调以事实为依据，最大限度发挥社会工作的作用。② 不过，建构主义第四代评估范式的一些理论和方法，也不断被实证主义评估范式所吸收和借鉴，现代评估范式已经对人与环境的相互构建问题有了更多的关注。③

（二）第三方评估的实践进程

随着社会大众对政府服务绩效以及政府购买服务项目的效果越来越关注，注重独立性和公正性的大型第三方评估实践项目开始涌现出来。1979 年，英国出现了"雷纳评审计划"，而后美国、韩国、澳大利亚、新西兰、日本等国家都初步形成了本国的第三方评估体系和制度规范。④ 但从具体的实施情况来看，各国的第三方评估体系也有较大的差异性。例如，美国更多依赖的是独立和专业的民间评估机构，非政府组织在第三方评估机构中发挥了重要作用。坎贝尔研究所以美国 50 州的政府部门为评估对象，于 1998 年和 2000 年先后两次评估了政府的绩效水平，引起了巨大的社会反响，并逐渐形成了以民间组织为主体的第三方评估体系。⑤ 此外，美国还建立了导航星、美国明智捐赠联盟、慈善导航等全国性的第三方评估机构。英国的情况则有很大的不同，其更多依赖的是政府的官方系统。梅杰

---

① Tom O'Neill, "Implementation Frailties of Guba and Lincoln's Fourth Generation Evaluation Theory," *Studies in Educational Evaluation* 1 (1995): 5–21.

② 顾东辉：《社会工作评估》，高等教育出版社，2009，第 9 页。

③ Derek Clifford, "Social Assessment Theory and Practice: A Multidisciplinary Framework," *Aldershot* 6 (2018): 8–9.

④ 尼古拉斯·亨利：《公共行政与公共事务》，张昕译，中国人民大学出版社，2002，第 320 页。

⑤ Robert S. Kaplan, and D. P. Norton, "Using the Balanced Scorecard as Strategic Management System," *Harvard Business Review* 1 (1996): 75–84.

政府执政时期，政府发动了公民宪章运动，要求每一个公共服务部门都要确立宪章，其宗旨是服务质量必须对称公民支付的价值。通过公开服务内容，公民能够知道政府的服务形式、内容和目标，进而对政府部门施加压力。公民宪章运动取得了巨大的社会轰动效应，为英国第三方评估模式的发展奠定了基础。① 此外，1860 年英国还成立了有官方背景的慈善委员会，主要负责对非营利组织开展第三方评估。② 德国主要依托半官方的社会问题中央研究所开展相应的第三方评估工作，该研究所的领导机构包含政府机构、行业协会、市民代表等，是一个综合性的基金会组织。③ 韩国的第三方评估制度一开始是依托于专家和精英体制的。20 世纪 90 年代，金大中政府成立了以学术机构和研究机构的专家为主体的经营诊断委员会，将其作为政府购买公共服务的专业第三方评估机构。④ 整体来看，发达国家大多已经建立了比较完善的第三方评估制度体系，用以评估政府服务以及政府购买社会服务的真实效果。

(三) 第三方评估的真实效果

从理论上说，第三方评估能够避免组织内部的自我偏好，具有较好的独立性、客观性、公正性和专业性，是一种可取的外部评估机制。⑤ 但是，第三方评估机构本身也是社会组织，其也难以摆脱社会组织的内在局限性，由此导致第三方评估的诸多现实问题。例如，根据对达拉斯第三部门组织的调查，霍弗认为第三方评估的效果并没有完全实现，其成为一种赋予合法性的机制，而不是促进方案改进的机制。他认为，评估是以一种"仪式"的方式使用的，结果是资源的浪费。⑥ 基于对德国 20 个第三部门组织的调查，格雷林发现，社会组织使用平衡计分卡等评估工具的目的是创造合法性，社

---

① F. E. Kast, and Rosenzweig, "Organization and Management：A System Approch," *Intensive Care Medicine* 18 (1974).

② 陆奇斌：《英国慈善组织的监管特色》，《中国民政》2016 年第 1 期。

③ 纪颖：《民间组织评估模式的国际比较及成因探析》，《学会》2008 年第 6 期。

④ Trevor Brown, and Mathew Potoski, "Contract-Management Capacity in Municipal and Country Governments," *Public Administration Review* 2 (2003)：32-40.

⑤ 尼古拉斯·亨利：《公共行政与公共事务》，张昕译，中国人民大学出版社，2002，第 320 页。

⑥ Richard Hoefer, "Accountability in Action?：Program Evaluation in Nonprofit Human Service Agencies," *Nonprofit Management and Leadership* 2 (2003)：167-177.

会组织从事评估的目的是增强自身的合法性。① 在南卡罗来纳州对第三部门组织的调查中，齐默尔曼和史蒂文斯报告说，半数以上被调查的组织表示，衡量业绩的最初驱动力是满足赠款或服务合同的外部要求，另有 24% 的组织表示，问责制是衡量业绩的主要原因，只有 6% 的组织报告了利用评估改善服务的情况。② 莫克塞姆也发现，第三方评估对英国第三部门组织的绩效提高起到的作用并不明显，绩效评估系统的主要目的似乎是检测和评估外部资金的使用情况。③ 同样地，坎贝尔发现美国第三部门的评估机制也面临着反馈价值和目的不明的问题，评估反馈并不是为了服务的改善，更多是为了应对出资人的问责。④ 可见，即使在制度体系比较完善的西方发达国家，第三方评估依然遭受了很多理论层面和实践层面的质疑。

（四）第三方评估的症结所在

针对第三方评估的症结所在，国外学者也进行了一些探索。例如，斯珀和普拉卡什指出，第三方评估最主要的问题在于信息的不对称性，即社会大众或者政府部门难以全面地了解社会组织的信息。⑤ 达纳尼和康诺利认为，绩效评估活动的动机是增强社会组织活动的合法性，而不是提升社会组织自身的服务能力。⑥ 汤姆森得出的结论是，虽然出资人对业绩的要求会激励社会组织改进自身，但社会组织的改进并不会超出既定的绩效目标和指标。⑦ 卡曼指出，一些第三部门参加评估的目的是获得资金的持续

① Dorothea Greiling, "Balanced Scorecard Implementation in German Non-profit Organizations," *International Journal of Productivity and Performance Management* 6 (2010).

② Jo An M. Zimmermann, and Bonnie W. Stevens, "The Use of Performance Measurement in South Carolina Nonprofits," *Nonprofit Management and Leadership* 3 (2006).

③ C. Moxham, "Performance measurement: Examining the applicability of the existing body of knowledge to nonprofit organizations," *International Journal of Operations & Production Management* 7 (2009): 740-763.

④ David A. Campbell, Krishna T. Lambright, and Laura R. Bronstein, "The Eyes of the Beholders: Feedback Motivations and Practices Among Nonprofit Providers and Their Funders," *Public Performance & Management Review* 1 (2012).

⑤ Rebecca Szper, and Assem Prakash, "Charity Watchdogs and the Limits of Information-Based Regulation," *Voluntas International Journal of Voluntary&Nonprofit Organizations* 1 (2011).

⑥ Alpa Dhanani, and Ciaran Connolly, "Discharging not-for-Profit Accountability: UK Charities and Public Discourse," *Accounting, Auditing & Accountability Journal* 7 (2012).

⑦ Dale E. Thomson, "Exploring the Role of Funders Performance Reporting Mandates in Nonprofit Performance Measurement," *Nonprofit and Voluntary Sector Quarterly* 4 (2010).

投入，而且也只是报告了自身的产出；① 大多数非营利组织缺乏进行评估的时间、人员和资源，特别是在评估设计、评估专业知识、评估数据收集和评估数据分析方面，非营利组织大多缺乏进行评估的能力。曼维尔等认为，数字化的评估并不能充分地反映志愿部门的贡献，尤其是在那些政府资助的项目中，志愿部门有特殊的社会性质和意义。② 易卜拉欣和冉根认为，目前第三部门的绩效评估缺乏理论和概念框架，探索评估中的逻辑有助于理解评估本身。③ 纽科默认为，社会服务具有很强的复杂性，并时常伴随着利益冲突，使得评估难以保持足够的客观性。④

总体来看，国外学者们对第三方评估也有一些质疑的声音。一些学者认为，第三方评估的主要驱动力可能并非促进社会组织或社会服务的发展，而更多是来源于出资人的问责要求；一些第三方评估项目的主要目的在于证明服务项目的合法性，而非促进服务项目的改善。此外，一些第三方评估机构自身也缺乏进行评估的能力和资源。

二　国内研究述评

目前国内关于社工服务第三方评估问题的学术研究总体上还不多，但政府绩效、社会组织、公共服务等领域的第三方评估研究已经有了一些文献成果。为了更加全面地展现国内第三方评估的研究成果，笔者以社工服务领域的第三方评估研究为主，相关领域的第三方评估研究为辅，着重从第三方评估的独特价值、现实困境、症结分析等方面归类学者们当前的研究成果。

（一）第三方评估的独特价值

作为一种新的公共服务评估方式，第三方评估确实有一些独特的价值和明显强于传统评估方式的优势。首先，一些学者认为第三方评估机制有

---

① Joanne G. Carman, and Kimberly A. Fredericks, "Evaluation Capacity and Nonprofit Organizations: Is the Glass Half-Empty or Half-Full?" *American Journal of Evaluation* 1 (2010).

② Richard Greatbanks, Graham Elkin, and Graham Manville, "The Use and Efficacy of Anecdotal Performance Reporting in the Third Sector," *International Journal of Productivity and Performance Management* 6 (2010).

③ Alnoor Ebrahim, and V. Kasturi Rangan, "The Limits of Nonprofit Impact: A Contingency Framework for Measuring Social Performance," *Social Science Electronic Publishing* 10 (2010).

④ K. E. Newcomer, "Using Performance Measurement to Improve Programs," *New Directions for Evaluation* 75 (2010): 5-14.

利于促进政府职能转型和现代化社会治理体系的建立，是提升社会治理能力的重要机制。例如，赵环等认为第三方评估有助于不断提升社会服务机构的能力以胜任政府的职能转移，是加快推进"政社分工与合作"的协同力量和外在驱动力。[1] 杨君等认为第三方评估是国家从管控型迈向合作治理的重要标志，有助于社区治理共同体的形成。[2] 吴佳惠等指出，第三方评估能够以专业机构为载体，间接激发公民参与社会治理的积极性，从而拓展民主参与的途径。[3] 其次，相对于以往政府自评或社会服务机构自评等传统评估方式而言，第三方评估在独立性、公正性、专业性等方面具有一定的相对优势。例如，徐双敏等认为第三方评估具有明显的客观、公正、公开的优势，有助于规避传统评估中购买方既当"裁判员"又当"运动员"导致的不公平风险。[4] 在当前第三方评估的四种模式中，高校专家评估模式和专业公司评估模式的合理性、独立性、专业性、权威性较强，社会代表评估模式和民众参与评估模式的可操作性和制度化水平较高。[5] 马亮等认为，与政府自己组织的绩效评估相比，第三方评估具有明显的制度和技术优势，具备一定的独立性、可信度和权威性。[6] 此外，第三方评估有可能使地方政府之间，以及社会服务机构之间形成良性的竞争关系，从而倒逼政府服务绩效和社会服务机构专业性、公信力的提升。例如，彭云等认为，服务对象"好差评"等第三方评估方式有利于地方政府自揭短板，并使各地政府提供的公共服务形成竞争关系，从而以评估结果倒逼地方政府改进服务。[7] 潘旦等认为，第三方评估能够强化对社会组织的约束和有效监

① 赵环、严骏夫、徐选国：《政府购买社会服务的逻辑起点与第三方评估机制创新》，《华东理工大学学报》（社会科学版）2014 年第 3 期。

② 杨君、徐永祥、徐选国：《社区治理共同体的建设何以可能？——迈向经验解释的城市社区治理模式》，《福建论坛》（人文社会科学版）2014 年第 10 期。

③ 吴佳惠、王佳鑫、林誉：《论作为政府治理工具的第三方评估》，《中共福建省委党校学报》2015 年第 6 期。

④ 徐双敏、陈尉：《"第三方"评估政府绩效的制度环境分析》，《学习与实践》2013 年第 9 期。

⑤ 徐双敏：《政府绩效管理中的"第三方评估"模式及其完善》，《中国行政管理》2011 年第 1 期。

⑥ 马亮、于文轩：《第三方公共服务绩效评价的评价：一项比较案例研究》，《南京社会科学》2013 年第 5 期。

⑦ 彭云、马亮：《"放管服"改革视域下的政务服务"好差评"制度——中国省级政府的比较研究》，《行政论坛》2020 年第 6 期。

管，杜绝内部人控制，并有助于形成社会组织之间的良性竞争关系。①

综上所述，相较于传统的政府内部评估方式，第三方评估在推进政府职能转型和现代化社会治理体系建设、体现社会组织的能力和专业性、促进社会组织良性竞争等方面都有很大的价值和意义，总体上是一种先进的评估方法。但由于相关的制度体系尚未建立健全、评估机构自身的生存危机和利益取向、评估理论与方法的不成熟等原因，当前我国的第三方评估出现了形形色色的偏差问题。为了解决这些问题，政府、学界和相关部门需要开展更加深入的探索和研究，以不断完善我国的第三方评估制度体系和具体执行规范。

（二）第三方评估的现实困境

虽然第三方评估具有推进现代社会治理体系建设、促进政府职能转型的价值和优势，但作为一种新的公共服务评估机制，第三方评估的制度体系尚未搭建起来，第三方评估机构的生存能力和专业能力都还有待提升，而且，从第三方评估自身及其所涉及的行动主体来看，目前我国的第三方评估还有许多现实困境。

首先，从购买方即政府的角度来看，政府并非完全信任第三方评估机构，也很难完全放权给第三方评估机构，第三方评估的意见只是一种参考意见，并不是最终的评估结果。② 其次，就第三方评估机构而言，其独立性、专业性、权威性也经常遭到质疑。例如，徐选国等认为，当前第三方评估机构大多是根据政策文件和项目要求被动建立起来的，是一种"被动性增长"，其偏向于完成对服务项目的审查工作，在某种程度上逐步沦为政府治理与监管的技术性工具。③ 第三方评估机构大多数时候处于弱权状态，具体表现为内部治理结构不合理、组织运行资金有限、主体角色与地位不清、专业性不足、评估失灵等④。此外，就被评估的机构而言，被评

---

① 潘旦、向德彩：《社会组织第三方评估机制建设研究》，《华东理工大学学报》（社会科学版）2013 年第 1 期。

② 郑佳斯、卜熙：《失效的第三方：组织自利性下的社会组织评估》，《华南师范大学学报》（社会科学版）2020 年第 5 期。

③ 徐选国、高丽：《"被动型增长"政府购买服务第三方评估组织的生成逻辑》，《社会与公益》2018 年第 4 期。

④ 苏启梦：《从弱权到增权：社会工作服务第三方评估机构的能力建设研究》，硕士学位论文，安徽大学，2018，第 35~78 页。

的社会组织存在"信官避民"的观念，更愿意接受政府的评估，而不愿意参加第三方评估，其原因在于第三方评估缺乏公信力和权威性，不能给被评的社会组织带来实质性的益处。[①] 在评估过程中，项目被评方在项目前期有接受和捏造的经验动机，在项目中期有否定和捏造的应对动机，在项目后期有补偿和质疑的反馈动机，结果导致被评方陷入了被动参与、形式主义、诚信缺失及人情舞弊的行为困境。[②]

从评估场域中各方的相互关系来看，各个主体之间并不是平等协作的合作伙伴关系，彼此间有可能形成上下级或利益同谋关系。例如，陈天祥等认为，独立的第三方评估和周密的评估体系看似是完美的技术性设计，实际上并不能完全规避委托—代理的各种风险，而且可能会带来"共谋"、新一轮垄断和服务的低效等后果。[③] 邵任薇等探讨了第三方评估中的伦理问题，其认为第三方评估存在各方地位不平等、诚信缺失、公正性匮乏、责任意识不强等现象，违反了尊重、诚信、公正、责任等评估伦理。[④]

整体来看，由于我国社工服务第三方评估总体上还处于前三代评估范式时代，管理主义、多元利益相关者的独立性和权益得不到有效保障、第三方评估话语权和独立性缺失、政府对社会组织的信任度不够、评估环节缺乏监督等问题仍比较明显，且建构主义第四代评估始终没有成为主流范式。换句话说，尽管实证主义量化评估被一些学者认为可能存在"指标绑架"、形式主义、文牍主义、技术霸权、过度专业化等一系列尖锐的问题，但其仍凭借着客观性强、可操作性强、证据翔实、全程留痕、可追溯、可视化程度高、成本低、效率高等鲜明的优势，始终占据着社会工作项目评估的主流地位。但也有一些学者提出了本土化案主满意度评估、[⑤] 自由目

---

① 徐双敏、崔丹丹：《民办非企业类社会组织评估现状及其完善研究——以浙江 N 市"阳光驿站"评估为例》，《晋阳学刊》2016 年第 2 期。

② 侯营营：《项目实施方应对第三方评估的行动分析》，硕士学位论文，华中师范大学，2017，第 25~89 页。

③ 陈天祥、郑佳斯：《双重委托代理下的政社关系：政府购买社会服务的新解释框架》，《公共管理学报》2016 年第 3 期。

④ 邵任薇、贾化颖：《政府购买公共服务第三方评估伦理研究》，《秘书》2019 年第 5 期。

⑤ 刘芳、吴世友，Mark W. Fraser：《案主满意度评估：一种有效的社会工作实务评估方法》，《华东理工大学学报》（社会科学版）2013 年第 4 期。

标评估、① 本土化协商式评估模式②及 "以实证主义量化评估方式为基础，吸纳部分建构主义第四代评估理念和工具的评估方式"③ 等国内第三方评估范式。

（三）第三方评估的症结分析

目前国内学者大致从以下三个层面诠释了政府购买社工服务项目中第三方评估出现诸多问题的原因。

1. 制度及合法性层面

第一个层面侧重于分析制度及社会合法性等外部环境因素对第三方评估的影响，强调制度的不健全，法律和社会合法性的不足等因素是第三方评估出现偏差问题的主要原因。例如，赵环等认为，法律和社会合法性的不足使得第三方评估缺乏明确的主体资质；缺乏制度保障导致第三方评估难以成为 "广泛接受的社会事实"；专业性不高限制了第三方评估功能的有效发挥；公众参与的形式化造成了第三方评估的可信度下降。④ 徐选国等认为，第三方评估的结构性地位尚未确立导致了第三方评估的结构性风险；合法性机制缺失衍生了合法性风险；权威性难以彰显导致了评估有效性风险；自主性缺失则增大了评估的道义性风险。⑤ 基于合法性的研究角度，高丽等认为政治合法性的不稳定性导致第三方评估沦为政府的 "审查工具"；法律合法性的缺失导致第三方评估的结果失灵和契约失灵；专业合法性有限导致第三方评估的权威受到质疑；社会合法性不足限制了第三方评估功能的彰显。⑥ 基于对政府购买服务项目中第三方评估的观察，李春等认为第三方评估在合法性、独立性、专业性、社会公信力等方面还比

---

① 刘江：《自由目标评估：一种可行的社会服务项目效果评估法——兼论社会服务项目效果评估的新转向》，《华东理工大学学报》（社会科学版）2019 年第 4 期。

② 韩江风、徐慧玲、郭晓艳：《一线社工对项目评估的疑问与协商式评估的建构》，《中国社会工作》2022 年第 16 期。

③ 韩江风：《社工站项目适合哪种评估方式——实证主义量化评估与建构主义第四代评估范式之争》，《中国社会工作》2023 年第 6 期。

④ 赵环、徐选国、杨君：《政府购买社会服务的第三方评估：社会动因、经验反思与路径选择》，《福建论坛》（人文社会科学版）2015 年第 10 期。

⑤ 徐选国、黄颖：《政社分开与团结：政府购买社会服务第三方评估的风险及其治理——基于 S 市的评估实践》，《社会工作与管理》2017 年第 2 期。

⑥ 高丽、徐选国：《政府购买社会服务第三方评估的合法性困境及其重构》，《社会建设》2019 年第 6 期。

较欠缺，倡导从资质管理、信息公开、声誉激励、流程管理、法律制度保障等层面予以完善。[1] 张剑总结出我国第三方评估存在制度不健全、权威性不强、独立性不足、行政色彩较重、责任监管不足、信息透明度低等问题。[2] 孙领认为，社会制度不成熟、内部制度不完善、信息公开制度不健全、法律法规不健全等因素，导致第三方评估难以发挥应有的作用。[3] 整体来看，国内学者普遍认为当前第三方评估在法律合法性、社会合法性、专业合法性以及制度建设层面都存在诸多问题。

2. 政社关系与评估机制层面

第二个层面侧重于分析不平等的政社关系以及评估机制运行中存在的诸多问题对第三方评估造成的负面影响。例如，基于对 2012~2016 年 H 市社区治理评估项目的观察，顾江霞认为第三方评估有追求自身利益和社会价值的二重性，有可能被行政系统"俘获"，从而导致"第三方评估失效"。[4] 姚进忠等认为，强调指标化的管理主义评估过于关注效率和问责，使得第三方评估的效果不佳。[5] 基于对 A 县扶贫绩效第三方评估案例的观察，蒋天佑分析了农户、基层政策、第三方评估机构基于自身利益而采取的博弈行为，其发现三者的博弈行为消解了第三方评估的客观性，致使第三方评估变成了利益相关方的技术工具。[6] 基于对重庆市社会工作服务第三方评估的观察，但河平指出，由于参与各方的价值选择不同，第三方评估机构会面临身份困境、认知困境、操作困境等两难的伦理困境。[7] 基于对 T 市 W 街道第三方评估项目的考察，笔者认为技术治理逻辑支配下的第三方评估具有权威主导和技术管理的突出特征，有可能衍生出形式主义、

[1] 李春、王千：《政府购买养老服务过程中的第三方评估制度探讨》，《中国行政管理》2014年第 12 期。
[2] 张剑：《社会组织第三方评估研究》，硕士学位论文，湖南大学，2017，第 15~45 页。
[3] 孙领：《政府购买公共服务第三方评估制度研究》，硕士学位论文，湖南大学，2017，第 20~55 页。
[4] 顾江霞：《控制论视角下第三方评估机制分析——基于 H 市社区治理评估项目的案例研究》，《社会工作与管理》2017 年第 3 期。
[5] 姚进忠、崔坤杰：《绩效抑或专业：我国社会工作评估的困境与对策》，《中州学刊》2015年第 1 期。
[6] 蒋天佑：《扶贫绩效第三方评估客观性消解及其应对——基于 A 县个案和相关者利益博弈视角的分析》，《湖南农业大学学报》（社会科学版）2018 年第 5 期。
[7] 但河平：《重庆市政府购买社会工作服务第三方评估伦理困境与对策研究》，硕士学位论文，重庆大学，2018，第 18~46 页。

工具主义等评估失灵问题。①

　　3. 评估方法与技术层面

　　第三个层面则侧重于分析具体的评估方法和技术对第三方评估的影响。例如，王海萍等认为，现行的评估模式大多是普适性的、通用性的评估，缺乏具体性和针对性。② 刘芳等认为，现行的第三方评估名义上会以问卷调查和访谈的形式听取服务对象的意见，但服务对象的代表性和意见的真实性存疑，且缺乏对服务对象改变的关注；此外，第三方评估机构不会去检验评估指标体系的信度和效度，导致评估结果的真实性无法验证。③ 赵环等指出，现行的第三方评估多是互动性评估、监测性评估、影响性评估等事后评估，忽视了过程评估和前置评估环境。④ 部分学者也对专家评估系统的合理性提出了质疑。例如，顾江霞分析了专家参与和公众参与的差异性，指出公众和专家内部有不同的立场、利益关联、倾向，公众和专家的意见并非完全一致的。⑤ 赵芳认为，社工项目的服务成效和服务对象的满意度并不能决定评估结果，评估专家更多是基于数字指标和文书材料给出最终判断。⑥ 葛忠明发现，作为执行主体的评估机构具有压缩评估成本的经济理性，而评估专家同样有谋取权力、声望和收入的自利动机。⑦ 这种视角提醒我们，评估专家也是活生生的人，其既有成本和收益的经济考量，也存在被熟人关系和权力关系俘获的可能性，进而将第三方评估的相关研究带入了更加微观的个体视角。

　　整体来看，目前国内关于第三方评估的研究已经取得了一些显著的成果。第一，现有研究已经从制度及合法性、政社关系与评估机制、评

---

① 韩江风：《技术治理逻辑下社会工作评估的失灵与优化——以 T 市 W 街道社会工作评估项目为例》，《理论月刊》2019 年第 12 期。

② 王海萍、许秀娟：《我国社会工作干预项目评估流程与方法回顾》，《社会工作与管理》2018 年第 5 期。

③ 刘芳、吴世友、Mark W. Fraser：《案主满意度评估：一种有效的社会工作实务评估方法》，《华东理工大学学报》（社会科学版）2013 年第 4 期。

④ 赵环、徐选国、杨君：《政府购买社会服务的第三方评估：社会动因、经验反思与路径选择》，《福建论坛》（人文社会科学版）2015 年第 10 期。

⑤ 顾江霞：《专家参与还是公众参与？——对政府购买社会服务评估主体的一项经验研究》，《社会工作》2017 年第 6 期。

⑥ 赵芳：《社会工作专业化的内涵、实质及其路径选择》，《社会科学》2015 年第 8 期。

⑦ 葛忠明：《从专业化到专业主义：中国社会工作专业发展中的一个潜在问题》，《社会科学》2015 年第 4 期。

估方法与技术等多个层面给出了很多第三方评估问题的可能成因，提出了"合法性""评估制度""技术治理""专家系统""形式主义""工具主义""利益共谋""第三方评估失灵""第三方评估失效"等很多富有洞见的分析概念。第二，一些学者从政社互动和外部观察者的角度，通过案例研究对第三方评估机构的独立性、客观性、公正性和专业性进行了较为深入的观察和分析，同时也在不同程度上涉及了第三方评估机构的生存环境和理性选择问题。第三，以往研究提出了一些创见性的研究假设或理论分析框架，例如合法性不足导致第三方评估的独立性不足、封闭性的评估过程更易形成利益共谋关系、外部评估专家难以全面判断项目评估结果等。

但是，已有研究也存在一些可改进之处。第一，已有研究的割裂性较强，忽略了宏观研究、中观研究和微观研究之间的贯通性和整体性问题，导致很多研究看似逻辑严密、论证翔实，实则并不能全面、真实、完整地回答"第三方评估为什么会出现偏差"这一研究问题，而更多是基于某一研究层次给出了部分答案。第二，已有研究对于内部性视角以及内外部联动性视角的关注不足。大多数研究者是从专家学者、兼职评估专家或者政社互动的外部性视角来切入第三方评估研究，很少有研究者能从评估利益相关者，尤其是从第三方评估机构的切身利益角度去剖析第三方评估的相关问题。第三，已有研究的分析逻辑中普遍缺失了关键性的中间变量问题，大多只是建立了简单的相关或因果逻辑关系，而对于制度文化通过何种方式影响第三方评估机构的行动策略、第三方评估机构的行动策略与评估偏差之间的关系等问题着墨不多。

总体而言，目前国内关于政府购买社工服务项目第三方评估问题的研究大致可以分为三个层面、两种视角，总体上缺乏一个统一的分析框架，研究的割裂性较强。其中，三个层面是指，已有研究要么单一地关注制度与合法性、政社关系与评估机制，以及评估方法与技术这三个层面中的某一个，要么混淆三个层面之间的关系，进行比较混乱的分析。两个视角是指，已有研究大多是站在第三方评估机构之外开展的外部性研究，少数研究也涉及了第三方评估机构的能动性问题，而从内外部联动的视角出发，探究影响第三方评估的外部制度环境因素，及其如何影响第三方评估机构行动策略的研究较少。基于已有研究的割裂性，本研究试图整合以往三个层面、两个视角的研究成果，进而提出一个整体性、贯通性的理论分析框架。为此，笔者选择了科尔曼的理性选择理论作为分析框架，并根据科尔曼"外部系统—行动者—社会系统"的理论模型，提出了"制度缺陷—行动策略—评估偏差"的第三方评估偏差分析框架。这一分析框架既包括宏观层面的制度缺陷、评估偏差等外部社会系统，也包括微观法人行动者层面第三方评估机构的行动策略。通过这一框架本研究能够较好地弥合宏观和微观研究之间的鸿沟，从而整合以往三个层面的研究成果。另外，这一框架既能从外部制度环境因素，也能从第三方评估机构自身的角度去分析行动策略，从而实现了外部性视角和内部性视角的联动和统一。综上所述，本书试图运用科尔曼的理性选择理论来整合以往三个层面、两种视角的研究成果，并从第三方评估的内外部联动性视角出发，更加深入地分析制度缺陷、行动策略、评估偏差之间的逻辑关系，进而归纳出一种更具全面性、贯通性、准确性和整体性的理论分析框架。

第三节　理论框架

目前，涉及第三方评估问题的理论工具主要有委托代理理论、志愿失灵理论、第四代评估理论等，这三种理论都有自己的相对优势，但也有一些不同方面的局限性。此外，国内外学者关于非营利组织失灵、第三部门失灵的研究也或多或少涉及第三方评估的相关问题。但遗憾的是，政府购买社工服务项目中的第三方评估问题还没有得到学者、政府部门，以及社会大众的足够重视。这与目前第三方评估还处于发展阶段，社会大众的认知度和接受程度不高有一定的关系。但是，随着政府购买服务和社会工作服务项目的飞速发展，第三方评估及其评估效果的问题必然会引起社会大众的极大关注。到那时，第三方评估的效果究竟如何，第三方评估为什么难以达到预期等问题将会成为社会争论的焦点。但目前来说，国内只有部分学者，如徐选国、赵环、姚进忠、顾江霞等关注到了这一问题，而这些学者关于社工服务项目评估和第三方评估的研究还处在比较零散的阶段，或着重于社会和制度整体层面而忽略具体的评估机制与利益相关者，或侧重于评估机制与评估方法的完善而看不到制度环境的潜在影响，或重视评估中的具体个体而轻视制度和机制对行动主体的制约。为了消除以往研究的割裂性，本书采用了一种更具有贯通性和整体性的视角来看待第三方评估问题，由此构建了"制度缺陷—行动策略—评估偏差"的第三方评估偏差分析框架，并主要从宏观社会系统和微观法人行动者两个角度来诠释第三方评估出现偏差问题的原因。

一 委托代理理论

委托代理理论是制度经济学的主要内容之一，由美国经济学家伯利和米恩斯提出，所关注的主要内容是委托人和代理人之间的契约关系。委托代理理论强调所有权和经营权的分离，认为二者的分离有利于组织更好地发展。[①] 委托代理理论的理论假设和前提是信息的不对称性，以及由此衍生出的道德风险和逆向选择风险。[②] 以政府购买第三方评估项目为例，政府作为委托方并不能充分掌握评估过程中的全部信息，而作为代理人的第三方评估机构只会履行合同内的义务，且绝不会超出自身所能承担的成本限制。由于政府和第三方评估机构之间的信息不对称，第三方评估机构完全有可能利用不对称的信息来追求自身利益的最大化，由此导致出现损害委托人、集体及他人的道德风险。逆向选择风险则是指第三方评估机构有可能利用政府的信息盲点，从而制定对自身有利的合同。从纳税人的角度来看，政府既是公共服务的委托人，又是纳税人的代理人。因此，第三方评估机构不仅需要向作为购买方的政府负责，也需要向服务对象负责。当购买方和服务对象之间的直接利益发生冲突时，代理方将不得不面对艰难的选择困境。

委托代理理论是目前学者们应用较多的第三方评估理论工具之一，例如，王前等指出，评估方有可能会做出"偷懒"和"同谋"的道德风险行为，以及隐瞒和虚报自身信息、最大化经费预算、选择非最优评估方案等逆向选择行为。[③] 陈天祥等认为，当前我国成熟的评估机构较少，购买方常常过于倚重少数评估机构，导致它们之间形成了利益链条，彼此之间达

---

① 伯利：《现代股份公司与私有财产》，陆年青、许冀汤译，台北：台湾银行经济研究室，1981，第15～35页。
② 黄紫晗：《重新诠释利他价值基础的委托代理理论——一项深圳市社会工作者的调研发现》，《社会工作》2019年第2期。
③ 王前、谭望：《政府绩效评估中的委托代理风险及其防范》，《前沿》2007年第5期。

成了"合谋"关系，进而产生了政府和第三方评估机构之间的委托代理困境。[①] 委托代理理论常用于购买方和第三方评估机构之间关系的分析，提出了合作式、共谋式、欺骗式等多种类型的委托代理困境，这也是委托代理理论所带来的理论启发之一。但相对地，委托代理理论忽略了第三方评估的外部环境因素，例如评估制度建设、法律和社会合法性建构等宏观层面的深入分析。

二　志愿失灵理论

莱斯特·M.萨拉蒙于 20 世纪 80 年代提出了志愿失灵理论，其认为非营利部门并不是政府和市场的替代性满足机制，也不是政府和市场的替代品，相反，政府才是弥补志愿失灵的有效机制。[②] 由此，非营利部门和政府、市场在功能上实现依赖和合作，并借此形成精巧的第三方治理机制。志愿失灵理论指出了志愿部门失灵的四种现象：志愿部门缺少稳定的收入来源，由此导致慈善能力不足；志愿部门容易受到私人的特殊主义和偏爱主义的影响，由此形成慈善的特殊主义；志愿部门还可能出现特权带来的家长制作风；志愿部门的专业性欠佳，导致慈善的业余主义。[③] 志愿失灵理论的一个重大贡献是打破了非营利组织的完美神话，揭示了非营利组织并不是解决市场失灵和政府失灵的万能良药，非营利组织也会出现失灵现象的客观事实。就本书而言，可以认为，作为评估方的第三方评估机构，同样也是非营利组织，其在复杂的评估实践场域中也会出现类似的失灵现象，或者面临着诸多失灵风险。赵环、徐选国、姚进忠等的研究成果或多或少都涉及了第三方评估的失灵问题，基本上自觉或不自觉地秉持了志愿失灵的研究视角。

但是，志愿失灵理论的应用存在一些局限性。首先，萨拉蒙对志愿组织和非营利组织的界定是基于大多数发达国家的情况，和中国对于非营利组织的界定有很大的差异性。例如，在萨拉蒙针对美国非营利组织的研究

---

① 陈天祥、郑佳斯：《双重委托代理下的政社关系：政府购买社会服务的新解释框架》，《公共管理学报》2016 年第 3 期。

② 王诗宗、杨帆：《政府治理志愿失灵的局限性分析——基于政府购买公共服务的多案例研究》，《浙江大学学报》（人文社会科学版）2017 年第 5 期。

③ 莱斯特·M.萨拉蒙：《公共服务中的伙伴——现代福利国家中政府与非营利组织的关系》，田凯译，商务印书馆，2008，第 46~51 页。

中，非营利部门的涵盖领域非常广阔，其包括大学、医院、银行、博物馆、艺术团体等几乎所有处于政府和营利性组织之外的社会组织，而中国的国情则有很大不同，中国的大学、医院、银行、博物馆等并不完全符合萨拉蒙的志愿部门和非营利组织定义。① 其次，萨拉蒙忽略了政社合作关系模式中资源和权力不平等带来的失灵风险。一些学者的研究都表明，政府的资金支持确实会降低非营利组织的独立性。② 政府对非营利组织的责信管理，还会影响非营利组织的绩效方向，使得非营利组织更加关注政府而不是社区群众的需求。③ 但萨拉蒙认为，政府的自主并不会对机构的独立性、机构的使命履行造成实际影响，也不会造成机构的官僚化。萨拉蒙对政社关系的积极偏好在一定程度上妨碍了其对两者冲突关系的重视，导致志愿失灵理论缺失权力和资源依赖视角的切入。此外，萨拉蒙关于志愿失灵的四种表现形式的描述既过于宏观，也不够全面，不能很好地描述各个社会服务领域内的失灵现象。最后，萨拉蒙提出志愿失灵理论的主要目的是论证政社合作关系的必要性，希望通过政府去弥补志愿组织的缺陷。然而，仅靠政府去弥补志愿组织的缺陷往往是不够的，还需要志愿组织自身以及制度和社会整体做出努力。换句话说，萨拉蒙的第三方治理并不是针对志愿失灵的具体问题而提出的，其重点在于倡导政府介入的正当性，而不是提供解决志愿失灵的具体办法。因此，志愿失灵理论强调政府的积极介入和回归，从而矫正非营利组织的失灵问题。例如，基于志愿失灵理论，陈天祥等认为，行政的介入并不一定会挤压社会组织的自主性和专业性，也可以起到一定程度的积极保护作用。④

三 第四代评估理论

埃贡·G.古贝和伊冯娜·S.林肯从公共政策和评估学角度梳理了以

① 康晓光：《非营利性组织管理》，中国人民大学出版社，2011，第4页。
② Katherine O'Regan, and Sharon Oster, "Does Government Funding Alter Nonprofit Governance? Evidence from New York City Nonprofit Contractors," *Journal of Policy Analysis & Management* 3 (2002).
③ Steven Rathgeb Smith, and Michael Lipsky, "Nonprofits for Hire: The Welfare State in the Age of Contracting," *Contemporary Sociology* (4) 1995.
④ 陈天祥、郑佳斯：《双重委托代理下的政社关系：政府购买社会服务的新解释框架》，《公共管理学报》2016年第3期。

测量、描述和判断为核心特征的前三代评估方法，并在批判前三代评估方法的基础上，提出了依赖响应式聚焦和建构主义方法论的第四代评估方法。第四代评估方法是对实证主义和科学范式的超越，其涵盖人性的、政治的、社会的、文化的以及各种其他相关的因素。① 古贝、林肯的思想传入国内后，一些学者将古贝、林肯关于前三代评估方法的批判性观点、建构主义评估范式、第四代评估方法论等思想统称为第四代评估理论。② 为了便于分析和比较，本书也将古贝、林肯第四代评估方法的相关观点视为第四代评估理论。古贝、林肯认为，第四代评估理论的核心动力是谈判协调，因此其又被称为协商式评估。第四代评估理论的本质是利益相关者在谈判协商中的相互建构，其认为评估的最终产出并不是一个绝对意义上的"事实"，而是利益相关者的共同建构。这种建构是利益相关者在具体的物质、心理、社会、文化的整体"环境"中的一种理解，是在充分尊重利益相关者权利和意见的基础上达成的建构。具体来说，古贝、林肯认为前三代评估方法具有三个重大的缺陷，分别是管理主义倾向、忽略价值多元性、过分强调调查的科学范式。③ 其中，管理主义倾向是指购买方和评估方之间的"不良倾向"：首先，在前三代评估方法中，购买方是局外人，不会受到指责；其次，购买方拥有支配权，评估者处于无权状态；再次，购买方拥有评估结果的公布权；最后，购买方和评估者之间有可能形成"暧昧"和共谋关系。忽略价值多元性是指，前三代评估方法都秉持科学范式和实证主义范式，因此都坚持价值中立原则。但古贝认为，前三代评估方法所坚持的价值中立原则无法应用于如今的评估领域，价值多元性的考量应当成为新一代评估方法的基础之一。

过分强调调查的科学范式是指，前三代评估方法对统计方法的依赖产生了五种不良结果。第一，它将评估客体置于一种不存在前后关联的，与环境隔绝的，在设计方案实施之后才有效的条件中。换句话说，科学范式

① 埃贡·G. 古贝、伊冯娜·S. 林肯：《第四代评估》，秦霖、蒋燕玲等译，中国人民大学出版社，2008，第 1~11 页。

② 刘五驹：《评价标准：科学性还是人文性——"第四代评估"难题破析》，《教育理论与实践》2014 年第 16 期。

③ Egon G. Guba, and Yvonna S. Lincoln, *Fourth Generation Evaluation* (London：Newbury Sage Publications, 1989).

忽略了社会环境的复杂性和真实性，从而与真实生活脱节。第二，科学范式对于定量测量工具过于依赖，导致社会服务领域的很多服务成效很难测量。第三，科学方法凭借其对客观事实的测量，建立了一种不可抗拒的特定权威。在科学范式下，评估者只是测量信息的传递者，站在数字背后的管理者和评估者的地位是不容置疑的，这也就是今天被学者讨论较多的评估中的技术霸权、专家霸权等问题。第四，科学变成了真理本身，既然科学能揭示真理、代表真理，那其他利益相关者的参与就是没有必要的。第五，既然科学被认为是价值中立的，坚持科学调查的评估者就不用为他们的行为和评估产生的长期结果负责。或者说，评估报告一旦撰写完成，评估者的任务就结束了，评估者没有责任和义务对评估结果的适用情况负责。

古贝对前三代评估方法缺陷的批判性观点，几乎完美地揭示了政府购买服务领域中第三方评估的诸多失灵表现。或许古贝本人都没有意识到，他在20世纪80年代所提出的前三代评估方法的诸多缺陷，与时下中国社会工作的第三方评估领域也如此契合，以至于当今中国学者们的研究成果鲜有能出其右者。但是，第四代评估同样有其局限性。首先，第四代评估方法没有就利益相关者之间的权力和依赖关系产生的影响做深刻的论述。其次，第四代评估方法忽略了服务对象的参与困境问题，服务对象有可能不愿意参与评估，其同时还面临着参与成本和参与能力的问题。再次，第四代评估方法有可能会导致利益相关者之间达成妥协式和形式化的评估结果。最后，第四代评估方法的成本较高。第四代评估不仅是一种响应式的、建构式的评估，其同时还是一种循环式评估。但这种循环式评估往往是一种理想中的评估状态，因为评估方往往面临着资金、人力、时间上的巨大压力，不可能承担得起循环式评估的成本。

四　科尔曼的理性选择理论

委托代理理论、志愿失灵理论和第四代评估理论都能在一定程度上解析第三方评估偏差问题的某个侧面，但都有一些比较明显的局限性。具体来说，委托代理理论重在分析购买方和评估方之间的互动关系，而忽略了制度及合法性等第三方评估的外部环境制约因素；志愿失灵理论重在强调政府的介入对第三方评估机构产生的积极影响，而忽略了二者不平等的互动关系所带来的负面影响；第四代评估理论重在对利益相关者的主张、焦虑和争议做出回应，主张平等协商、循环往复式的动态评估，但由于其忽视了利益相关者之间不平等的互动关系，其理论假设显得过于理想化，即使建构主义第四代评估能够完全实现，也可能会存在利益相关者同谋型妥协、形式化协商、虚假式赋权，或者利益相关者的主张差异过大而导致无效拖延等问题。此外，以上几种理论都偏重于宏观、中观、微观等某一个层面的研究，很难实现制度与组织、宏观与微观问题之间的贯通，从而难以全面地解释第三方评估中出现的诸多问题。为了解决上述理论难题，本书选择了理性选择理论作为理论分析工具，并希望综合第三方评估在宏观、中观、微观层面的理论成果来建构整体性的分析框架。

（一）理性选择理论概述

作为理性选择理论的集大成者，詹姆斯·科尔曼构筑了雄伟的理论大厦，容纳了合理性、社会系统、权威、信任、交换、集体行为、制度文化、社会规范、社会资本、法人行动者、自然人等诸多核心议题。科尔曼理性选择理论的核心思想是：以宏观的社会系统行为作为研究的目标，以微观的个人行动作为研究的起点，以合理性说明有目的的行动；合理性是行动者的行动基础，行动者的行动原则是最大限度地获取效益；通过研究个人行动的结合如何产生制度结构，以及制度结构如何孕育社会系统行为，实现微观—宏观的连接。① 与功能主义不同的是，科尔曼理性选择理论的目标并不是解释一种行动为什么是合理的，而是侧重于展示对于行动者而言合理的行动所产生的社会结果，而这种结果，并不一定能被行动者预料到，也并不一定是社会最优的，甚至可能会产生反效果。在这一点上，理性选择理论超越了功能主义对社会秩序和社会整合的片面推崇。鉴于本书的研究问题与研究主题，笔者主要借鉴了科尔曼理性选择理论的三个主要内容。

第一，系统行为的内部分析方法。科尔曼认为，社会科学的核心问题是解释社会系统的活动，而不是解释个人行为，但是如果要充分了解系统行动，则应以系统层次之下的个人层次的行动作为研究的起点。个人是社会系统的组成部分，制度和亚群体也是系统的组成部分，这种用系统内部

---

① 丘海雄、张应祥：《理性选择理论述评》，《中山大学学报》（社会科学版）1998 年第 1 期。

组成部分的行为来解释系统行为的模式，科尔曼称之为"系统行为的内部分析"。① 以韦伯关于资本主义精神的研究为例，科尔曼指出韦伯的理论命题实质上是一个宏观系统层面的命题。韦伯的论证方式是，首先选择勤奋地恪守天职和反传统主义为资本主义精神，然后在加尔文新教教义中发现了同样的勤奋地恪守天职的训诫和反传统倾向，进而以此为证据，提出加尔文新教教义的发展提供了有利于资本主义发展的价值体系。科尔曼认为，韦伯的这种逻辑仍停留在宏观系统层面，存在着明显的弱点：一是宗教价值观与经济价值观的一致并不能作为宗教影响经济的证据，有可能存在同时造成两者变化的第三个因素。二是有可能事实与韦伯的结论相反，即经济价值观的变化造成了宗教价值观的变化。

科尔曼认为，韦伯停留在社会系统层面的论证逻辑实际上不足以支撑其结论，一个比较合理的逻辑应当是新教教义为信徒创造了某些价值观念，具有这些价值观念的个人对经济活动采取了某种态度，这些个人行动的集合有助于产生资本主义的经济组织。也就是说，个人行动的结果影响着他人的行动，这是宏观到微观的转变；个人行动的结合产生宏观水平的结果，这是微观到宏观的转变。因此，解释宏观现象，包括解释三种类型的关系：宏观到微观的转变、个人有目的的行动以及微观到宏观的转变。② 同样地，解释一个社会系统也应该包括三部分内容：系统对行动者的影响、行动者在系统内部的活动、行动者的行动结合成系统行为（见图 0-1）③。由此，科尔曼构建了"社会系统—行动者在系统内部的活动—社会系统"的社会行动理论，也为弥合宏观和微观研究之间的巨大鸿沟做出了自己的贡献。在这一框架中，"行动者"既可以指自然人也可以指法人行动者的行动集合，进而将社会组织的理性选择问题也纳入了理性选择理论的研究范畴。

第二，制度、文化、规范和个体行动者之间的关系。科尔曼反对传统理性主义者将制度、文化和社会规范视作一成不变的外在因素而不予考虑的看法，其认为个体的理性选择必然以其对制度、文化和规范的理

---

① 詹姆斯·科尔曼：《社会理论的基础》，邓方译，社会科学文献出版社，1990，第1~3页。
② 詹姆斯·科尔曼：《社会理论的基础》，邓方译，社会科学文献出版社，1990，第21页。
③ 詹姆斯·科尔曼：《社会理论的基础》，邓方译，社会科学文献出版社，1990，第26页。

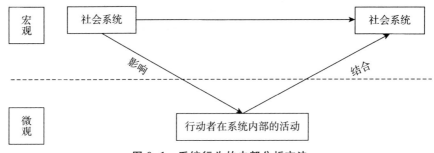

图 0-1 系统行为的内部分析方法

解为前提。① 科尔曼承认制度和规范对行动者的制约，但同时指出，制度和规范是行动者创造和维持的。制度规范体现着行动者的利益，行动者遵守规范能获得利益，违反规范有可能会受到惩罚。换句话说，科尔曼的理性选择理论并不是为了研究个体行动者的自利心理，而是重在考察制度和规范提供了哪些搭便车的机会，而个体行动者利用制度和规范中的搭便车机会实现了自身的不正当利益，甚至损害了他人和社会整体的利益。科尔曼将制度、文化和规范纳入了理性选择理论的分析视角，从而大幅提升了理性选择理论的解释力。

第三，法人行动者的理性选择。科尔曼所指的微观层面既包括自然人也包括法人行动者，或者说社会组织。科尔曼认为，法人行动者是自然人将其权力转让给一个共同的权威机构而形成的正式组织，其目的是获取更多的共同利益。② 因此，法人行动者天生就有追逐利益的属性，"合理性"是法人行动者追求的最终目的。这里的"合理性"是指对于行动者而言，不同的行动有不同的"效益"，而行动者的行动原则可以表述为最大限度地获取效益。③ 科尔曼指出，法人行动者的出现带来了新的难题：如果一个行动者既是自然人又是法人和代理人，他将有意无意地变换角色，以最大限度地控制资源谋取利益，这样就会增加有效规范制定与实施的难度。④

① 詹姆斯·科尔曼：《社会理论的基础》，邓方译，社会科学文献出版社，1990，第 265~290 页。
② 詹姆斯·科尔曼：《社会理论的基础》，邓方译，社会科学文献出版社，1990，第 355~401 页。
③ 詹姆斯·科尔曼：《社会理论的基础》，邓方译，社会科学文献出版社，1990，第 15 页。
④ 詹姆斯·科尔曼：《社会理论的基础》，邓方译，社会科学文献出版社，1990，第 458~493 页。

就本研究来讲，实际上涉及了非营利组织的经营者如何获取自身利益的问题。从组织性质上来讲，非营利组织是不能盈利的。但是，作为非营利组织的经营者，其可以通过自然人的身份转换来获取利益，例如工资、奖金、津贴、补贴、评估费、劳务费、声誉等。科尔曼认为，对于自然人的约束主要靠社会规范和社会化，但对于法人行动者的控制则主要依靠法律、税收政策，以及外部管理等。[①]

（二）理性选择理论的应用

在对国内外文献分析以及理论评述的基础上，本书选用了理性选择理论作为基础性的理论工具，其原因在于理性选择理论能够很好地弥补委托代理理论、志愿失灵理论和第四代评估理论的不足，并能很好地整合宏观与微观之间的各种研究视角。

首先，理性选择理论以个体行动者为研究起点，以宏观的社会系统为研究目标的方法论框架能够很好地消除现有研究的割裂性。现有的研究要么单独关注制度及合法性、政社关系与评估机制、评估方法与技术中的某一个方面，要么混杂地分析三个层面的问题，缺乏一个明晰的逻辑分析框架。借助理性选择理论的分析视角，本研究构建了"制度缺陷—行动策略—评估偏差"的分析框架，该框架能够在一定程度上实现宏观到微观，再到宏观的理论整合。在这一框架中，制度缺陷和评估偏差属于宏观社会系统，行动策略属于微观法人行动者层面。可以说，本研究的分析框架是科尔曼理性选择理论框架在法人行动者层面的一个推论，总体上是符合理性选择理论的分析视角的。

其次，科尔曼的理性选择理论将制度环境纳入了系统的内生变量，从而为本书提供了一个崭新的分析起点。基于科尔曼的观点，本书认为，宏观系统层面的评估制度缺陷会显著影响第三方评估机构的行动策略，最终导致评估偏差问题。

最后，理性选择理论提供了一种不同于以往研究的内外部联动视角，以及更加侧重法人行动者行动的分析逻辑。以往基于制度及合法性、政社关系与评估机制、评估方法与技术的研究，总体上还属于停留在社会系统

---

① 詹姆斯·科尔曼：《社会理论的基础》，邓方译，社会科学文献出版社，1990，第607~630页。

层面的研究，且大多是从第三方评估之外去看待第三方评估，缺乏内部性和联动性的视角。按照科尔曼的话说，局外人认为行动者的行为不够合理或非理性，并不反映行动者的本意。用行动者的眼光衡量，他们的行动是合理的。[①] 基于内外部联动的视角，本书认为：虽然第三方评估机构采取的权责转让、成本控制、化繁为简等行动策略衍生出第三方评估的形式化、功利化、片面化危机，但至少保证甚至增加了其在短期内的生存机会，反而是一种具备"合理性"的选择。同时，本书着重从第三方评估机构的行动策略层面去分析第三方评估偏差产生的原因，从而解决了制度缺陷和评估偏差之间的关键中间变量缺失问题。

（三）理性选择理论的分析框架

科尔曼教授的导师默顿曾指出，"科尔曼对法人行动者的分析是具有深远影响的新思维"。[②] 无疑，科尔曼提出的"社会系统—行动者—社会系统"分析框架为研究法人行动者的行动结构提供了很好的切入视角。但是，科尔曼在《社会理论的基础》中论述的法人行动者在大多数情况下是公司等营利性企业，其最关键的理性选择在于获取利润，而对非营利组织的理性取向并没有明确的论述。实际上，非营利组织也必然要做出某些理性选择，因为其也面临着支出过高的生存压力，蕴含着为经营者谋取某些"利益"的潜在取向。本书所关注的研究对象是作为非营利组织的第三方评估机构，所使用的分析框架更侧重于非营利组织的行动策略层面。从第三方评估的实践情况来看，第三方评估机构同样是一个追求"合理性"的理性行动者。从这一点上讲，本研究能够拓展理性选择理论在非营利组织研究领域的应用。

本书总体上采用归纳逻辑，笔者希望通过案例研究来分析、总结和归纳出一个具体的第三方评估偏差解释模型。在科尔曼理性选择理论的方法论范式，以及其关于制度文化和法人行动者理性选择的观点基础上，笔者最终构建了"制度缺陷—行动策略—评估偏差"的第三方评估偏差分析框架（见图0-2）。与科尔曼的分析框架略有不同的是，本书所关注的是：在制度缺陷的影响下，追求"合理性"的法人行动者会采取何种行动策略

---

① 詹姆斯·科尔曼：《社会理论的基础》，邓方译，社会科学文献出版社，1990，第20页。

② 詹姆斯·科尔曼：《社会理论的基础》，邓方译，社会科学文献出版社，1990，封面页。

及其带来的社会结果。该分析框架指出，宏观制度缺陷会对微观法人行动者的行动策略产生影响，进而衍生出第三方评估形式化、功利化、片面化等评估偏差问题。在这一分析框架中，制度缺陷和评估偏差属于宏观社会系统层面，第三方评估机构的行动策略属于微观法人行动者层面。具体来说，合法性失衡使得第三方评估只能依赖行政体制获得生存空间，迫使第三方评估机构选择权责转让式的行动策略，最终诱发了第三方评估的形式化；外部监督制度缺失使得第三方评估机构缺乏有效的外部制约，其偏向于选择成本控制式的行动策略，最终诱发了第三方评估的功利化；行业准入制度缺失使得第三方评估机构不需要遵循较高的专业技术标准，其偏向于采用化繁为简式的行动策略，最终诱发了第三方评估的片面化。

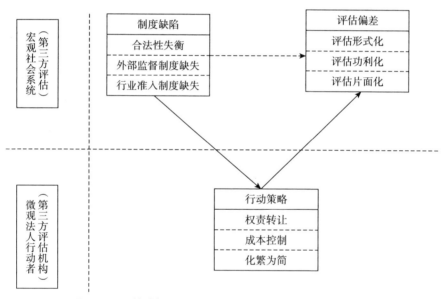

图 0-2　理性选择理论视角下的第三方评估偏差分析框架

基于"制度缺陷—行动策略—评估偏差"的第三方评估偏差分析框架，本书从宏观社会系统和微观法人行动者层面，更加系统地说明了第三方评估出现偏差问题的原因，从而为优化第三方评估制度提供了一种新的理论视角。从这一理论视角出发，本书试图构建一种包含宏观社会系统和微观法人行动者两个层面的制度优化体系。具体来说，宏观社会系统层面包括强化第三方评估的合法性基础、健全第三方评估的外部监督制度、建立第三方评估的行业准入制度；微观法人行动者层面主要是规制第三方评估机构的行动策略。相对而言，宏观社会系统层面更多对应的是制度与政策层面，微观法人行动者层面更多强调第三方评估机构的行动策略选择。因此，这一优化机制能够从微观和宏观、间接和直接、评估制度和组织行为等层面预防和纠正第三方评估的偏差问题，从而为优化第三方评估机制提供一些具体的应对办法。

第四节　概念界定

一　政府购买社工服务项目

"政府购买社工服务项目"似乎是一个非常明确而不用再继续定义的通识概念，但鉴于本书以政府购买的社工服务评估项目为主要研究案例，且概念也存在一些争议，此处还是需要更加清晰地给出明确定义。《民政部 财政部 关于政府购买社会工作服务的指导意见》中规定，"政府购买社会工作服务，是指政府利用财政资金，采取市场化、契约化方式，面向具有专业资质的社会组织和企事业单位购买社会工作服务的一项重要制度安排。社会工作服务是指，社会工作专业人才运用专业方法为有需要的人群提供的包括困难救助、矛盾调处、人文关怀、心理疏导、行为矫治、关系调适、资源协调、社会功能修复和促进个人与环境适应等在内的专业服务，是现代社会服务体系的重要组成部分"。民政部2014年发布的《社会工作服务项目绩效评估指南》指出，"社会工作服务项目是为满足特定服务对象的需求，在一定时间内，运用一定的资源，按照预定的服务目标、服务内容和服务要求所设计、实施的社会工作服务任务"。

综合以上两个概念，可以认为，政府购买社工服务项目是指政府购买的社会工作服务项目，其购买主体是政府，资金来源是财政预算、专项资金、困难群众救助补助资金、福利彩票公益金等，购买方式是市场化和契约化方式，承接主体是社会组织或企事业单位，购买内容是社会工作服务，且受到一定的时间和资源的限制。但这一定义还有一个含糊其词的地方，即以打包方式购买的多个社工岗位能否算作政府购买社工服务项目。单从官方的概念定义来看，并没有明确指出政府购买社会工作服务必须以项目制的形式运作，而在实际情况中，将多个社工服务岗位统辖为一个社会工作服务项目进行综合评估的情况并不少见。因此，本书中所指的政府购买社工服务项目偏向于更加广义的概念，既包括以项目制运作的社工服务项目，也包括多个社工岗位集合而成的社工服务项目。特别值得注意的是，社工服务第三方评估项目同样也是政府购买的社工服务项目，只是其不直接面向社区居民提供社会工作服务，而更多是面向购买方和服务提供方等多元主体。

二　第三方评估

我国的第三方评估最早出现在政府绩效评估领域，一般是指处于服务提供方（政府）和服务接受方（人民群众）之外的第三方，并且通常是由非政府、非营利性组织所主持的评估机制。[①] 从一般意义上讲，第三方评估是一个与政府绩效管理、政府绩效评估有着紧密联系的政治学概念。例如，包国宪认为，第三方评估是指政府部门自评和上级部门评价之外的独立第三方进行的评价。[②] 倪星等认为，第三方评估是政府内部自评和普通公众评价之外的独立的专业机构的评估。[③] 程祥国等认为，第三方评估是由政策制定者和政策执行者之外的主体运作的评估。[④]

随着政府购买社会服务项目的快速发展，社会服务领域也出现了第三方评估机制。相应地，第三方评估的概念也发生了一些改变，其不再特指政府绩效评估，而是扩展到社会服务领域，泛指服务购买方、服务提供方和服务接受方之外的，由专业的非营利、非政府组织所承接的独立评估机制。例如，顾东辉认为，第三方评估是由与社会服务机构及其资助者无关的机构对社会服务机构进行的评估。[⑤] 潘旦等认为，第三方评估是公民个人、社会团体、社会舆论机构、中介评估机构等通过一定程序和途径，采

---

① 徐双敏：《政府绩效管理中的"第三方评估"模式及其完善》，《中国行政管理》2011 年第 1 期。
② 包国宪：《绩效评价：推动地方政府职能转变的科学工具——甘肃省政府绩效评价活动的实践与理论思考》，《中国行政管理》2005 年第 7 期。
③ 倪星、余凯：《试论中国政府绩效评估制度的创新》，《政治学研究》2004 年第 3 期。
④ 程祥国、李志：《独立的第三方进行政策评估的特征、动因及其对策》，《行政论坛》2006 年第 2 期。
⑤ 顾东辉：《社会工作评估》，高等教育出版社，2009，第 17 页。

取各种方式，直接或间接、正式或非正式地评估社会组织绩效。[①]

　　根据评估者是否与服务运行具有利益关联，吴帆教授等人将评估者类型分为利益相关者和利益无关者。其中，利益无关者由那些与服务运行无关的相关人员组成，比如专门的评估机构或专家等，他们既不参与服务的传输过程，也不负责服务的监督与管理工作。吴帆教授等人指出，利益无关者评估可以被称为第三方评估，是指由服务委托方、服务提供方和服务对象之外的独立的第三方评估机构对社会服务开展的评估。第三方评估可以由利益相关者（如实施购买服务的政府）来组织协调，但专业的评估工作则完全交由第三方操作完成。在西方国家，多数情况下是由政府出资，聘用独立的、具有资质的专业评估机构或研究机构来担任第三方。[②]

　　可以发现，政府购买社会服务领域内第三方评估的概念与政府绩效评估领域中第三方评估的概念有很大的差异性，其重要区别在于以下三个方面。第一，"第三方"的含义由实指变成了虚指，第三方评估的执行主体实际上可能是第四方、第五方。第二，第三方评估可以由政府出资并组织协调，但不能由政府来实际操作，第三方评估更加侧重服务运行环节的外在性，而非利益关系上的完全无关性。实际上，在我国的政府购买社工服务项目中，政府既是社工服务项目的购买方，也是第三方评估项目的购买方，但只要第三方评估机构不是政府的下属单位，具备独立的法人地位，且在服务运行环节是独立自主的，都会被政府官员和绝大多数学者视为第三方评估项目。第三，政府绩效评估中第三方评估的对象是政府自身，而社会服务领域内第三方评估的被评估对象是政府体系之外的社会服务提供机构。

　　综合学者们已有的研究成果，本书中所指的第三方评估更加细化，主要侧重在政府购买社工服务项目领域。具体来说，本书中的第三方评估是指：由购买方（政府）、服务方（社工机构）、合作方（社区基层自治组织或用人单位）、服务对象之外的专业评估机构，并且通常是非政府、非

---

① 潘旦、向德彩：《社会组织第三方评估机制建设研究》，《华东理工大学学报》（社会科学版）2013 年第 1 期。

② 吴帆、郑飞北：《社会服务评估实用教程》，高等教育出版社，2018，第 16~18 页。

营利组织运作的评估机制。

三　第三方评估偏差

"偏差"在汉语中有两种意思，分别指：（1）运动的物体离开确定方向的角度；（2）工作上产生的过分或不及的差错。① 相应地，本书中的第三方评估偏差主要侧重在：第三方评估偏离了监督核查、以评促建的使命和价值导向，在执行过程中出现了形式化、功利化、片面化等评估偏差问题。"第三方评估偏差"是本书的重要概念之一，是笔者为概括当前第三方评估中出现的种种问题而使用的一个概念。笔者长期致力于社工服务项目评估研究，曾尝试用"第三方评估的内卷化"②"评估失灵"③"角色失调"④"第三方评估盲区"⑤ 等概念来诠释和分析社会工作服务评估项目中的诸多问题，但这些概念或失之偏颇，或不够精准，或歧义较大，均不是特别成熟，缺乏业界的权威认同。因此，笔者最终选用了"第三方评估偏差"这一普遍化的概念来指代本书中第三方评估暴露出的种种问题。

本书将更加详细和清晰地界定第三方评估偏差的概念，并将其作为全书的概念基石。目前，评估偏差这一概念还主要应用在政府绩效评估领域。例如，何文盛等认为，已经开展的绩效评估结果不能完全准确地反映客观存在的实际绩效情况，产生的绩效评估结果与政府的真实绩效之间的差距，即政府绩效评估结果偏差。⑥ 从系统论的视角来看，评估偏差又分为政治环境性偏差、经济环境性偏差、制度环境性偏差和文化环境性偏差等外部环境性偏差以及主体性偏差、客体性偏差、技术性偏差等系

---

① 中国社会科学院语言研究所词典编辑室编《现代汉语词典》（第6版），商务印书馆，2016，第996页。

② 韩江风：《政府购买服务中第三方评估的内卷化及其优化——以Z市S区社会工作服务评估项目为例》，《四川理工学院学报》（社会科学版）2019年第2期。

③ 韩江风：《技术治理逻辑下社会工作评估的失灵与优化——以T市W街道社会工作评估项目为例》，《理论月刊》2019年第12期。

④ 韩江风：《社会工作协会角色失调的双向维度：角色越位与缺位——以M市社会工作协会为例》，《社会工作与管理》2021年第4期。

⑤ 韩江风、张明锁：《社工站项目评估中的盲区假说与云评估模式建构》，《西华大学学报》（哲学社会科学版）2023年第6期。

⑥ 何文盛、姜雅婷：《系统建构视角下政府绩效评估结果偏差生成机理的解构与探寻》，《兰州大学学报》（社会科学版）2015年第1期。

统内生性偏差。① 范柏乃等也认为，绩效评估的偏差或误差是指评估结果与绩效真实值之间的差值，它是指由与评估无关的因素引起的评估结果的不准确程度。②

　　根据已有的研究成果，笔者认为，要想界定政府购买社工服务项目中的"第三方评估偏差"概念，首先要明确一个前提，即第三方评估的使命，或者说功能、作用、目标到底是什么？如果不能清楚地回答这一问题，那界定"第三方评估偏差"就会失去前提和基础。目前关于第三方评估的最权威文件是民政部于2015年下发的《关于探索建立社会组织第三方评估机制的指导意见》，该意见初步阐述了第三方评估的总体思路、基本原则、资金保障机制等相关问题，并指出"以评促建"是第三方评估的基本原则之一。与此同时，社工学界的很多学者，也都认同"以评促建"应当是第三方评估的主要使命和功能所在。例如，徐选国认为，"以评促建"是第三方评估的典型属性。③ 赵环等认为，以评估促进社会组织建设和行业发展，是深圳市社会工作发展的优势和特色。④ 葛蕾蕾等认为，成功的第三方评估实践应当实现以评促建、以评促改的目标，并发挥第三方评估的诊断、监督作用。⑤ 詹成付认为，评估不是目的，而是一种促改革、促建设、促管理、促发展的具体手段。⑥ 此外，也有许多实践中的第三方评估项目或主体明确把"以评促建"作为主要目标。例如，基于以评促建、以评促管的目的，重庆市民政局于2015年委托重庆市教育评估院评估了11家市级行业协会。⑦ 四川省陶行知研究会对成都市金牛区和大邑县数十所学校开展的第三方评价，明确把"以评促建，创建卓越学校"作为主

---

① 何文盛、廖玲玲、李明合：《我国地方政府绩效评估结果偏差的分类研究：概念、类型与生成机制》，《福建论坛》（人文社会科学版）2012年第10期。
② 范柏乃、余有贤、程宏伟：《影响政府绩效评估误差的因素及其对策研究》，《软科学》2005年第4期。
③ 徐选国：《社区公益服务项目第三方评估的"内卷化"困境及其治理》，《中国社会工作》2017年第4期。
④ 赵环、滕爱聪、徐丽婕：《"以评促建"：深圳社工机构评估机制与组织建设》，《中国社会工作》2011年第10期。
⑤ 葛蕾蕾、韩依依：《国内第三方评估的现状、特点及优化路径——基于二维视角的案例研究》，《行政管理改革》2019年第11期。
⑥ 詹成付：《双管齐下　合力推进社会组织第三方评估》，《中国社会组织》2015年第10期。
⑦ 余长华：《以第三方评估促行业协会内部治理的强化——重庆市2015年全市性行业协会评估报告》，《国家治理》2016年第45期。

要目标。① 作为民政部 2017 年度指定的全国性社会组织第三方评估机构，中国认证认可协会的宗旨就是以评促学、以评促建、以评促改、以评促优、以评促创、以评促发展。

综合官方、学界以及一线社工服务界的诸多看法，可以认为，第三方评估至少有两个使命或功能：其一是监督核查，进而明确社工服务项目的真实服务效果；其二是引导激励、以评促建，通过评估来不断改进社工服务项目的服务成效。笔者在实际调研中发现，一些第三方评估项目要么专注于监督核查，而忽视了以评促建的使命；要么沦为购买方手里的"大棒"，进而变成了管理社工机构的工具。这两种形式都违背了第三方评估"以评促建"的使命和功能，导致了第三方评估的偏差。因此，本书中的"第三方评估偏差"主要是说：在政府购买社工服务评估项目中，第三方评估并没有充分做到独立、客观、公正、专业，监督核查、以评促建的评估使命也未能较好地履行，并且出现了评估形式化、功利化、片面化等评估偏差现象。

具体来说，可以从以下三个层面予以诠释。第一，第三方评估的独立性、客观性、公正性和专业性不足，未能充分体现出第三方评估的特质和价值。在政府购买社工服务项目中，独立性强调的是评估方相对于购买方的自主权力；客观性强调的是定量评估指标体系中量化指标的信效度问题；公正性更加强调评估方能在购买方、服务方、社区合作方（用人单位）、服务对象之间保持中立，能够不偏不倚地做出公正的评价；专业性则是指评估方具有高水平的评估专业人才，同时能够运作科学、合理的评估方法，得出准确有效的评估结果，同时还能实现项目的持续优化以及服务对象的福祉提升。第二，第三方评估未能充分反映出社工服务项目真实效果，难以核查出社工服务项目中的严重问题，致使监督核查的职能作用发挥不畅，评估趋于形式化、功利化、片面化。第三，第三方评估被单一地执行为核查式、检查式评估和文牍式评估，而引导激励、以评促建的作用和使命难以体现。但要明确指出的是，评估偏差不等于评估失效，也不等于第三方评估完全没有发挥作用。实际上，第三方评估在督促和规范项目运作、做出社会交代等方面确实发挥了一些作用，但这种作用大多侧重

---

① 李益众：《第三方评价，这只螃蟹怎么吃？》，《中国教育报》2015 年 8 月 6 日，第 3 版。

在项目管理和短期绩效领域，而对于项目的整体和长期发展、社工能力的提升、服务对象生活质量的提升来说，其成效往往难以达到预期。

第五节　研究方法

本研究属于侧重于原因分析的解释性研究，在研究方法方面偏向于人文主义的方法论和质性研究方式，在研究逻辑上采用归纳逻辑统摄全书结构。具体而言，本书所使用的研究方法主要是实地研究、案例研究与比较研究。选择这三种研究方法，主要是由本研究的研究问题所限定的。为了更好地探索和分析第三方评估的偏差问题，笔者在 2017~2023 年长期兼任 X 市社会工作协会的评估项目主任，主持及参与过社会工作服务评估项目 30 余项，基本上满足实地研究的要求。同时，为了更好地论证研究问题，笔者选取了三个典型案例做了阐述和类型学分析，也涉及案例研究和比较研究等一些具体的研究方法。

一　实地研究

风笑天教授将实地研究与调查研究、实验研究、文献研究并列为四种主要的研究方式，并认为实地研究是一种深入研究对象的生活背景中，以参与观察和非结构访谈的方式收集资料，并通过对这些资料的定性分析来理解和解释现象的社会研究方法。[①] 相对于其他三种研究方式，实地研究更适合探索性和解释性的研究，更便于研究者从社会实践角度去发现问题和解释问题。本研究的研究问题还未引起学界足够的重视，相关的研究成果还不多见，可用的理论工具也还存在比较大的缺陷，更适合通过长时间的实践观察来发现和分析研究问题。另一方面，由于笔者经常主持及参与第三方评估项目，具备搜集一手资料的条件，也更加方便使用实地研究的研究方法。以 X 市社会工作协会为观察对象，笔者共计开展了六年追踪式实地研究。在调研期间，笔者进行了一些以观察和访谈为主的实地研究，获取了很多珍贵的一手研究资料。相对于其他研究方法而言，实地研究最符合也最能贴切地反映本研究的研究方法和研究过程。相应地，本研究主

---

① 风笑天：《社会学研究方法》（第 3 版），中国人民大学出版社，2009，第 256 页。

要以参与式观察法和访谈法为资料收集方法，通过访谈记录、调研笔记、旁听、闲谈、评估会、座谈会、实地参观、个人专访、回忆录、观察日记等多种方式搜集调研资料。总体而言，实地研究是基于人文主义方法论和自然主义范式的一种研究方法，可以很好地帮助笔者发现研究问题和充实研究材料。基于以上理由，本研究选用了实地研究的研究方法。

在这些评估项目中，笔者的主要身份是高校学者兼项目评估主任，主要职责是项目投标、制定评估方案、修订评估指标体系、联系评估专家、筹备评估会议、实地评估服务机构、审核评估材料、参与专家评估会议、撰写评估报告、主持评估反馈会等，完整地参与了政府购买社会工作服务项目的全过程。在调研期间，笔者共搜集了 X 市社会工作协会的组织章程、规章制度、4A 组织评估报告、六年评估项目的相关材料、人员资质及流动情况、财务资金账目流水等方方面面的电子资料共 300 余 GB，纸质材料 100 余千克。六年间，笔者共搜集到利益相关方访谈记录 464 份，其中，政府工作人员访谈记录 33 份；社区工作人员访谈记录 12 份；社工机构负责人访谈记录 28 份；一线社工访谈记录 141 份；评估项目负责人访谈记录 17 份；评估协助人员访谈记录 19 份；服务对象访谈记录 172 份；评估专家访谈记录 42 份。这些不同身份的评估参与者为笔者的研究提供了丰富和充实的研究资料，大大拓展了笔者对该研究领域和该研究问题的认知和理解。另外，在调研期间，笔者还坚持撰写观察日记，共撰写了重要观察日记 151 篇（近 15 万字），这些观察日记为后期的著作撰写奠定了良好的基础。

由于本研究的访谈对象众多，有些还涉及比较敏感的信息，故不在此一一单列。在后文中每个访谈对象第一次出现的地方，笔者会就访谈对象的必要信息做简要的介绍。同时，书中全部人物的编码均经过了匿名化处理。其中，X 开头代表 X 市社会工作协会的工作人员；G 开头代表政府工作人员；S 开头代表一线社工；L 开头代表社工机构负责人；M 开头代表社区工作人员；F 开头代表服务对象；E 开头代表评估专家。X 市社会工作协会的工作人员、政府工作人员、社区工作者的某些敏感信息，以及某些新闻媒体报道的网址等涉及保密性的内容，书中均不再列出。为方便后文的叙述，本研究中的访谈资料均遵循"项目代码—人物编码—记录日期与序号"的编码格式。例如，"A-XZL-2020010101"代表所属项目是 A 区社工服务第三方评估项目，访谈对象是 XZL，访谈日期是 2020 年 1 月 1

日，并且是当天第 1 篇记录。出于对项目相关人员的隐私保护、部分研究资料的保密要求以及研究伦理的考虑，本研究对部分相关人员信息、研究案例的背景以及部分研究资料进行了加密和灵活调整，但都不影响一手研究资料的真实性。具体的研究资料来源及构成见表 0-1。

表 0-1　研究资料来源及构成

单位：份

资料来源	资料形式	政府购买社工服务第三方评估项目			合计
		X 市 A 区	X 市 B 区	X 市 C 区	
X 市社会工作协会	组织档案	300 余 GB 电子数据；纸质材料 100 余千克（组织章程；规章制度；4A 组织评估报告；六年评估项目的相关材料；人员资质及流动情况；财务资金账目流水）			
政府工作人员	访谈记录	9	11	13	33
社区工作人员		3	3	6	12
社工机构负责人		5	11	12	28
一线社工		26	48	67	141
评估项目负责人		3	5	9	17
评估协助人员		6	5	8	19
服务对象		35	55	82	172
评估专家		5	15	22	42
研究者	观察日记	32	44	75	151
合计		124	197	294	615

二　案例研究

罗伯特·K. 殷认为，相较于其他研究方法如实验法、档案分析法、历史分析法而言，案例研究更适合回答"怎么样"和"为什么"的问题，且重点关注研究者不能控制的，且目前正在发生的事情，即案例研究主要用于三种情形：主要问题是"怎么样""为什么"；研究者几乎无法控制研究对象；研究的重点是当前的现实现象。① 本研究所关注的核心问题其实是

---

① 罗伯特·K. 殷：《案例研究：设计与方法》，周海涛主译，李永贤、张蕊参译，重庆大学出版社，2004，第 19~23 页。

政府购买社工服务项目中第三方评估出现了哪些偏差问题，什么原因导致了第三方评估出现了偏差问题。同时，观察者对正在进行的第三方评估项目基本不具备控制的能力，只能作为旁观者去实时感受项目本身。因此，本研究的研究问题十分切合案例研究方法，这也是笔者选择案例研究为主要研究方法的主要原因之一。笔者选择 X 市作为调查点，一方面是因为笔者曾长期在 X 市学习和生活，同时与 X 市社会工作行业从业者接触较多；另一方面也是考虑到目前学者们已经对北京、上海、广州、深圳等一线特大城市的社会工作发展进行了比较深入的研究，而像 X 市这样的内陆特大城市、人口特大城市、新一线城市的社会工作发展问题还未受到学者们的充分重视。从这个角度来看，对于 X 市社会工作发展的研究可以有效地丰富我国社会工作领域的学术研究成果，从而促进社会工作的中国化和本土化发展。

罗伯特指出，案例研究的数量选择主要取决于案例的机制和饱和度，同时，也应尽量使用多种证据来源。① 基于此，笔者选择了三个具有典型意义的研究案例，并从政府工作人员、一线社工、社工机构负责人、社区党组织书记、评估项目负责人、评估协助人员、服务对象等多个角度来收集意见，并辅之相应的制度章程、人员变动、财务流水、评估报告等文本材料，从而尽可能地保证了研究证据的可信度。从饱和度角度来看，X 市内部各城区之间的发展水平具有很大的差异性，有利于保证研究案例之间的异质性并提升研究的信息饱和度。X 市下辖 6 个区、5 个代管县级市、1个直管县，各区之间的经济发展水平和政府购买社工服务资金投入力度差距很大。总体而言，X 市经济发展呈现出明显的东强西弱状态。X 市民间经常调侃 X 市西部是三线城市、中部是二线城市、东部是一线城市，区域间经济差距较大。在本书的三个案例中，A 区处在 X 市西三环至西四环之间，区域内大多是村改居后的新市民和低收入群体，房价均价在 13000元/m² 左右，近三年度政府购买社工服务资金大约在 70 万元；B 区处在 X市二环核心区域内，属于 X 市的老城区，区域综合经济实力较强，房价均价在 20000 元/m² 左右，年均政府购买社工服务资金达 350 万元左右；C

---

① 罗伯特·K. 殷：《案例研究：设计与方法》，周海涛主译，李永贤、张蘅参译，重庆大学出版社，2004，第 142~153 页。

区位于 X 市东三环至东四环之间，是 X 市举全市乃至全省之力建设的地标性城区。C 区是由 Y 省前省长提出并建设的城市新区，其定位是国际化的区域性金融中心、国际化中央商务区和具有国际水平的生态宜居城区。C 区目前区域内人口多是机关事业单位干部或高收入群体，区域房价均价在 30000~40000 元/m²，部分楼盘高达 80000 元/m²。巨大的区域经济发展水平差异，也显著地反映在政府购买社工服务资金投入力度上。例如，C 区近三年的年均政府购买社工服务资金在 980 万元左右，而同期 A 区的购买资金总额只有 70 万元。

三　比较研究

比较研究也是一种重要的社会研究方法，甚至被社会学创始人孔德列为四种基本的社会学研究方法之一。比较研究可以更好地把握事物的表象特征和本质特征，从而达到对特定事物的理解和诠释。[①] 为了更好地体现研究的可信度以及增强研究结论的可推广性，本研究使用了比较研究的研究方法，以更好地提升研究结论的饱和度。具体来说，测量和描述第三方评估项目是否达到了以评促建的效果，需要基于时间跨度、地区跨度等不同的比较视角，例如中期评估与末期评估的比较、上年度与本年度的比较、不同区域间的项目比较等。因此，比较研究是本研究必不可少的研究方法之一。

首先，本研究选取了 2018~2023 年，X 市 A 区、B 区、C 区三个政府购买社工服务项目，试图通过这三个相近时间段、不同地区的项目评估案例来展现第三方评估所取得的真实效果。如果从单一项目的时间跨度来看，社工服务项目的中期评估很难促进项目末期的效果改善，而末期评估结果与下一年度的项目招投标结果、项目实施效果等也没有直接的联系，从而支持了本研究所提出的第三方评估偏差。其次，本研究还综合比较了 X 市 A 区、B 区、C 区三个同一地市但不同区域的社工服务第三方评估案例。基于对这三个评估案例的比较，笔者发现了很多有趣的结论。比如，研究发现，即使是同一家第三方评估机构，在相近的时间段内，面对有不同要求的购买方，也会使用专业性不同的评估方法与评估程序，即所谓的

---

① 陈振明：《社会研究方法》，中国人民大学出版社，2012，第 160~180 页。

"看人下菜"。例如，A区评估项目每年要开展"中期评估+末期评估"两次评估；B区有完整的"试用期评估+中期评估+末期评估"，且每次评估后有集中反馈和单独反馈环节；C区2020年之前有试用期评估，而后每年度则只有中期评估和末期评估两次评估。但是，无论使用哪种评估方法与评估程序，有些偏差问题是无法避免的，是制度缺陷本身造成的；有些偏差问题确实是可以解决的，其取决于第三方评估机构自身的行动策略。在最近两年的评估项目中，X市社工协会改进了一些评估程序、方法和技术，也取得了一些效果。总的来说，本书所涉及的比较研究，既有同一项目在不同时间跨度上的纵向比较，也有同一时期内不同区域项目间的横向比较。

表0-2 X市A区、B区、C区政府购买社工服务项目案例比较

单位：万元

政府购买社工服务项目	时间跨度		项目周期	评估类型	平均年度购买金额	平均年度评估项目金额
	2018~2020年	2020~2023年				
X市A区社工服务项目	党群服务中心项目	社工站服务项目	一年一买	中期评估+末期评估	60	5
X市B区社工服务项目	医务、司法、学校、监狱等社工特殊服务项目		前期一年一买；后期三年一买	试用期评估+中期评估+末期评估+评估反馈会	396	15
X市C区社工服务项目	党群服务中心项目	社工站服务项目	一年一买	（试用期评估+）中期评估+末期评估	860	25

注：此处统计的三个区政府购买社工服务项目金额仅包含一线社工服务项目，不包含督导、培训、宣传、评估等支持类项目，以及设置在机关事业单位的社工岗位购买经费。

| 第一章 |
我国政府购买社会工作服务项目的兴起

20 世纪 80 年代以后，行政改革的浪潮席卷全球。世界各国大多遵循"企业家政府"、① "服务"而非"掌舵"② 以及服务型政府的发展路径不断迈进。在公共物品和公共服务供给方面，创建服务型政府的核心在于改变政府的单一主体供给状态，转而由多种多样的社会主体，尤其是社会组织来提供公共服务，并形成政府与社会组织间的"伙伴关系"。③ 由此，政府向社会组织购买服务模式得以发展。所谓"政府购买服务"，即政府将原来直接提供的部分公共服务事项，通过直接拨款或公开招标方式，交给有资质的社会服务机构来完成，最后根据择定者和中标者所提供服务的数量和质量，来支付服务费用。④ 20 世纪 90 年代之后，英国、美国、加拿大、欧盟等国家和地区出现了大量的政府购买服务项目，这一浪潮随后蔓延到中国等发展中国家，而此时，正值中国社会工作教育和专业服务体系重建伊始。因此，这一时期的政府购买社会工作服务项目同时肩负着推广社会工作专业教育、发展本土化社会工作专业实践，以及承接公共服务、增进民生福祉等众多使命。

---

① 戴维·奥斯本、特德·盖布勒：《改革政府：企业家精神如何改革着公共部门》，周敦仁等译，上海译文出版社，2006，第 15~45 页。
② 珍妮特·登哈特、罗伯特：《新公共服务：服务，而不是掌舵》，方兴、丁煌译，中国人民大学出版社，2004，第 20~35 页。
③ 萨瓦斯：《民营化与公私部门的伙伴关系》，周志仁等译，中国人民大学出版社，2002，第 18~45 页。
④ 王浦劬、莱斯特·M.萨拉蒙等：《政府向社会组织购买公共服务研究——中国与全球经验分析》，北京大学出版社，2010，第 12~49 页。

2004 年，温家宝首次提出"建设服务型政府"的主张，其在第十届人大三次会议《政府工作报告》中，明确提出要"创新政府管理方式，寓管理于服务之中，更好地为基层、企业和社会公众服务"。2006 年，中共十六届六中全会正式将"服务型政府"作为强化社会管理和公共管理的任务之一。"服务型政府"意指遵循社会公正和民主，按公共参与和共同治理的法定机制和程序而组建起来的，为公民提供满意服务并承担相应责任的政府。党的十八大报告进一步提出，深入推进政企分开、政资分开、政事分开、政社分开，建设职能科学、结构优化、廉洁高效、人民满意的服务型政府。党的十九大报告也提出，转变政府职能，深化简政放权，创新监管方式，增强政府公信力和执行力，建设人民满意的服务型政府。党的二十大报告提出，要紧紧抓住人民最关心最直接最现实的利益问题，解决好人民群众急难愁盼问题，这必然也有赖于服务型政府的建设。作为建设服务型政府的重要举措之一，政府购买社会工作服务项目在创新社会治理体系和提升社会治理现代化水平的时代浪潮中，蓬勃发展起来。

第一节　零星购买的萌芽阶段（1987～2005 年）

西方现代意义上的专业社会工作诞生于 20 世纪初，但其思想来源可以追溯到古希腊、古罗马时期的助人思想，基督教的博爱思想等。西方国家为应对工业革命所带来的严峻社会问题，开展的《伊丽莎白济贫法》、德国的汉堡制与爱尔伯福制、英美慈善组织会社、英美睦邻组织运动等实践，为专业社会工作的诞生积累了丰富的实践基础。一直到 1917 年里士满正式出版《社会诊断》一书，社会工作才真正被视为一门专业。专业社会工作在中华民国时期开始在我国出现，当时叫"社会事业"，由当时的"社会部""社会处""社会科"主管社会救济、社会服务、社会政策等工作。[①] 20 世纪 30 年代兴起的乡村建设运动，包括晏阳初领导的定县平民教育实验，梁漱溟领导的邹平乡村建设实验等，也被认为是中国社会工作的发端。当时中国已有 20 多所高校设立社会学系，部分高校设置了社会工作专业或开设了社会工作课程，甚至建立了社会工作实验基地，例如沪江大

---

① 言心哲：《现代社会事业》，商务印书馆，1945，第 6 页。

学的"沪东公社"、金陵大学的"友邻社"等。① 在实践领域,早期的医务社会工作开始出现,例如湖南长沙耶鲁医院的长沙社会服务联盟、北京协和医院的"宗教与社会服务部"等。② 新中国成立后,计划经济体制之下的民政社会工作基本上取代了专业社会工作的职能,社会工作专业也在20世纪50年代被停办。

一直到1987年,国家教委批准中国人民大学、北京大学、吉林大学、厦门大学等高校设置社会工作专业,当代意义上的中国社会工作才开始重建。20世纪90年代,上海市首先在浦东新区设置了社会工作岗位,并成立了5个社会工作站。2001年,浦东新区社会工作者协会就成立了潍坊社区社工站、沪东社区社工站、东方医院社工站、育英学校社工站等多种形式的专业性社工站,在社工人才培育、弱势群体服务、医务社工、学校社工等领域开展了专业服务实践。③ 2003年11月,上海举办了国内首次社会工作职业资格考试。随后,又相继出台了《上海市社会工作者职业资格认证暂行办法》《上海市社会工作(助理)注册管理试行办法》等政策文件,初步建立起了职业社会工作者资格认证、注册管理、从业规范和继续教育等一系列制度。2004年,上海"自强社会服务总社""新航社区服务总站""阳光社区青少年事务中心"三家民办社会服务机构成立,并聘用专业社会工作者承接禁毒、社区矫正、青少年服务。

从社会工作的地域发展角度来看,这一阶段上海是中国当代专业社会工作发展的发源地和主要阵地。政府购买社工服务项目也主要集中在经济、人才、教育、技术优势比较突出的北上广深等一线城市地区,社会工作在中西部地区的发展仍比较缓慢。如果按人群划分,这一时期的政府购买社会工作服务项目已经涉及老年人、妇女、儿童、青少年、残疾人、服刑人员、退伍军人、学生等多个群体。如果按专业服务领域划分,司法、医务、学校、家庭、禁毒、养老、社会救助、社区便民服务等多个领域的政府购买社会工作项目陆续开始出现。如果从购买方的条线系统来看,民政部门、公安部门、检察院、法院、党群部门、监狱部门等多个行政系统

① 李迎生:《社会工作概论》,中国人民大学出版社,2018,第42~62页。
② 林万亿:《当代社会工作:理论与方法》,五南图书出版社,2002,第143页。
③ 马伊里:《专业社会工作在社区建设中的实践与探索》,《社会转型与社区发展——社区建设研讨会论文集》,上海,2001,第340~347页。

都已经开始零散地购买社工服务项目。如果从社工机构的性质和成立契机来看，这一时期存在官办、民办、官办民营等多种类型的社会工作服务机构，其中一些是以非营利组织的形式在民政部门注册，另外一些则是以企业的形式在工商部门登记注册，① 还有一些社工机构是由作为购买方的地方政府发起或者倡导发起成立的社会组织，有些甚至是在购买任务确定之后才临时成立的社工机构。时至今日，由于政策制度体系的不断完善，官办的社工机构绝大多数已经消失或者转变为民办机构。但是，部分地区仍然存在为承接特定项目而临时成立社工机构的情况。至于社工机构过度依赖政府购买资金、自筹经费不足的问题，至今仍然存在。

在这一阶段，已经有学者开始关注社会工作服务评估研究，以及评估方法与技术问题。例如，库少雄提出要用"单样本设计"来衡量社工服务成效；② 吴伟东提出了社会工作评估的"层次深入模型"；③ 陈钟林等探讨了国外社会工作评估的 TIE 架构和 CA/B 架构。④ 但严格意义上来说，这一时期评估研究多限于具体的社工服务技术层面，大多数政府购买社会工作服务项目并没有设立严格的项目评估环节。整体来看，萌芽时期的政府购买社会工作服务项目呈现出领域多、规模小、周期短、经费少、专业化程度有限、社会影响力不足、零散化购买、缺少评估环节、管理不够规范等突出特征。

第二节　嵌入体制的起步阶段（2006～2016年）

2006年，党的十六届六中全会正式提出"建设宏大的社会工作人才队伍，造就一支结构合理、素质优良的社会工作人才队伍"，被社会工作业界称为"社会工作的春天来临了"。2006年以后，我国社会工作迎来了一段长达15年的高速发展期，政府购买社会工作服务项目数量显著增长。

---

① 何雪松、刘莉：《政府购买服务与社会工作的标准化——以上海的三个机构为例》，《华东师范大学学报》（哲学社会科学版）2021年第2期。
② 库少雄：《社会工作评估——单样本设计》，《北京科技大学学报》（社会科学版）2004年第3期。
③ 吴伟东：《社会工作评估：层次深入模型》，《社会》2004年第10期。
④ 陈钟林、吴伟东：《国外社会工作评估：理论架构探析》，《北京科技大学学报》（社会科学版）2006年第2期。

2007 年，广东省深圳市培育了鹏星社会工作服务社、社联社会工作服务中心以及深圳慈善公益网三家社会工作服务机构，在社区建设、社会福利与救助、青少年教育、医疗卫生、社区矫正、监所管理、禁毒、残障康复、人口计生、外来务工人员服务、婚姻家庭等领域推进政府购买社工服务项目试点。我国专业社会工作的主要阵地也逐步由上海转移至深圳、广州等地区。在这一时期，设置社会工作专业的高校已经超过 200 所，每年招收及毕业学生近万人；社会工作专业教材、著作、期刊和论文大量出现；社会工作专业教育、研究机构和团体相继建立；有关社会工作、社会福利、社会政策的学术交流频繁开展；医务、司法、学校、企业、婚姻、家庭、监狱、灾害、禁毒、信访、心理健康、精神障碍、优抚安置、社会救助等 20 多个社会工作实践领域纷纷出现。[1]

在这一阶段，社会工作的发展具有明显不同于萌芽阶段的突出特点。社会工作开始大范围嵌入政府行政管理体系，或者说开始"嵌入体制"。这里的"体制"指的是由行政管理机构、管理权限、管理制度、管理工作、管理人员等有机构成的一套行政管理系统。[2] 改革开放以后，我国行政管理体制改革已经走过了"简政放权—转变政府职能—建设服务型政府"三个发展阶段，[3] 这也为社会工作进入公共服务体系、嵌入行政管理体系提供了契机。所谓社会工作的"嵌入性"或者"嵌入性发展"，是王思斌教授从卡尔·波兰尼和马克·格兰诺维特的经济与社会网络学说里引申出来的一个社会工作概念。按照王思斌教授的说法，对于占主导地位的行政性框架而言，专业社会工作的地位是一种"嵌入"，它将嵌入现有的公共服务和社会管理框架之中开展专业服务并获得嵌入性发展；专业社会工作的嵌入性指的是它必须进入行政性社会工作占主导地位或基本覆盖的社会空间发挥作用。[4] 或者说，专业社会工作是嵌入原来的社会服务领域

① 王浦劬、莱斯特·M. 萨拉蒙等：《政府向社会组织购买公共服务研究——中国与全球经验分析》，北京大学出版社，2010，第 1~2 页。

② 夏书章：《行政管理学》，中山大学出版社，2003，第 56 页。

③ 周光辉：《从管制转向服务：中国政府的管理革命——中国行政管理改革 30 年》，《吉林大学社会科学学报》2008 年第 3 期。

④ 王思斌、阮曾媛琪：《和谐社会建设背景下中国社会工作的发展》，《中国社会科学》2009 年第 5 期。

之中并谋求发展的，嵌入性是专业社会工作在中国生存和发展的重要特征[①]。此外，熊跃根也用"体制嵌入"的概念分析过社会工作教育领域内的行动者与政府组织之间的交互关系。[②]

这种社会工作的"嵌入性"可以更加直观地从国家政策文件中关于"设置社会工作专业岗位"的条文中体现出来。例如，中央组织部、中央政法委、民政部等18个部门和组织2011年联合发布了《关于加强社会工作专业人才队伍建设的意见》，意见提出："明确相关事业单位社会工作专业岗位。要根据事业单位社会功能、职责任务、工作性质、人员结构等因素，分类设置社会工作专业岗位。老年人福利机构、残疾人福利和服务机构、儿童福利机构、收养服务机构、妇女儿童援助机构、困难职工帮扶机构、婚姻家庭服务机构、青少年服务机构、社会救助服务和管理机构、优抚安置服务保障机构等以社会工作服务为主的事业单位，可将社会工作专业岗位明确为主体专业技术岗位。对学校、医院、人口计生服务机构等需要开展社会工作服务的单位，要将社会工作专业岗位纳入专业技术岗位管理范围。"此后，"一校一社工""医疗机构设立医务社工岗位""在养老机构、残疾人照料机构、儿童福利机构等服务机构开发设置医疗护理员岗位"等提法在国家及各地方政府文件中相继出现。这一时期社会工作的嵌入性发展，也体现了政府购买社工服务项目已经从萌芽阶段的地方试点，发展到全国层面的政策要求。

但是，这种在行政管理体系中"设置社会工作专业岗位"的嵌入式发展模式本身存在较高的"社会工作行政化"风险，[③] 而且，在社会工作逐步"嵌入体制"的过程中，行政吸纳社工、[④] 行政吸纳服务[⑤]以及地方政府与社工机构的"利益共谋关系"[⑥] 等问题，也逐渐成了学者们的关注重

---

① 王思斌：《中国社会工作的嵌入性发展》，《社会科学战线》2011年第2期。
② 熊跃根：《论中国社会工作本土化发展过程中的实践逻辑与体制嵌入》，载王思斌主编《社会工作专业化及本土化实践》，社会科学文献出版社，2006，第195~208页。
③ 唐斌：《政府利益诉求与社会工作职业伦理的冲突及其调适》，《求索》2010年第6期。
④ 黄晓星、杨杰：《社区治理体系重构与社区工作的行动策略——以广州C街道社区建设为研究对象》，《学术研究》2014年第7期。
⑤ 朱健刚、陈安娜：《嵌入中的专业社会工作与街区权力关系——对一个政府购买服务项目的个案分析》，《社会学研究》2013年第1期。
⑥ 陈天祥、郑佳斯：《双重委托代理下的政社关系：政府购买社会服务的新解释框架》，《公共管理学报》2016年第3期。

点，尤其是在依赖关系非竞争性购买模式①之下，"萝卜标""围标""陪标"② 等行业乱象有所抬头。这一时期，学界和实务界对项目制周期过短的弊端也有所探究。学界普遍认为，项目制周期过短，会造成人员流动性大、服务质量难以保障、服务亮点不突出、服务成效难以体现等诸多问题，进而主张延长项目购买周期。③ 这也为下一阶段湖南"禾计划"以及广东"双百工程"的常态化、站点式购买模式提供了理论依据。

在这一阶段，对于政府购买社工服务项目的评估开始日益受到重视，一些社工服务项目评估研究成果开始涌现出来。例如，戴维·罗伊斯等的《公共项目评估导论》，④ 金斯伯格的《社会工作评估——原理与方法》，⑤ 古贝与林肯的《第四代评估》⑥ 等国外知名评估著作被翻译到国内出版；陈锦棠的《香港社会服务评估与审核》一书受到学术界好评，⑦ 顾东辉的《社会工作评估》教材出版，并成为国内高校普遍的社会工作评估教材。⑧ 一批本土化的社会工作评估方法开始出现，例如李华伟探讨了社会工作实务过程中的"基线评估法"、⑨ 刘芳等认为案主满意度评估是一种有效的社会工作实务评估方法、⑩ 刘江提出了社会工作评估的整合评估模型和混合评估方法。⑪ 这一时期，学者们对于社工服务评估，尤其是第三方评估开始提出一些尖锐的批判性意见。例如，顾江霞认为，评估机构在经济上高

① 王名、乐园：《中国民间组织参与公共服务购买的模式分析》，《中共浙江省委党校学报》2008 年第 4 期。
② 邹学银、卢磊、陶书毅：《政府购买社会工作服务目录指南研究》，《社会工作与管理》2014 年第 3 期。
③ 管兵、夏瑛：《政府购买服务的制度选择及治理效果：项目制、单位制、混合制》，《管理世界》2016 年第 8 期。
④ 戴维·罗伊斯、布鲁斯·A. 赛义、德博拉·K. 帕吉特、T. K. 洛根：《公共项目评估导论》，王军霞、涂晓芳译，中国人民大学出版社，2007，第 5~35 页。
⑤ Leon H. Ginsberg：《社会工作评估——原理与方法》，黄晨熹译，华东理工大学出版社，2005。
⑥ 埃贡·G. 古贝、伊冯娜·S. 林肯：《第四代评估》，秦霖、蒋燕玲等译，中国人民大学出版社，2008。
⑦ 陈锦棠：《香港社会服务评估与审核》，北京大学出版社，2008。
⑧ 顾东辉：《社会工作评估》，高等教育出版社，2009。
⑨ 李华伟：《基线评估法在社会工作实务过程中的应用》，《社会工作》2012 年第 6 期。
⑩ 刘芳、吴世友、Mark W. Fraser：《案主满意度评估：一种有效的社会工作实务评估方法》，《华东理工大学学报》（社会科学版）2013 年第 4 期。
⑪ 刘江：《社会工作服务评估：一个整合的评估模型》，《社会工作与管理》2015 年第 3 期。

度依赖政府，在价值观上受到科层制管理风格的影响，使得评估主体的经济理性居于主导地位，而在自身专业价值追求上有待继续探索。[①] 姚进忠等发现，评估对于社会工作的专业特质考虑不足，更多关注效率与问责，指标化式的管理主义思维较重，不利于促进社会工作的专业发展。[②]

在这一阶段，乘着中央和地方的政策红利东风，我国社会工作的发展进入了一段高速发展期。社会工作本科专业数量大幅增加、社工从业人员和持证人员数量大幅增加、社工机构数量显著增多、社会工作服务领域的广度和深度进一步得到拓展、社会工作的本土化"嵌入性理论"得以成型，社工服务项目评估学术成果开始凸显。在这一阶段，民政、公安、司法、医院、学校、社会福利机构等行政和事业单位设置了一批专门的社会工作岗位，社会工作"嵌入体制"的阶段性特征比较明显。但是，学界和实务界对社工专业就业率不高、社工人才流失、社工行政化、招投标乱象、项目制弊端、评估依附性和技术缺陷等问题的批判逐渐增多，嵌入式的社会工作发展实际上已经隐约出现一些比较明显的困境。

第三节　融入体制的发展阶段（2017～2023 年）

2017 年，广东省启动粤东西北地区"双百镇（街）社会工作服务五年计划"（以下简称"双百计划"），由省市县三级安排资金近 3 亿元，从 2017 年至 2021 年连续资助粤东西北地区建设 200 个镇（街）社工服务站，以搭建服务平台、加强社工队伍建设、带动志愿服务发展为主要任务，计划开发 1000 个专业社会工作岗位，孵化 200 个志愿服务组织，培育 20000 名志愿者，以项目实施带动广东省社会工作全面发展。[③]"双百计划"使得社会工作开始成体系地融入民政服务体制，开创了中国社会工作本土化发展的新篇章。"双百计划"明显有别于以往广东等地的社区服务中心项目、

---

①　顾江霞：《独立与依附：社会工作服务评估的价值观反思——基于 H 市两个社会评估项目的案例研究》，《招标与投标》2014 年第 3 期。

②　姚进忠、崔坤杰：《绩效抑或专业：我国社会工作评估的困境与对策》，《中州学刊》2015 年第 1 期。

③　谭钜明、邹国颐：《广东"双百计划"推动社会工作均衡发展》，《中国民政》2016 年第 24 期。

党群服务中心项目等偏向于"等服务对象上门",以及过多面向"有钱有闲"群体的服务模式。"双百计划"的"三同""四大任务""十要十不要""53111 服务模式"[①] 等核心理念,实际上是一种社区为本的本土化社会工作实践模式创新。[②] 在系统总结"双百计划"实践经验的基础上,2020 年广东五部门联合发文实施"广东兜底民生服务社会工作双百工程",提出"用两年时间实现乡镇(街道)社会工作服务站 100% 覆盖、困难群众和特殊群体社会工作服务 100% 覆盖"。"双百工程"按照"经办在乡镇(街道)、服务在村(居)"的原则统筹设置事务性和服务性岗位,事务性岗位设在乡镇(街道)社会工作服务站,服务性岗位设在村(居)社会工作服务点。[③] 这种纵向层级上的二分法在一定程度上协调了传统民政行政社会工作与专业社会工作之间的关系,形成了一种较为基础的"融入",甚至"融合"态势。张和清等基于"双百工程"实践经验而出版的《从群众中来 到群众中去——"双百"社会工作概论》,[④] 是中国社会工作本土化进程中的一个"里程碑"式的学术著作,其系统地总结了广东"双百计划""双百工程",以及"绿耕经验"[⑤]"云南连心发展型社会工作模式"[⑥] 等实

---

① "三同",意指"与群众同吃、同住、同劳动";"四大任务",意指"搞好关系、摸清情况、聚起人气、找准方向";"十要十不要",意指"要驻村居入户与群众打成一片,不要上班下班等案主上门""要主动搭讪、刷脸,保持弱势优先,要逢人便问,亲近老人、孩子和妇女等弱势群体和民政救助对象,不要一脸严肃令人生畏与陌生""要多问什么、怎么样、为什么,不要不闻不问,视而不见""要打破砂锅问到底,不要一问一答做问卷""要看见一举一动来龙去脉,不要蜻蜓点水浮光掠影""要及时整理记下来,好记性不如烂笔头,不要过了就忘靠想象""要用心用力跑起来,不要坐着不动无所作为""要挖掘优势和资产,不要专看问题和不足""要有愿景规划和计划,不要想起一出是一出""要一起做事情,不要大包大揽假慷慨";"53111 服务模式","5"是"双百"社工与政府、群众共同讨论出 5 年愿景,"3"是根据 5 年愿景细化出 3 年目标和规划,第一个"1"是根据 3 年目标和规划制定每年的目标和计划,第二个"1"是将目标和计划细化到每个月,第三个"1"是制定每周的目标和计划,最后形成工作推进图。

② 张和清、廖其能、许雅婷:《"双百计划"实务模式探究》,《中国社会工作》2018 年第 19 期。

③ 张和清、廖其能:《发展型社会救助的中国社会工作实践探索——以广东"双百"为例》,《西北师大学报》(社会科学版)2021 年第 6 期。

④ 张和清、廖其能:《从群众中来 到群众中去——"双百"社会工作概论》,中国社会出版社,2021。

⑤ 张和清、杨锡聪:《社区为本的整合社会工作实践——理论、实务与绿耕经验》,社会科学文献出版社,2021。

⑥ 向荣、陆德泉:《"流行社工"路——云南连心本土社会工作实践》,社会科学文献出版社,2018。

践成果，创造性地提出了"中国特色本土化专业化社会工作发展道路，应围绕政策实践、行动研究、成人继续教育和互为主体四个核心要素展开"的重要论断，极大地促进了中国社会工作的本土化进程。

为了解决基层民政经办能力不足的问题，湖南省民政厅于 2018 年 5 月正式启动了"禾计划"。"禾计划"采用政府购买社会工作服务的方式，在乡镇（街道）建立社会工作服务站，培育社工专业人才，从而提升基层民政经办能力，为传统民政工作注入新动能。[1] 湖南省每年从社会救助专项经费 2% 中列支 2.1 亿元，安排福彩公益金 8000 多万元，财政预算安排2000 余万元，链接其他部门和社会资源 7600 多万元，用于乡镇（街道）社工站建设。[2] 到 2019 年 12 月，湖南省已经实现 1940 个乡镇（街道）社工站全覆盖，主要从事社会救助、儿童服务、养老服务、城乡社区治理四大核心服务领域。"禾计划"在湖南省各地的阶段性目标和工作重点上存在差异，由此形成了 1.0 版本、2.0 版本和 3.0 版本：1.0 版本主要任务是补充人手，厘清情况数据，打造基层民政经办平台；2.0 版本是整合民政资源，发展专业服务，打造基层民政服务平台；3.0 版本是提升"三社"力量，放眼社会建设，打造基层公共服务平台。[3] "禾计划"的实施，使得社会工作将服务重心转移至民政服务对象群体，也为社工介入民政服务领域开辟了一条合法合规合理合情的制度路径，为社会工作与民政工作的融合提供了新的契机。[4]

2020 年 10 月，民政部在湖南长沙召开了"加强乡镇（街道）社会工作人才队伍建设推进会"，会议充分肯定了湖南、广东等地通过建立乡镇（街道）社工站，将社会工作与基层民政建设紧密结合，从而打通为民服务"最后一米"的优秀经验，正式提出了"力争'十四五'末，实现乡镇（街道）都有社工站，村（社区）都有社会工作者提供服务"的建设目标，标志着

---

[1] 王瑞鸿：《打造现代民政：从组织增能变革到社会治理创新》，《中国社会工作》2019 年第 25 期。

[2] 湖南省民政厅：《实施"禾计划" 激发新动能 推动湖南"五化民政"建设高质量发展》，《中国民政》2020 年第 20 期。

[3] 徐蕴、姜波、王瑞鸿、孙洁：《社工站建设之地方实践（三）湖南"禾计划"：如何实现从 1.0 到 3.0 版本的进阶》，《中国社会工作》2021 年第 4 期。

[4] 潘泽泉：《湖南"禾计划"：实现社会工作与民政工作融合式发展》，《中国民政》2021 年第 4 期。

全国乡镇（街道）社工站建设全面启动。次年，民政部又印发了《关于加快乡镇（街道）社工站建设的通知》（民办函〔2021〕20号），从政策支持、资金保障、推进步骤、资源整合，以及聚焦重点人群、发挥专业优势、加大人才培养、规范机构建设、强化督导支持、加强组织领导等方面给出了更加具体的指导意见。此后，轰轰烈烈的社工站建设进程迅速在全国各地拉开序幕。截至2022年12月底，全国已建成乡镇（街道）社工站2.9万个，7万名社会工作者驻站开展服务，8个省份已经实现了乡镇（街道）社工站全覆盖，16个省份覆盖率超过80%，全国覆盖率达到78%。[①]

作为创新基层社区治理体系的重要举措之一，社工站建设肩负着打通为民服务"最后一公里"，以及推进中国式现代化社会工作发展的重要使命，同时也标志着政府购买社工服务项目已经深度融入民政服务体系，成为我国民政服务的重要组成部分之一。在这一阶段，民政部门在社会工作发展的过程中起到了非常显著的主导作用；低保、特困、临时救助、流浪乞讨、孤儿、事实无人抚养儿童等民政服务对象成为社会工作的主要服务对象群体；湖南和广东也成了中国社会工作发展的"桥头堡""排头兵"。在社工站建设过程中，湖南和广东均明确表示"通过社会救助工作经费或专项资金、财政预算、福彩公益金等多种渠道，足额落实项目资金"，真正做到了将政府购买社工服务经费纳入财政预算，这是非常重要的一次制度性完善。此外，社工站运作过程中出现了直聘模式、外包模式、混合模式[②]、"内嵌式"、"下沉式"、"桥接式"[③]、体系内、体系外、"政社联结"[④]、传统项目制、类科层制、"科层为体，项目为用"[⑤] 等多种不同的社工站运行模式，进一步推进了中国社会工作的本土化进程。

然而，无论是"经办在乡镇（街道）、服务在村（居）"的广东"双

---

① 许娓、徐蕴：《中国志愿服务和社会工作电视电话会议在京召开 已建成乡镇（街道）社工站2.9万个》，《中国社会报》2023年1月18日，第A01版。

② 徐道稳：《因地制宜推进乡镇（街道）社工站建设》，《中国社会工作》2021年第15期。

③ 龙欢：《乡镇（街道）社工站参与基层社会治理的三重路径——基于湖南的实践》，《中国社会工作》2022年第13期。

④ 徐选国：《政社联结：发达县域乡镇（街道）社工站的整合模式》，《中国社会工作》2021年第31期。

⑤ 韩江风、韩恒、张明锁：《科层为体，项目为用：融合式社工站运行模式研究》，《社会建设》2023年第6期。

百工程"，还是立足于"解决基层民政经办能力不足问题"的湖南"禾计划"，实际上都没有完全解决社会工作的"行政化"问题，甚至有可能加剧社会工作的行政化风险。① 就"禾计划"而言，一开始的目的就是弥补基层民政经办能力的不足，因此难免会出现社工行政化的问题。② 对于部分社工发展相对滞后、基层民政力量比较薄弱的市县，1.0 版本的社工站可能是最为迫切的，在较长一段时间内还可能继续存在。③ 换言之，现阶段专业社会工作至多是走过了"嵌入"阶段，而迈入了"融入"或者说"低水平的融合"阶段。按照王思斌教授的说法，我国社会工作的发展经历了"嵌入性发展"和"协同性发展"阶段，正在走向"融合性发展"道路；平衡的"融合性发展"是以二者平等、互相承认、优势互补为基础的发展；不平衡的"融合性发展"是专业社会工作融入行政性社会工作逐渐和滞后地得到发展的现象；从不平衡的融合性发展走向平衡的融合性发展，是我国社会工作发展的方向和基本逻辑。④ 总体来看，"禾计划"和"双百工程"总体上实现了专业社会工作向行政服务体制的"融入"。向羽和张和清教授甚至认为，广东"双百工程"的下一步是国家直聘社会工作者且将社工站建设成国家事业单位，⑤ 这实际上反映了专业社会工作试图深度融入行政体制的发展态势。但是，这种"融入"目前还是一种低水平的"融合式发展"，其建立在不对等承认和不平等地位的基础之上，由此衍生出社工服务行政化⑥、服务目标被替代⑦、社会工作依附性⑧等一系列

① 任文启、顾东辉：《基层治理专业化视野下社会工作站建设的进程、困境与实践策略》，《社会工作与管理》2022 年第 6 期。
② 雷杰、易雪娇、张忠民：《行政化导向的新管理主义：乡镇（街道）社会工作站建设与政府购买社会工作服务——以湖南省"禾计划"A 市项目为例》，《社会工作与管理》2022 年第 4 期。
③ 周金玲：《乡镇（街道）社工站建设湖南模式探析》，《中国社会工作》2021 年第 7 期。
④ 王思斌：《我国社会工作从嵌入性发展到融合性发展之分析》，《北京工业大学学报》（社会科学版）2020 年第 3 期。
⑤ 向羽、张和清：《政府购买服务准市场化的异化与中国特色社会工作发展道路反思——以广东社会工作发展历程为例》，《暨南学报》（哲学社会科学版）2023 年第 2 期。
⑥ 王礼刚：《社会工作高质量发展面临的问题及对策》，《社会与公益》2023 年第 7 期。
⑦ 何东、陈明龙、刘小峰：《亲亲相隐：社会组织项目何以形成"共谋链"——基于 M 社会工作机构的观察》，《社会工作》2022 年第 1 期。
⑧ 何威：《现实形塑与科学回归：社会工作"嵌入式发展"的规范图景及其超越》，《社会科学》2023 年第 4 期。

发展问题。

从社会工作评估研究的角度来说，这一时期学界对政府购买社工服务项目的本地化指标体系、评估方法与技术、评估理论与范式的研究显著增加，对社工服务项目评估的批评意见也比上一阶段更加激烈。例如，临床社会工作过程评估中的维度模型①、基于建构主义的临床社会工作评估模式②、整合导向的社会工作评估模型③、利用开源大数据的社会工作实时评估方法④、存在主义的"存在—整合"评估框架⑤等本土化评估模型已经出现。学界已经开始总结反思政社关系、理论开发、评估类型、评估方法等社会工作评估研究的四种进路，方法为本、理论驱动与机制分析等社会工作效果评估的三种策略，⑥ 对社会工作评估的内卷化⑦、评估失灵⑧、评估失效⑨等现象的批判性研究成果不断增多。遗憾的是，这一时期学者们对社会工作实务模型的探索常因过于"学术"和烦琐，而难以付诸实践；学者们对社会工作评估问题的批判虽多，建构却更显不足，实际上多是"只破不立"的研究，以致社会工作评估、第三方评估等饱受非议、举步维艰。

总体来看，这一阶段是我国政府购买社会工作服务项目的一个高速发展期。在这一阶段，乡镇（街道）社工站的建设基本上实现了社会工作对传统民政服务体制的融入，一些地方甚至有了"民政社工"的提法。在这

---

① 段欣宇、方香廷：《维度模型：临床社会工作过程评估策略研究》，《中国社会工作》2019年第4期。

② 胡莹：《基于建构主义的临床社会工作评估模式研究——以一个家庭治疗个案为例》，《中国社会工作》2019年第13期。

③ 曹伟军、赵周洁：《整合导向的社会工作服务项目评估指标体系建构研究——基于济南市槐荫区的实践经验》，《社会政策研究》2019年第2期。

④ 张鑫、欧文孝、王寅森：《利用开源大数据的社会工作实时评估方法》，《国防科技大学学报》2022年第4期。

⑤ 郭锦蒙：《存在主义社会工作：从思辨哲理到折衷方法——兼论"存在—整合"的评估框架》，《华东理工大学学报》（社会科学版）2021年第5期。

⑥ 刘江、顾东辉：《方法为本、理论驱动与机制分析——社会工作服务效果评估的三种策略》，《社会工作与管理》2021年第6期。

⑦ 韩江风：《政府购买服务中第三方评估的内卷化及其优化——以Z市S区社会工作服务评估项目为例》，《四川理工学院学报》（社会科学版）2019年第2期。

⑧ 顾江霞：《当专家与街头官僚相遇：建构主义视角下社区治理项目评估实践分析》，《社会工作》2021年第6期。

⑨ 郑佳斯、卜熙：《失效的第三方：组织自利性下的社会组织评估》，《华南师范大学学报》（社会科学版）2020年第5期。

一阶段，虽然有部分高校裁撤和取消了社会工作专业，但仍有 330 余所高校开设了社会工作本科专业，100 多所高校和研究机构开展了社会工作专业硕士教育。截至 2022 年底，全国持证社会工作者已达 93.1 万人，其中助理社会工作师 72.5 万人，社会工作师 20.4 万人。① 在这一阶段，社工站建设及社会工作评估研究也取得了丰硕的成果，一批优秀的学术专著和期刊论文涌现出来。但是，随着政府购买社工服务项目的快速发展，我国社会工作发展过程中的诸多弊病和顽疾也在这一阶段充分暴露出来。首先，社工机构对于政府购买资金的高度依赖性及其负面影响已经凸显出来。特别是在疫情结束后的 2023 年初，大批社工机构由于资金拖欠、社工服务项目暂停甚至取消等因素，陷入严重的财务危机。一些社工机构负责人每天要在政府部门和劳务仲裁部门"两头跑"②，甚至不得不靠抵押房产、银行信用借贷来维持社工工资发放和机构运转。其次，由于社工机构普遍遇到困难、众多一线社会工作者失业，以及社会工作专业的就业率持续低迷等，一些学校开始缩减社工专业学生人数，甚至裁撤社会工作专业。例如，中山大学 2017 年取消了社会工作专业本科招生，在业界引起了诸多议论。再次，社工站建设使得民政部门成为推动本土社会工作发展的主要部门，大量资源向民政部门倾斜，使得其他部门对社会工作的影响力有所衰减，这也被一些学者和官员批评为"过多考虑部门利益"。最后，社工站项目制的周期大幅度延长之后，也衍生出一些类似传统单位制和科层制的问题，例如权力寻租、利益合谋、服务对象依赖性增强、社工服务僵化、社工倦怠感增强等，遭受学界诸多批评。总体而言，2022 年以后，政府部门、社工学界和实务界对我国社会工作的政社合作模式、具体发展方向、可操作化实践路径，甚至专业社会工作的理论和方法论范式等问题都有着较多的困惑和分歧，这也为中央社会工作部的成立埋下了伏笔。

第四节　党建引领的再出发阶段（2024 年以后）

2019 年 2 月，民政部根据《中共中央关于深化党和国家机构改革的决

---

① 数据来自民政部《2022 年民政事业发展统计公报》。
② "两头跑"，意指社工机构负责人一方面要向政府采购部门索要欠款；另一方面被一线社工投诉薪资拖欠，而不得不应对劳务仲裁。

定》和《民政部职能配置、内设机构和人员编制规定》要求，组建了慈善事业促进和社会工作司，以充分整合慈善社会工作的有关职能，进一步增强工作力量。慈善社工司的主要职责是：拟订促进慈善事业发展政策和慈善信托、慈善组织及其活动管理办法；拟订福利彩票管理制度，监督福利彩票的开奖和销毁，管理监督福利彩票代销行为；拟订社会工作和志愿服务政策，组织推进社会工作人才队伍建设和志愿者队伍建设。2023年3月，中共中央、国务院印发了《党和国家机构改革方案》，决定组建中央社会工作部，统一领导国家信访局。省、市、县级党委组建社会工作部门，相应划入同级党委组织部门的"两新"党工委职责。作为党中央职能部门，中央社会工作部负责统筹指导人民信访工作，指导人民建议征集工作，统筹推进党建引领基层治理和基层政权建设，统一领导全国性行业协会商会党的工作，协调推动行业协会商会深化改革和转型发展，指导混合所有制企业、非公有制企业和新经济组织、新社会组织、新就业群体党建工作，指导社会工作人才队伍建设等。中央社会工作部划入民政部的指导城乡社区治理体系和治理能力建设、拟订社会工作政策等职责，统筹推进党建引领基层治理和基层政权建设，划入中央和国家机关工委、国务院国资委党委归口承担的全国性行业协会商会党的建设职责，划入中央文明办的全国志愿服务工作的统筹规划、协调指导、督促检查等职责。

2023年11月，民政部又根据党的二十届二中全会审议通过的《党和国家机构改革方案》、第十四届全国人民代表大会第一次会议审议批准的《国务院机构改革方案》和《中国共产党机构编制工作条例》以及党中央对民政工作的有关要求，制定了新的《民政部职能配置、内设机构和人员编制规定》。该规定重申"将民政部的拟订城乡基层群众自治和社区治理政策，指导城乡社区治理体系和治理能力建设，推动基层民主政治建设，拟订社会工作政策和标准，会同有关部门推进社会工作人才队伍建设和志愿者队伍建设等职责划入中央社会工作部"。同时，又将慈善事业促进和社会工作司调整为慈善事业促进司，主要职责包括：拟订促进慈善事业发展政策和慈善信托、慈善组织及其活动管理办法；指导社会捐助工作；拟订福利彩票管理制度，监督福利彩票的开奖和销毁，管理监督福利彩票代销行为。至此，社会工作从民政部门主抓主管，转变为中央社会工作部主抓主管，社会工作也从行政口管理转变为党口直管。中央社会工作部的成立，改变了过去由民政、公安、信访、教育、司法等行政部门多头领导、分散管理的格局，使社会工作进入了党委统一领导的新阶段，是中国社会工作发展史上的一次重要革新。

但是，中央社会工作部所指的"社会工作"，并非学术或者实践意义上的"专业社会工作"，其更偏向王思斌教授所说的"大社会工作"。所谓"大社会工作"，主要是指"党针对社会领域的工作，是组织和动员社会力量参与社会建设的工作"。① 组建党的社会工作系统，可以弥补以往主要由民政部门推进社会工作人才队伍建设和社会工作事业发展的不足，从更高的政治位势、更全面系统的角度，推动包括专业社会工作在内的"大社会工作"均衡发展。② 在"大社会工作"的发展格局之下，"专业社会工作"也会得到新的发展：第一，"专业社会工作"依然具有专业优势和作用，社会工作政策的制定和实施将会使"专业社会工作"获得更强合法性；第二，"专业社会工作"发挥作用的空间会扩大，社会工作的专业优势会在保障民生和社会治理的多种实践中得到更充分的运用；第三，"专业社会工作"将在"新本土化"中实现高质量发展，"专业社会工作"以多种方式更加有效地参与保障民生和社会治理，进而促进符合中国实际需要的社会工作发展。③ 总体而言，中央社会工作部的组建，是适应我国现阶段社会发展趋势的应时之举，随着从中央到地方相关职能机构设置的不断完善，我国社会工作也将更加适应新时代发展需求，更好地回应人民群众多层次、差异化和个性化的新需求；中央社会工作部将不断提升我国社会工作水平，以社会治理现代化助推中华民族伟大复兴。④

---

① 王思斌：《"大社会工作"框架下社会工作的多角度理解及专业性》，《中国社会工作》2023 年第 19 期。

② 王思斌：《机构设置新格局下"大社会工作"的均衡发展》，《中国社会工作》2023 年第 16 期。

③ 王思斌：《发展好"大社会工作"》，《中国社会工作》2023 年第 10 期。

④ 蒋敏娟：《组建中央社会工作部与社会治理现代化》，《人民论坛》2023 年第 7 期。

第二章

X市政府购买社工服务项目

同我国政府购买社工服务项目的发展历程基本一致，X市社会工作发展也走过了将近20年的历程，也经历了"萌芽—起步—发展—再出发"四个发展阶段。本书以质性研究为主要研究范式，选择X市作为实地研究的观察点，并以X市社会工作协会承接的A区、B区、C区社工服务项目为主要研究案例。由于本书中的第三方评估项目也属于政府购买的社会工作服务项目，本章将详细介绍X市A区、B区、C区社工服务第三方评估项目，以及第三方评估机构X市社会工作协会的基本情况，以便于后面章节的理论分析。

第一节　X市政府购买社工服务项目总体概况

作为中部地区的新一线城市，X市的社会工作行业的发展总体上处于中等偏上的水平，其能够在一定程度上代表中西部地区社会工作行业发展的基本状况。从政府购买社工服务的资金投入力度来看，2018年X市政府购买社工服务资金就已达5000余万元。[①] X市所在的Y省2018年的政府购买社工服务总额就已经达到2亿元，与一些一线城市基本持平。[②] 此外，在《社会工作专业人才队伍建设规划（2021—2030）》中，X市和北京、上海等城市一起，被纳入重点观察城市。因此，X市社会工作行业的发展

---

① 资料来源于《X市民政局对市十五届人大二次会议 第B135号建议的答复》。
② 徐健：《2018年度中国社会工作发展报告发布》，《公益时报》2019年3月26日，第7版。

在中西部地区具有相当好的代表性。相应地，政府购买社工服务领域内第三方评估的水平也基本与当地社会工作的发展水平一致。因此，X 市社工服务领域内的第三方评估案例也具有一定的典型性。

一 X 市社会工作发展水平

X 市是 Y 省的省会城市，同时也是 Y 省的政治、经济、文化和人口中心，X 市 2018 年 GDP 总量就已超 1 万亿元，常住人口也超过了 1000 万人，而后又逐年增长。可以说，X 市是 Y 省举全省之力重点发展的特大城市。相较于中西部其他地区而言，Y 省社会工作的发展应该说是比较领先的。截至 2022 年底，Y 省社会工作者达到 4.6 万人，其中持证社会工作者 1.8 万人，包括民政部遴选的全国社会工作领军人才 3 名、高级社会工作师 15 名、社会工作督导 200 余人；登记社会工作服务机构 570 家，实现省辖市社工机构全覆盖。① 《Y 省"十四五"城乡社区服务体系建设规划》明确提出："力争到 2025 年，培养培训不少于 100 名社会工作领军人才、1000 名社会工作专业督导、1 万名社会工作管理者、10 万名社会工作者，实现乡镇（街道）社会工作站全覆盖、村（社区）社会工作服务全覆盖、重点领域社会工作服务基本覆盖，构建梯次衔接、分层分类的社会工作人才发展格局。"

就 X 市而言，其社会工作的发展应该说代表了 Y 省的最高水平，同时也和 X 市政府购买社会工作服务项目的发展状况保持一致。X 市自 2001 年就开启了相关事业单位引进社会工作岗位的实践探索，2011 年，X 市 D 区首次通过政府购买社工服务项目的形式开启了社会工作专业服务的探索实践；2008 年，X 市民政局开始对全市的基层工作人员进行社会工作培训；2016 年，设立专项政府购买社工服务资金，开展社工特殊服务项目试点，培养为困难群体和特殊群体提供急需服务的社会工作专业人才；2017 年广泛开展社会工作通识培训，促进社会工作专业人才队伍建设由重点领域向一般领域转变；2018 年，X 市民政局实施"社工百名督导"人才培养工程，至今开展了四期，培养了 134 名市级社工优秀督导；2020 年，C 区和 D 区率先实现了乡镇（街道）社工站全覆盖；2025 年，将实现 X 市所有乡

---

① 资料来源于 Y 省人民政府网站，《Y 省实现省辖市社工机构全覆盖》，2022 年 11 月 1 日。

镇（街道）社工站全覆盖，并推进城市社区实现50%社区社工站全覆盖。

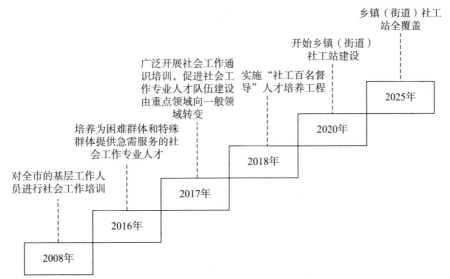

图 2-1　X 市社会工作发展的重要节点

X市的社会工作起步相对较早，在社会服务方面也进行了许多有益的探索。其中，在社会福利、社会救助、收养服务、社区建设、优抚安置、慈善事业、减灾救灾、家庭生活服务、教育辅导、司法矫正、医疗卫生、计划生育、职工权益保护、青少年事务、妇女权益维护等领域取得了一定成绩，初步形成一批在全国叫得响的知名品牌。2016年以来，X市政府加大政府购买社会工作服务力度，积极推动市直各相关单位、各县（市、区）民政局购买社工服务，通过市级政府购买社会工作服务项目和岗位的示范、引领作用，完善监督管理、考核评估机制，切实加强对上岗社工的监管，确保服务落到实处，同时推动各县（市、区）的政府购买社工服务，公安、团委、医疗卫生等系统通过公开招聘和购买社工服务的方式逐步引入社会工作专业人才，并在实践中逐渐壮大了社会工作人才队伍。

近20年来，X市社会工作从试点探索到全面推进，涌现出了救助保护流浪少年儿童的"X市模式"、"社工+志愿者"联动服务模式、以阵地化服务为核心的"XJY模式"等。2008年，全国首次社会工作者职业水平考试真正推动了X市社会工作专业知识普及推广工作的全面启动，为X市社会工作的快速发展以及专业社会工作人才队伍的建设打下了坚实的基础。

X市社会工作发展正沿着"专业化、职业化、行业化"的方向全面迈开步伐，对国家中心城市的建设发挥积极作用。整体来看，X市社会工作的发展处于全国的中等偏上水平，一方面能够借鉴港澳台、北上广深等发达地区的先进经验，另一方面也能给中西部地区的社会工作发展提供一些经验。但是，X市社会工作发展也存在社工占总人口的比重依然不高、社工专业毕业生流失率较高、在职社工流动性较大、农村社工数量较少、社工薪资水平较低、社工的专业能力不高、第三方评估行业不规范等诸多难题。

二 X市政府对社工行业的支持

自民政部发布《关于促进民办社会工作机构发展的通知》以来，X市政府一直比较重视社会工作的培育和发展，在政策支持、资金支持、组织和人才培育等方面开展了一些卓有成效的工作。

在政策支持方面，X市财政局、民政局于2016年出台了《X市政府购买社会工作服务实施办法》，对承接方的资质条件、购买服务的一般程序做了整体上的规定。同时，该实施办法明确提出"要施行政府购买社会工作服务绩效评估制度，建立由购买主体、服务对象及第三方组成的综合性绩效评估机制，及时对已完成的社会工作服务计划进行结项验收"。由此，第三方评估成为社会工作服务项目结项的必要条件，从而为第三方评估提供了政策法规上的合法性。同年，X市民政局公布了《关于进一步加快推进民办社会工作服务机构发展的实施意见》，对发展民办社工机构的基本原则、总体目标、具体举措、管理办法等做了明确的说明。该意见还提出，"争取到2020年每个区至少建立1个民办社会工作服务机构孵化基地，全市社工机构达到100家，促进民办社工机构实现各县（市、区）全覆盖"。2016年，X市民政局还发布了《关于发展社会工作助力脱贫济困的意见》，在介绍社会工作介入脱贫攻坚实施办法的同时，提出要"探索建立需求评估、效果评估、督导评估等社会工作评估机制，实施第三方评估社工介入脱贫济困工作成效"。2017年，X市民政局、X市文明办、X市共青团、X市委又发布了《关于印发X市社会工作者与志愿者联动实施办法的通知》，鼓励形成"社工引领志愿者，志愿者协助社工"的良好机制。2018年，X市民政局又发布了《关于推动全市民办社会工作服务机构孵化基地建设的指导意见》，再次明确提出到2020年每个区至少建立1个社工机构孵化基地，全市社工机构达到 100 家的发展目标。2019 年，X 市民政局、X 市财政局发布《X 市政府购买社会工作服务资金管理暂行办法》，明确规定了社工服务项目中人员薪资不低于 70%、督导经费不低于 3%、活动经费不低于 10%、管理费不高于 15% 等具体经费开支限制。该办法还明确指出，项目经费分为初期、中期、末期三期发放，且中期、末期评估结果会影响资金拨付。2022 年，X 市民政局联合 20 个部门发布了《关于加强 X 市社会工作专业人才队伍建设、加快推进社会工作发展的意见》，提出："力争到 2025 年，全市社会工作专业人才总量达到 1 万人，社会工作专业岗位达到 2500 个，社会工作服务机构达到 240 家，实现各区县（市）乡镇（街道）社会工作服务站全覆盖的总体目标。"可以认为，这些政策文件有力地推动了 X 市社会工作行业的发展。

表 2-1　2016 年以来 X 市发布的社会工作政策文件

序号	文件名称	发布单位	时间
1	《关于进一步加快推进民办社会工作服务机构发展的实施意见》	X 市民政局	2016 年 5 月 5 日
2	《X 市政府购买社会工作服务实施办法》	X 市财政局、X 市民政局	2016 年 5 月 10 日
3	《关于发展社会工作助力脱贫济困的意见》	X 市民政局	2016 年 9 月 22 日
4	《关于印发 X 市社会工作者与志愿者联动实施办法的通知》	X 市民政局、X 市文明办、X 市共青团、X 市委	2017 年 6 月 5 日
5	《关于推动全市民办社会工作服务机构孵化基地建设的指导意见》	X 市民政局	2018 年 1 月 9 日
6	《关于推进全市社会工作督导人才队伍建设的意见》	X 市民政局、X 市财政局、X 市人力资源和社会保障局	2018 年 3 月 1 日
7	《X 市政府购买社会工作服务资金管理暂行办法》	X 市民政局、X 市财政局	2019 年 1 月 3 日
8	《关于做好政府购买青少年社会工作服务的实施意见》	X 市民政局、X 市财政局、X 市共青团、X 市委	2019 年 4 月 26 日
9	《X 市乡镇（街道）社会工作服务站项目实施方案》	X 市民政局	2021 年 1 月 22 日
10	《关于加强 X 市社会工作专业人才队伍建设、加快推进社会工作发展的意见》	X 市民政局等	2022 年 2 月 15 日

在资金支持方面，虽然 X 市各个区的财政情况差异较大，但普遍安排

了政府购买社会工作服务专项资金，基本实现了政府购买社工服务的常规化。2016~2019年，X市民政局、市直相关单位、各县区民政局累计投入1.26亿元。[①] 2019年，仅X市民政局及市中心六区的购买金额就达到了4237.9万元，且各区基本上高于2018年的购买金额。根据X市发布的《X市政府购买社会工作服务实施办法》，这些购买资金大多源自专项财政拨款，以及部分彩票公益金拨付款项。可见，X市对于社会工作行业的支持是明显高于Y省其他市的，也高于中西部的许多城市。

在组织和人才培育方面，一方面，X市出台了《X市政府购买社会工作服务资金管理暂行办法》，要求服务项目中人员薪酬不低于项目资金的70%。按照一个党群服务中心4名社工、项目资金30万元的标准来计算，社工平均薪资为6250元/月。但调研中发现，一线社工平均工资在3300元左右，差值为五险一金与机构管理费扣除费用等。另一方面，Y省主要依托X市社会工作协会和督导人才队伍来培育社会工作专业人才。X市社会工作协会成立于2016年11月，主要负责社会工作人才培训、项目评估等工作。此外，X市民政局于2018年3月印发了《关于推进全市社会工作督导人才队伍建设的意见》，要求建立起X市的市级社会工作督导人才库。2018年12月，X市在Y省率先完成了市级社会工作督导人才的培养，共产生和认证了24名全市首批社会工作督导人才。这些督导人才接受X市民政局的常态化培训，对X市社会工作的各个项目服务点开展督导工作。通过工资保障、协会管理和督导人才培养，X市社会工作人才和X市民政局建立了良好的政社互动关系，在一定程度上促进了该市社会工作行业的发展。

三 X市社工机构的发展状况

X市第一家专业社工机构LC社会工作站成立于2005年7月，该机构是Y省第一家专业社工机构，比2003年中国内地第一家社工机构上海乐群社工服务站的创办仅晚了2年。[②] 但早期的社工机构，如LC社会工作站、AXLM社会工作站等，都是由政府支持创办的社工机构，属于官办体

① 数据来自《X市民政事业发展十四五规划》（内部资料）。
② 闻英：《社会建设背景下社会工作服务机构的培育与发展——基于对河南省的调查与思考》，《中州学刊》2011年第6期。

制内的社工机构。一直到 2009 年，YGZA 社工站等一系列民间自发成立的社工机构开始出现，X 市的社会工作行业才逐渐繁荣起来。可以说，X 市政府在该市社会工作行业的发展过程中起到了重要的推动作用。

2016 年，X 市就已经有社工机构 60 余家，持证社工 2000 余人。[①] 到 2020 年，X 市已有社工机构 120 余家，全市政府购买社工服务金额已达 6000 余万元。[②] 截至 2022 年底，X 市约有社工机构 150 家，一线从业人员 2000 人，持证社工 7000 人左右。[③] 其中，最大的社工机构有 400 多名从业者，最小的社工机构也有 10 余名从业者。就政府购买资金而言，仅笔者调查的 X 市 C 区 2020 年的政府购买社工服务资金就达到了 1083.9 万元，X 市最早购买社会工作服务的 D 区 2019 年的购买资金更是达到了 1520 万元，其他区的年度购买金额也在 200 万元左右。[④] 2020 年，X 市政府购买社工服务资金达到了 6000 万元左右，是 2001~2023 年的最高点。由于疫情等其他因素的影响，2020 年之后政府购买社工服务资金回落到 4000 万元左右，重新回到了 2018 年之前的购买力度。

经过 20 年的发展，X 市目前已经形成了一些具有品牌知名度的民间社工机构。以 XJY 社会工作服务中心为例，该机构目前是 X 市最大的，也是品牌知名度最高的社工机构。XJY 社会工作服务中心成立于 2014 年，先后获得全国青少年事务社会工作专业人才实训基地、5A 级社会组织、"民办非企业单位优秀社会工作服务品牌"等全国性荣誉。目前，该机构有近万平方米的活动面积，400 余名工作人员，常规服务项目 50 多项，已孵化社会组织 10 余个。[⑤] 此外，X 市还有市级社会工作协会 1 家、区级社会工作协会 3 家、市级社工孵化基地 1 家、区级社工孵化基地 4 家。

据笔者的实地调研观察，2016~2020 年 X 市社工机构的发展似乎进入了一轮繁荣期。一方面，社工机构的数量保持年均增长 10 个以上的态势；另一方面，2016 年后一系列政策文件的发布使得社工机构有了更多的政策

---

① 李冰冰：《X 市持证社工约 2000 人 市场供不应求》，《Y 省商报》2016 年 11 月 18 日，第 5 版。
② 《专访 X 市民政局社会工作处处长 W 谈社会工作发展历程》，2020 年 9 月 18 日。
③ X 市社会工作协会：《X 市社会工作近十年发展经验及发展趋势研究报告》（内部文件）。
④ 包含一线党群服务中心项目，督导、培训、宣传、评估等支持类项目，以及社工岗位。
⑤ 数据来源于 XJY 社会工作服务中心官网。

支撑。例如，2016 年《X 市政府购买社会工作服务实施办法》的颁布，进一步规范了承接方的投标资格和质量评估要求，使得社工机构的发展有了更多的政策和法律保障。但是，2020 年后 X 市政府部门的财政压力加大，一些社工服务项目被暂停和取消，如 D 区取消了 2023 年度的所有社工服务项目。一些政府购买社工服务资金被长期拖欠，甚至超过 2 年，导致 X 市活跃的社工机构仅剩 30 家左右。2023 年开始，X 市社工机构的发展可以说进入了一段"寒冬期"。

四　X 市社会工作者的薪资待遇水平

回顾 X 市社会工作的 20 年发展历程，可以发现社会工作专业人才的整体薪酬待遇水平是呈上升趋势的，社会工作专业人才激励机制也日趋完善，X 市基本建立了社会工作专业人才薪酬保障机制。2011 年，D 区首次通过政府购买社工服务项目的形式开启了 X 市社会工作专业服务的探索实践，当时社工的综合工资为每月 2000~2500 元；自 2013 年起，D 区购买标准提高到了每个岗位每年 5.6 万元；2016 年 X 市民政局首次启动购买专业社会工作服务项目，购买标准提升到每个岗位每年 6.5 万元，每个项目每年 25.0 万元；2018 年 X 市级政府购买标准为每个岗位每年 6.7 万元，每个项目每年 30.0 万元。2019 年 X 市出台了《政府购买社会工作服务资金管理暂行办法》，明确指出项目社工的薪酬待遇应不低于项目经费总额的 70%，并要求为社工缴纳社会保险，进一步从制度层面保障了社工的薪酬待遇。2020 年之后，X 市政府购买社工服务项目标准大致为每个岗位每年 6.5 万元，每个项目每年 25.0 万元（4 名社工），至 2023 年底基本未增长。2022 年，C 区进一步提高了社工站项目中一线社工的薪酬占比，要求社工工资及五险一金支出要达到项目总额的 89% 以上，这也是 Y 省最高的薪资占比要求。总体来看，2018 年 X 市政府购买社工服务项目资金约为 4000 万元，2019 年增长至 5000 万元，2020 年增长至 6000 万元，2021 年之后大幅度减少，已经不到 4000 万元。从社工到手工资的角度来看，目前 X 市新入行社工的到手工资约为 2900 元/月，从业 5 年以上社工的平均工资约为 3300 元/月，从业 10 年以上资深社工的平均工资可达到 5000 元/月。[1]

---

[1]　X 市社会工作行业协会：《X 市社会工作专业人才建设研究报告》（内部资料）。

　　20年间，X市政府购买社工服务项目的行政主体不断增加，服务对象也从老人、妇女、儿童等弱势群体向有需要的社会群体转变，服务领域从社会救助、居家养老、婚姻家庭、社区建设拓展到司法矫正、职工帮扶、纠纷调解等领域，取得了良好的社会效果。随着社工的专业化、职业化、行业化进程的加快，社工的薪酬体系也在不断完善，除了固定的基本工资之外，工龄、证书、专业、学习、岗位、项目成果/成效产出等各种形式的灵活补贴，不断丰富着社工的工资构成，在留住社工人才的同时也在鞭策着社工不断努力提升自己的能力。X市各区大多出台了社工支持制度，如D区政府对考取社会工作师和助理社会工作师资格证书的社区专职工作人员，每人每月分别给予200元、100元的职称补贴；C区社会事业局为服务满一年的社工开通公租房"绿色通道"，大大降低了社工的住房成本，增强了社工的职业幸福感。

第二节　X市A区政府购买社工服务项目概况

　　X市A区位于X市西北部，是1988年Y省启动筹建的第一个开发区，是1991年国务院批准的第一批国家级高新区。A区管辖面积99平方公里，下辖FY办事处、WT办事处、SQ办事处、GZ办事处、SF办事处等5个街道级办事处，建成区面积66平方公里，全区生产总值548亿元，常住人口55.68万人。A区拥有XZ大学等4所一本高校，设有国家级重大科研基础设施国家超级计算X市中心、2个国家级大学科技园、27家国家级研发机构（其中国家重点实验室7家、国家工程技术研究中心6家）、30家国家级孵化载体、381家省部级以上研发机构和893个省市级以上科研平台。

一　A区政府购买社工服务项目

　　A区社会事业局自2018年开始正式购买社工服务项目，具体涉及党群便民服务、五星支部建设、社区社会组织培育孵化、社会救助、养老服务、儿童福利、社会事务、社区治理、精神卫生、就业援助、职工帮扶、纠纷调解、应急处置、群众文化、志愿服务、公益慈善等众多领域。如果只考虑站点类的常设社工服务项目，2018～2021年主要购买的是社区党群服务中心项目，2021～2024年主要购买的是社会工作服务站项目（未统计

岗位社工）。由于只涉及 5 个乡镇（街道），A 区 2022 年就提前完成了 X
市要求的乡镇（街道）社工站全覆盖任务。A 区政府购买社工服务使用的
均为财政资金，且多采用竞争性磋商形式进行公开招投标。由于项目总数
较少，2020 年以后 A 区每年政府购买社工服务资金大约在 70 万元，人均
工资 7 万元/年。不同于 X 市其他区拖欠社工机构资金较为严重的情况，A
区的政府购买服务资金拨付一直比较及时，社工的薪资待遇虽然不是 X 市
最高的，但薪资稳定性较强。

表 2-2　X 市 A 区政府购买社工服务项目概况

A 区社工服务项目	2018~2019 年	2019~2020 年	2020~2021 年	2021~2022 年	2022~2023 年	2023~2024 年
购买金额（万元）	45	50	56	70	70	70
项目数量（个）	4	9	7	5	5	5
承接机构（家）	3	3	4	5	4	2
社工配置（人）	6	8	8	10	10	10
项目类型	社区党群服务中心项目			社会工作服务站（未保站）项目		

注：此处统计的政府购买社工服务项目金额仅包含一线社工服务项目，不包含督导、培训、宣传、评估等支持类项目，以及设置在机关事业单位的社工岗位购买经费。

二　A 区社工服务第三方评估项目

　　X 市 A 区开展政府购买社工服务项目已经有六个年头，第三方评估项
目也已经推进六年。但是，2018 年开展政府购买社工服务项目时，第三方
评估所提的项目缺乏整体规划、社工服务专业性不强、项目特色不明显、
志愿者发挥作用不足、资源链接能力不强、财务管理不规范、社会影响力
不足等 A 区社会工作发展存在的主要问题一直到 2023 年依然存在。第三
方评估只是指出了社工项目的问题所在，但并没有真正帮助承接机构和一
线社工解决问题。仅以 2018 年政府购买社工服务项目为例，可以看出 A
区社工服务第三方评估的形式化问题实际上很早就存在。

（一）评估项目概况

为了满足 X 市 A 区居民多层次多元化的公共服务需求、支持和鼓励公益性社会组织发展，并持续推进社区治理创新，X 市 A 区社会事业局 2018 年先后购买了慈善救助社工服务项目、社会救助服务项目、HW 社区党群服务中心项目、RD 社区居家养老服务项目等 4 个社工服务项目。其中，慈善救助社工服务项目由 BL 社会工作服务中心承接，派驻专业社工进驻社会事业局开展慈善救助服务；社会救助服务项目、HW 社区党群服务中心项目由 HX 社会工作服务中心承接，分别派驻项目社工到对应服务点开展服务；RD 社区居家养老服务项目由 X 市 ZY 区 RY 养老院承接，在 RD 社区提供相应的老年人公共服务、日间照料等老年人居家社区养老服务。为了检查和评估这 4 个服务项目的真实成效，A 区社会事业局委托 X 市社会工作协会开展了本次评估项目，评估项目购买金额为 5 万元。在本次评估项目中，慈善救助社工服务项目、社会救助服务项目、HW 社区党群服务中心项目等 3 个项目为末期评估项目；RD 社区居家养老服务项目为中期评估项目（见表 2-3）。

表 2-3　X 市 A 区社工服务第三方评估项目概况

序号	项目名称	承接机构	项目周期	评估类型	评估结果
1	慈善救助社工服务项目	BL 社会工作服务中心	2018 年 8 月 13 日至 2019 年 8 月 13 日	末期评估	良好
2	HW 社区党群服务中心项目	HX 社会工作服务中心	2018 年 8 月 20 日至 2018 年 12 月 31 日	末期评估	合格
3	社会救助服务项目	HX 社会工作服务中心	2018 年 8 月 20 日至 2019 年 7 月 31 日	末期评估	合格
4	RD 社区居家养老服务项目	ZY 区 RY 养老院	2019 年 2 月 1 日至 2020 年 1 月 31 日	中期评估	合格

（二）评估方法

该项目的评估时间是 2019 年 11 月，但部分服务项目已执行结束，且部分项目中社工离职的情况比较严重，缺乏开展量化评估和实地考核评估的客观条件。因此，该评估项目采用的是购买方评分、社区合作方（用人单位）评分、财务评分、专家组评分等四方主观评价法。其中，购买方评分、社区合作方（用人单位）评分、财务评分、专家组评分的分值比例为2：2：1：5，评估总分为100分。购买方评分满分100分，加权0.2为最终购买方评分；合作方（用人单位）评分满分100分，加权0.2为最终社区合作方（用人单位）评分；财务评分满分100分，加权0.1为最终财务评分；专家组评分中，每位专家评分满分100分，采用三位评估专家的平均分加权0.5作为最终专家评分。2019年11月25日，X市社会工作协会在A区民政服务中心召开了专家组集中评估会议，对A区社会事业局购买的4个服务项目进行了综合评估。评估专家组共计4人，包括1位高校专家学者，2位中级督导，以及1位专业会计师。

（三）评估结果

综合购买方、社区合作方（用人单位）、财务、专家组四方的评价，X市A区政府购买的所有项目均取得了合格及以上的成绩。根据X市社会工作协会公布的《X市A区2018年政府购买服务评估实施方案》，服务项目共分为优秀、良好、合格、不合格等四个等级。其中，90分以上为优秀、80~89分为良好、60~79分为合格、60分以下为不合格。慈善救助社工服务项目得分83.3分，评定等级良好，排名第一；HW社区党群服务中心项目得分79.5分，评定等级合格，排名第二；社会救助服务项目得分76.2分，评定等级合格，排名第三；RD社区居家养老服务项目得分75.6分，评定等级合格，排名第四。

（四）评估中存在的突出问题

在笔者所选取的三个典型案例中，该评估项目的形式化问题最为严重，其具体表现在以下几个方面。

第一，从评估结果来看，该项目的评估结果有失真的现象。如果严格按照合同标准和相关项目文件，HW社区党群服务中心项目、社会救助服务项目、RD社区居家养老服务项目三个项目应被判定为不及格，应采取追回项目资金、中止发放尾款、终止服务合同等惩罚性措施，但最终评估结果是所有项目均合格，随后政府对其都发放了相应款项。仅以上述三个项目的财务评估为例，《X市A区社会事业局2018—2019年度政府购买服务项目评估总报告》中的财务评估陈述如下：

专家组集中评估会议发现，除 BL 社会工作服务中心承接的慈善救助社工服务项目外，其他三个项目均具有较为严重的财务管理问题。比如 HX 社会工作服务中心承接的两个项目均缺失相关财务凭证，而且，该机构还存在实发薪资人员与项目社工不符、缺失部分社保缴费记录、现金发放工资等比较严重的财务问题。RD 社区居家养老服务项目因一直没有开展日间照料等合同内规定的补贴项目，所以也没有领取过相关补贴，也没有相关的项目财务管理票据。此外，RD 社区居家养老服务项目使用的是企业财务管理办法，而不是非营利组织财务管理办法，属于较严重的财务管理不规范问题。整体来看，这三个项目点的承接机构均缺乏规范的财务管理制度，需要重点整改。

由上文的陈述可知，HW 社区党群服务中心项目、社会救助服务项目、RD 社区居家养老服务项目均违反了相关财务规定，按照 X 市政府购买服务文件中"财务问题一票否决"的要求，这三个项目均应被判定为不合格。

第二，从评估方法上看，该评估项目使用的纯主观评价法在很大程度上偏离了第三方评估的客观性要求，购买方和专家的主观意见最终决定了评估结果。评估采用的是购买方评分、社区合作方（用人单位）评分、财务评分、专家组评分的四方主观评价法，最终评估得分为四方的权重计算得分。评估方之所以采用纯主观评价法，实际上也是无奈之举。以 HW 社区党群服务中心项目为例，该项目于 2018 年 12 月执行完成，而评估的日期是 2019 年 11 月。在 X 市社会工作协会开展评估时，该项目的服务已经结束一年之久，且项目社工已全部离职、服务对象名单缺失、服务数据真实性无法考量，致使评估的实地考核和数据核实完全无法进行。因此，评估方只能放弃一切客观数据和实地服务情况的核实工作，纯粹以服务方的自评报告和专家组会议评估得分作为最终的评估结果，致使评估结果的真实性和客观性严重受损。这种现象在 2023 年 A 区政府购买社工服务的某些特殊服务项目中，依然以多种形式存在着。

第三，从评估目的的角度来看，该项目的主要目的在于完结 2018 年留存的部分服务项目，评估的形式化倾向明显。A 区社工服务第三方评估项目所评估的四个服务项目中，既有末期评估项目，也有中期评估项目；既有正在进行的项目，也有刚刚完成的项目，甚至还有已经结束一年之久的项目；既有社工机构承接的项目，也有养老院承接的项目；既有岗位服务项目，也有党群服务中心项目，还有居家养老服务中心项目。一般来说，差异性如此之大的四个项目本不应该在同一时间，采用同一种形式、同一种标准来开展评估工作，但遗憾的是，迫于时间、经费以及其他方面的压力，评估方不得不认同该评估项目的构成，最终致使第三方评估沦为"结项工具"。

三　A区社工服务第三方评估项目的特点

A区社工服务第三方评估项目具有一些较为鲜明的特征。第一，自2018年起，A区社工服务第三方评估项目基本上由X市社会工作协会负责。第二，由于评估项目多为5万元以下的小项目，基本未开展过招投标。第三，A区只有社区党群服务中心项目和社工站服务项目会定期开展中期评估和末期评估，且评估经费较多。第四，A区政府购买社工服务项目也包括一些零散购买的特殊服务项目，例如社区居家养老服务项目、精神障碍患者社区康复服务项目、家庭养老床位建设与服务项目、救助站流浪乞讨社工服务项目、未成年人保护社会服务项目等，且服务周期3个月到1年不等。这类零散购买的项目一般只在事后进行临时性的后补评估，评估时间和评估形式的灵活性很大，且此类零散社工服务项目的评估基本上由承接机构负责出资，大多数在1000～10000元。严格意义上来说，这种由承接机构出资并委托的评估项目不是第三方评估项目，但由于X市社会工作协会作为行业协会的特殊性以及评估经费一早就在社工服务项目合同中约定等，实际上其属于一种特殊服务形式的"第三方评估"。第五，由于A区社会事业局对社工服务项目缺乏整体规划、对社工服务重视度不高，以及对X市社会工作协会信任度比较高等，A区社会事业局基本上不干涉第三方评估的过程，第三方评估的独立性、客观性、公正性得到了很好的保障。按照X市社工协会副秘书长XZL的说法，就是："A区第三方评估项目属于'钱少但事也少'的类型，反而比'钱多事多'的评估项目赚得多。"（XZL，Z市社会工作协会副秘书长，A-XZL-20210920）但在2020年A区一位财务出身的负责人主管社工服务项目后，A区对第三方评估报告的文本要求变得更加严格了。第六，2023年以后，A区政府购买社工服务项目的承接机构越来越偏向于本区的社工机构，这在促进 A 区社工机构发展的同时也使其他区的优秀社工机构难以得到支持。第七，A 区实行的是督导评估一体化模式。X 市社会工作协会除了承接 5 个乡镇（街道）社工站项目的评估工作以外，还承担了 5 个社工站的外部督导工作，即 A 区委托 X 市社会工作协会承接社工站的督导和评估项目，由协会 5 名办公人员（均为中级社工师）分别担任 5 个社工站项目的外部督导，以尽快提升 A 区社工站建设的专业水平与服务成效。

相较于 B 区和 C 区社工服务第三方评估项目而言，A 区第三方评估的独立性、客观性、公正性是最强的，A 区社会事业局几乎不会干涉第三方评估的过程。但是，作为第三方评估机构的 X 市社会工作协会在 A 区开展的第三方评估专业性反而是最弱的，A 区社工服务的专业水平和服务成效也是三个区里最差的。为何第三方评估机构的独立性、客观性、公正性几乎没有对第三方评估的专业性和社工项目服务效果产生影响？为何在政府部门不干预第三方评估机构的情况下，第三方评估的专业性并没有增强？第三方评估的独立性、客观性、公正性和专业性之间有必然联系吗？第三方评估的效用究竟体现在哪里？本书将会在之后章节深入分析这些问题。

第三节　X 市 B 区政府购买社工服务项目概况

B 区是 X 市的中心城区之一，辖区总面积 150 平方公里，下辖 15 个街道，常住人口约 100 万人，全年地区生产总值约 700 亿元。B 区是 X 市的交通枢纽，区域内有火车站、客运站，以及 Y 省最大的电力、电信、邮政枢纽，多条高速穿境而过，距机场仅 30 分钟车程。全区 100% 的街道（镇）和 94% 以上的社区（村）基层综合性文化服务中心已达到等级标准，并对群众免费开放。B 区人口密集，经济水平较高，同时也是 X 市的政治和文化中心。

一　B 区政府购买社工服务项目

X 市 B 区于 2018 年开始政府购买社工服务特殊项目试点，服务领域涉及社区党群服务中心、"三社联动"社会工作服务、社区困境儿童社会工作服务、社区残障儿童社会工作服务、精神障碍社区康复社会工作服务、社工宣传交流，以及各科室社工岗位等。2020 年之前基本上为一年一买，2020 年之后改为三年一个周期，但周期内一年一签合同。2020 年签订的社工服务合同涵盖医务、司法、学校、社区困境儿童、社区居民自治、孤残儿童、三社联动、农村脱贫攻坚、社会救助、社会福利院、未成年人保护、流动人口、社工志愿者联动等服务领域。此外，B 区 2020 年之后也实现了乡镇（街道）社工站全覆盖，年度购买资金大约在 225 万元。不同于 A 区和 C 区以政府购买社区党群服务中心项目和社工站项目为主，B 区在开展乡镇（街道）社工站建设的同时，依然保留了 16 个特殊服务项目作为创新试点项目。B 区的政府购买社工服务项目资金也主要来源于财政资金，基本上采用竞争性磋商形式进行公开招投标。B 区基本上执行的是 X 市民政局每人每年 7.5 万元的购买标准，高于 A 区社工薪酬，但低于 C 区社工薪酬。由于疫情后经济增速放缓，财政收入减少，B 区 2021 年后出现了政府购买服务资金拖欠的情况。

表 2-4　X 市 B 区政府购买社工服务项目概况

B 区社工服务项目	2018~2019 年	2019~2020 年	2020~2023 年（三年期项目）	
购买金额（万元/年）	300	285	240	225
项目数量（个）	10	15	16	15
承接机构（家）	10	12	12	12
社工配置（人）	40	38	32	30
项目类型	社区党群服务中心、"三社联动"社会工作服务；社区困境儿童社会工作服务、社区残障儿童社会工作服务、精神障碍社区康复社会工作服务		医务、司法、学校、社区困境儿童、社区居民自治、孤残儿童、三社联动、农村脱贫攻坚、社会救助、社会福利院、未成年人保护、流动人口、社工志愿者联动等；15 个乡镇（街道）社工站	

　　注：此处统计的政府购买社工服务项目金额仅包含一线社工服务项目，不包含督导、培训、宣传、评估等支持类项目，以及设置在机关事业单位的社工岗位购买经费。

二　B 区社工服务第三方评估项目

　　X 市 B 区的社工服务项目到 2023 年底已经到期，第三方评估项目也已经跟进了五年。由于项目周期较长，且项目承接方一直比较稳定，第三方评估专家所提的问题和建议能够在项目中得到跟进和改善，评估的效果在一定程度上能够体现出来。以 2020 年 B 区政府购买社工服务项目为例，既包括一般性的老年人、妇女儿童、青少年社工服务项目，也包括精神障碍社区康复、社区自治、脱贫攻坚、司法、医务、学校、监狱、扶贫、信访等特殊服务领域，还包括社工督导人才培养、社工督导培训、社工宣传交流、社工热线服务、三社联动、第三方评估等支持类服务项目。可以说，X 市政府购买社工服务项目的专业性基本上处于 X 市社会工作的尖端水平，基本上能够代表 X 市社会工作的专业性水平。B 区社工服务第三方评估的主要问题体现为 B 区民政局对第三方评估的干涉较多，评估结果并不能由第三方评估机构独立给出，从而影响了第三方评估的定位。尤其是在社工岗位评估方面，由于岗位社工多被安排在民政局各个科室，以及下属社会福利院、儿童福利院等二级单位，且多从事科室行政工作而非专业服务，服务质量和服务成效无法测量。第三方评估机构根据 B 区购买方的要求，基本上不会对岗位社工开展实质性的评估，处于一种"睁一只眼，闭一只眼"的状态。下文将以打包的社工岗位集合项目评估为例，呈现 B 区社工服务第三方评估项目的这种"选择性忽视"策略。

表 2-5　X 市 B 区政府购买社工服务项目

招标分类	社工服务项目
一般类社工服务项目	社区为老社工服务项目；社区困境儿童社工服务项目；社会福利院社工服务项目；市儿童福利院孤残儿童社工服务项目；社区困境老人关爱社工服务项目；机构养老社工服务项目；未成年人保护社工服务项目
特殊类社工服务项目	精神障碍社区康复社工服务项目；农村脱贫攻坚社工服务项目；社区居民自治社工服务项目；社工志愿者联动服务项目；医务社工服务项目
支持类社工服务项目	社工督导人才培养项目；社工督导培训项目；三社联动项目；社工宣传交流项目；社工热线服务项目；第三方评估项目
一般类社工服务岗位	儿童社工服务岗位；志愿者管理岗位；青少年社会工作岗位；妇女社会工作岗位
特殊类社工服务岗位	司法社会工作岗位；学校社工服务岗位；医务社会工作岗位；监狱社会工作岗位；信访社会工作岗位

（一）评估项目概况

B 区民政局在购买特殊类服务项目以及社工站项目的同时，也会搭配购买一些社工服务岗位，即以"岗位打包"形式购买一些社工"行政窗口类"服务项目。

这种社工项目本质上是以政府购买社工岗位的形式来提升某些政府部门的公共服务能力，一般会形成"体制内管理、体制外待遇"的格局，[①]且普遍蕴含着较大的行政化风险。[②] 同时，社工服务机构难以为岗位社工提供有效的组织保障、情感支持和知识教育，其更像为行政部门输出人力的劳务派遣机构，呈现较弱的协同作用。[③] 这种社工服务机构的劳务公司化现象使得政府与社工服务机构之间呈现"貌合而神离"的状态，二者的互动更多止于劳务关系而非专业合作。[④] 对于这类以"岗位打包"形式存在的社工服务项目，第三方评估机构实际上也理解其中的"意义"，进而采取了最简单的评估方法。

（二）评估方法

对这类以"岗位打包"形式购买的社工服务项目，X 市社会工作协会一般不会采用常规的评估程序，即第三方评估机构既不会实地走访社工工作岗位所在地，也不会安排岗位社工参加集中汇报，更不会对岗位社工开展评估后的评估意见反馈和单独指导。对岗位社工的第三方评估，通常也不会有专门的评估指标体系。岗位社工所要做的，仅仅是将自己的工作内容和工作产出撰写成年度工作报告，而后由第三方评估机构修改、润色后，加盖评估机构印章制成评估报告。第三方评估机构也不会去检验岗位社工服务内容和服务产出的真实性，仅仅需要岗位社工上报一下自己的工作数据，以供撰写评估报告使用。但是，出于审计和项目结项的需要，岗位社工一般也会有一个"分数"。这个"分数"一般是由第三方评估机构的评估项目主任根据岗位社工的年度工作报告给出的。一般来说，90 分及以上为优秀、80~89 分为良好、60~79 分为合格、60 分以下为不合格，而

---

① 徐道稳：《从"去体制化"到"新体制化"：社会工作的体制嬗变》，《社会科学战线》2023 年第 4 期。

② 黄春蕾、刘君：《绩效视角下政府购买社会工作服务模式的优化：济南市的经验》，《中国行政管理》2013 年第 8 期。

③ 成洪波、徐选国、徐永祥：《社会工作参与基层社会治理的机制创新及其实践逻辑——基于东莞市横镇的经验研究》，《福建论坛》（人文社会科学版）2018 年第 7 期。

④ 郑广怀、张政：《社会工作机构何以向劳务公司转变——基于国家-社会关系的视角》，《广东社会科学》2021 年第 4 期。

B区社工服务岗位从未出现不合格的情况。2020年新中标机构即使在出现明显的社工岗位违规状况下，评估依然合格了。

（三）评估结果

2020年B区新一年度政府购买社工服务项目招投标结果公布，由B区YC社会工作服务中心承接了4个社工服务岗位。由于第一次承接社工岗位，机构项目管理出现了比较明显的问题，但第三方评估并未起到明显的监督作用。其岗位管理部分的评估结果如下：

> 岗位管理评分一项共计170分，其中人员配备20分、人员管理60分、财务管理50分、岗位定位及沟通机制40分。CG社区服务岗位得分为114分、XX社区服务岗位得分为111分、SS社区服务岗位得分为107分、XY社区服务岗位得分为131分，总体表现较差。该项目的四个项目社工均非社会工作或相关专业，也都没有助理社工师证书。四个岗位中，有三个社工已经离职，新加入的社工同样没有专业背景和助理社工师证书。该项目具备完整的岗位考勤和请休假制度，管理记录基本完整，但是该项目没有使用社会组织的会计制度，而是采用了不合规定的企业会计制度，同时机构也未以岗位为单位对岗位进行单独核算，每个岗位的支出明细也没有提交给评估机构。建议尽快聘请专业的财务人员，尽快按照民非会计制度进行会计科目设置；以岗位或者项目为单位对岗位或者项目进行单独核算；制定本机构的财务等相关制度并尽快实施；尽快将项目上半个执行期的账目重新整改。（摘自《2020—2021年度B区政府购买社工服务中期评估报告》）

可以看出，这4个岗位社工都不是社会工作或相关专业毕业的，也都没有助理社工师证书，而且到中期评估时已经有3个离职了。更有甚者，该机构还在使用企业会计制度，而非社会组织会计制度。仅从人员配备和财务规范这两项来看，YC社会工作服务中心承接的这4个社工岗位都不应当通过评估验收，但实际结果是，这4个岗位社工的评分分别是64.8分、61.3分、60.2分、60.1分，都是刚刚过了合格线。这些显而易见的不合规项目却都通过了专业的第三方评估，虽然都是略高于60分的成绩，但难免让人质疑第三方评估结果的公正性和客观性。

（四）评估中存在的问题

相较于 A 区和 C 区社工服务第三方评估项目而言，B 区在社区党群服务中心、社工站和特殊服务项目方面的评估是比较严格和专业的，但在以"岗位打包"形式开展的社工服务项目评估方面，存在明显的"形式化"色彩。

第一，从评估结果来看，第三方评估并未能真正反映出岗位社工的服务质量，反而有意帮助承接机构"遮拦"。即使是在后续两年的项目评估中，岗位社工也只是增强了项目管理和文书档案材料的规范性，社工服务的专业性并没有提升，社工还是在做"行政杂工"。

> 3 年 6 次评估带来的最大改变是岗位社工准备评估材料的能力得到了很大的提升，评估进行得更流畅、更标准，也更快了。特别是岗位社工，基本上每年的年度工作报告高度重复，只是变了个别数据，岗位社工应付评估的能力得到了很大的提升。同时，购买方、承接方和评估方也更加明确了自身的角色，各方已经形成了很好的合作共益默契，更加"入戏"了。（XZL，Z 市社会工作协会副秘书长，A-XZL-20230801）

第二，从评估方法的角度来看，岗位社工评估基本上没有采用任何科学、规范的评估方法，更多是依靠岗位社工自己撰写的年度工作报告来作为评估依据。这种评估方法在购买方、社工机构、第三方评估机构的"默契合作"下得以存在。对于第三方评估机构来说，本着"多一事不如少一事"，以及削减评估成本的意图，其也没有改变的"动机"。实际上，岗位社工评估的形式化在各地都普遍存在，不单单是 B 区的问题。

第三，从评估目的的角度来看，B 区第三方评估有沦为结项工具的风险。一方面，一些社工机构负责人视第三方评估报告为拿到尾款的必要条件，在评估中出现了重视评估材料甚于服务效果的情况；另一方面，购买方也助长了第三方评估的工具化倾向。笔者在调查中发现，大多数政府购买社工岗位基本是安置在民政局、社会福利院、儿童福利院、街道办事处等机关事业单位内，岗位社工似乎成为解决基层行政人手不足问题的一种外包手段。例如，"三社联动"社工岗位和残障儿童社工岗位就设在B区民政局儿童福利与社工科内，主要负责协助购买方管理社工和社工服务项目。这种靠设置部门或人员来管理新的部门或人员的方式，非常类似科层制扩张机制。长此以往，社工机构有演变为人力资源派遣公司的风险。值得注意的是，一旦岗位社工成为行政体系内部的外聘职工，那么岗位社工的表现实际上也代表了其所在部门的"颜面"。因为岗位社工所在部门负责人也会出席评估会议，并通常会给岗位社工很高的评价，而这种岗位社工卷入购买方内部工作体系的状况，也使得评估方很难保持公正性和客观性。

三　B区社工服务第三方评估项目的特点

B区社工服务第三方评估项目的主要特点包括：第一，自2018年起，B区社工服务第三方评估项目基本上由X市社会工作协会负责；第二，评估金额基本固定在15万元，需要经过比较严格的招投标程序；第三，B区政府购买社工服务项目涉及医务、司法、学校等多种类型的社工特殊服务项目，2020年之前开发了多种类型的评估指标，评估过程较为烦琐，2020年后合并为一套评估指标；第四，B区社工服务第三方评估项目最为严格，增加了评估后集中反馈会议和单个项目个别反馈等评估环节；第五，B区购买方对于社工服务项目非常重视，对每个社工服务项目都非常了解，对评估过程和评估结果介入较多；第六，B区面向全市社工机构开展项目招标，基本上没有区域垄断性和地方保护主义现象；第七，B区以"岗位打包"形式购买的社工服务项目存在较为严重的"行政化"倾向，对岗位社工的评价也流于形式。

相较于A区和C区社工服务第三方评估来说，B区第三方评估的专业性和评估成效最高，社工的专业能力和服务质量也是X市最好的。B区购买的社工服务项目大多是带有试点性质的社工特殊服务项目，后期基本上形成了"一项目一品牌"的高质量发展格局，还出台了很多社工服务领域的服务指引，基本上代表了X市医务、司法、学校、精神障碍、儿童保护等多个服务领域的社会工作最高水平。B区的第三方评估独立性是三个区中最弱的，客观性和公正性经常受到来自购买方的干扰，致使岗位社工评估大多流于形式。其根本原因在于 B 区十分重视社工服务项目和第三方评估的专业性，对社工服务项目第三方评估机构提了很多的专业要求，但对岗位社工评估有意"呵护"。

第四节　X 市 C 区政府购买社工服务项目概况

C 区地处 X 市东部，辖区面积 370 平方千米，下辖 12 个乡镇（街道），3 个产业集聚区。C 区常住人口 130 万人，年均生产总值达 1100 亿元以上。C 区是 X 市的经济中心，同时也是 Y 省委省政府所在地。C 区具备良好的区位和产业基础，累计进入世界 500 强企业 78 家、国内 500 强企业 97 家，持牌类金融机构超过 400 家，培育税收超亿元楼宇 44 栋，入驻市场主体近 22 万家。C 区正在朝国家创新高地、人才高地、开放高地、国际化金融中心和国际化消费中心、现代化国际化新城不断迈进。

一　C 区政府购买社工服务项目

C 区起初并不是 X 市政府购买社工服务项目的先发地区，但在 2018 年购买社区党群服务中心项目后，一跃成为 X 市社会工作发展最好的城区。其主要原因在于，C 区拥有 X 市最强的经济实力，能够在短时间内吸引 X 市乃至全省最好的社会工作人才资源。由于 C 区 2019 年之前并没有在本区域注册的社工机构，所以 C 区一方面注重本地社工机构的培育，另一方面也从其他城区大量引进较好的社工机构进驻 C 区开展服务。2018 年，C 区花费 480 万元购买了 16 个社区党群服务项目，而后逐渐增长至 1000 余万元。2021 年，C 区在乡镇（街道）社工站全覆盖的基础上，开始推广城市社区社工站建设，力图在全省率先实现 50% 城市社区社工站全覆盖的发展目标。2022 年之前，C 区每个项目的购买金额均为 30 万元，配置 4 名社工。2022 年之后改为每个项目每年 27 万元，仍配置 4 名社工，但 C 区社会事业局要求承接机构把社工薪酬比例由 80% 提高到 89%。需要重点指出的是，C 区社工站建设的起点较高，具有区县社会事业局购买、有前期社区党群服务中心项目的基础、乡镇（街道）社工站与社区社工站功能区分不明显、一开始就实现了社区级别社工站全覆盖等突出特点。

表 2-6　X 市 C 区政府购买社工服务项目概况

C区社工服务项目	2018~2019 年	2019~2020 年	2020~2021 年	2021~2022 年	2022~2023 年	2023~2024 年
购买金额（万元）	480	840	900	1050	945	945
项目数量（个）	16	28	30	35	35	35
承接机构（家）	16	16	15	16	15	15
社工配置（人）	64	112	120	140	140	140
项目类型	社区党群服务中心项目			社会工作服务站项目		

注：此处统计的政府购买社工服务项目金额仅包含一线社工服务项目，不包含督导、培训、宣传、评估等支持类项目，以及设置在机关事业单位的社工岗位购买经费。

二　C区社工服务第三方评估项目

（一）评估项目概况

为响应民政部、Y 省民政厅、X 市民政局等上级政府部门关于"推进全市各乡镇（街道）社工站全覆盖，实现一县（区）一中心，一乡镇（街道）一站点，村（社区）都有社工服务"的号召，C 区社会事业局于 2021 年 8 月正式开始购买社会工作服务站项目，并通过公开招标的方式，购买了 16 家社工机构的 35 个社会工作服务站项目、17 个社会工作岗位，以及配套的督导、培训、宣传、第三方评估项目。C 区社会事业局希望通过购买社会工作服务站项目，不断扩大社会工作的服务和受益人群范围，持续提升社会工作专业的作用和服务成效，建成一批汇聚社会资源的基层民政服务平台，培育扶持一批扎根基层的专业社工机构，建设一支专业化、本土化、社会化的社会工作人才队伍，解决一大批基层社会治理和社会公共服务难题。

为了有效引导上述政府购买社会工作服务站项目及社工岗位的有序运作、监控项目进程、科学评价其在项目周期内的服务效果，并且及时总结项目运营的经验与不足，C 区社会事业局和 X 市社会工作协会签订合作协议，由 X 市社会工作协会负责对 C 区购买的社会工作服务项目进行第三方评估。根据项目合同规定，项目中期评估为优秀或良好的，拨付服务经费的 30%；评估为合格的，拨付服务经费的 20%；评估为不及格的，拨付服务经费的 10%。末期评估结束后，评估为不合格的，扣除经费的 10%。总体来看，C 区社工服务第三方评估项目是一个专业性较高的第三方评估项目。相较于 A 区和 B 区而言，C 区第三方评估的独立性也较强，一般不会受到 C 区社会事业局的干涉。但是，C 区第三方评估的专业水平和评估成效高于 A 区，却低于 B 区。这也再次证明，第三方评估的独立性和专业性与评估成效之间似乎没有必然的联系。

（二）评估方法

C 区社工服务第三方评估项目一般采用中期评估加末期评估的方式，分两次进行，评估的规范性和指导性较强。评估采用的主要标准是 X 市 C 区社会事业局政府购买社会工作服务项目招投标文件、合同协议等规范性文本，并结合民政部颁布的《社区社会工作服务指南》《社会工作服务项目绩效评估指南》等标准文件和 X 市社会工作协会实践经验。C 区社会工作服务站项目的第三方评估，主要分为实地考核评估与专家组集中评估两大部分。其中，实地考核评估主要依据《X 市 C 区社会工作服务站项目评估体系》，由实地考核组的评估专家根据项目点的佐证材料和实际服务情况逐项打分。该评估体系包括站点管理（10 分）、专业服务（40 分）、服务成果（25 分）、多方评价（10 分）、财务管理（15 分）共 5 个部分，每个部分均有具体的可操作化指标、评分标准和佐证材料具体要求。

由于该项目的第三方评估执行得比较规范，在此专门对 C 区社工站项目评估指标体系进行更加详细的论述。第三方评估考核评估体系满分为 100 分，其中实地考核评分占比 60%，专家评分占比 40%。实地考核评估组根据佐证材料从站点管理、专业服务、服务成果、多方评价、财务管理等五个方面给出百分制评分，加权 0.6 作为最终实地考核评估得分。专家根据现场集中汇报的情况从项目管理、项目需求与服务设计、服务质量与成效、现场汇报展示、自评报告完成质量等五个方面给出百分制评分，加权 0.4 作为最终专家评分。社工站服务项目的综合考核评估结果分为优秀、良好、合格、不合格四个等级，85 分及以上为"优秀"、75~84.99 分为"良好"、60~74.99 分为"合格"，60 分以下为"不合格"。

但要重点指出的是，第三方评估的结果并不是各个服务项目的最终评估结果。根据 C 区社会事业局的要求，第三方评估结果只占最终绩效评估结果的60%，用人单位评价占20%，社会事业局评价占20%。也就是说，第三方评估完成后，社会事业局还要在内部评估一次，从而决定最终的项目评估结果。此外，中期评估的分数占末期评估的10%，计入末期评估的评估分数。

（三）评估结果

由于C区使用的评估等级与其他区不同，客观上会增加优秀项目的数量，但其社会工作发展总体上强于A区，弱于B区，第三方评估专业性也在A区和B区之间。总体来说，C区第三方评估项目执行得比较规范，评估结果与项目真实服务水平的契合度较高，社会反响也较好。相比A区、B区社工服务评估项目，C区社工服务评估项目可以说是一个基本合格的第三方评估项目。但值得提出的是，C区的社工服务第三方评估项目存在很多不同于已有理论假设的特点，总体上呈现出一种独立性弱、专业性强，但评估效果一般的矛盾现象。

（四）评估中存在的突出问题

C区的社会工作服务评估项目总体上是比较规范和专业的，但从评估产生的实际效果来看，C区社工服务第三方评估项目似乎和理想中的第三方评估状态并不完全符合，其还存在一些特殊的问题。

第一，从评估结果来看，C区评估项目很难说起到了以评促建的积极作用，一些中期评估优秀和良好的项目，末期评估可能会变成合格甚至不合格的项目。

在C区社工服务第三方评估项目中，评估结果客观性和公正性也受到了一些质疑。根据C区第三方评估实施方案，C区社会事业局和用人单位享有40%的评估分数权重，第三方评估只占60%的评估分数权重。同时，评估结果也并非以第三方评估报告为准，而是由购买方审阅并附加上购买方和用人单位的分数后，再统一向服务方公布。因此，购买方基本上可以决定各个服务项目的最终评估结果。笔者在调研中也发现，提交给购买方的评估排名，确实发生了一定程度的变动。例如，评估机构提交的C区社会工作服务项目中期评估报告中，并没有"不合格"的项目，但最终公布的评估结果中，有2个项目被降为"不合格"项目，而这2个项目最大的问题是和购买方及用人单位沟通不足。整体而言，在C区社会工作服务项目中，第三方评估报告实际上只具有参考价值，第三方评估在程序上被合法边缘化了。

第二，从评估方法的角度来看，该项目的评估方法并没有保持一致性。在2018年评估时，该项目并未采用专家组集中会议评估，而主要依据评估指标体系开展评估。2019年，C区才开展了比较规范的实地考核和专家组集中会议评估。2020年，由于新冠疫情的影响，评估项目取消了专家组集中会议评估环节，改为实地考核评估与专家基于文本资料的线上自主评分。同时，评估指标体系的构成也发生了较大的变化。因此，到2020年末期评估时，评估项目实际上又回到了依据文本材料进行评估的做法。一直到2020年之后，C区社工服务第三方评估才以中期评估加末期评估的方式固定下来。

第三，从评估目的的角度来看，购买方即C区社会事业局更加看重第三方评估的监督核查作用，其通过削弱评估方的独立性和自主性等方式，牢牢地将第三方评估机构和社会工作服务机构掌控在自己手中。例如，在2021年末期评估时，C区社会事业局在事先未知会第三方评估机构的情况下，自主发布了末期评估方案和评估指标体系，从而变相削弱了评估方制定评估方案和评估指标体系的权力。在C区社会事业局的介入下，第三方评估机构在一段时间内几乎完全变成了单一的评估执行者，其既没有决定评估方案和评估指标体系的权力，也没有决定和公布评估结果的权力。这种情况一直到2022年项目评估开始后，才有所改善。2022年之后，C区社会事业局几乎不再干预X市社会工作协会的评估过程。但在2023年底C区政府购买社会工作服务站项目招投标之后，X市社会工作协会并没有继续中标第三方评估项目，从而结束了二者长达5年的合作关系。

第四，从评估的具体实施过程来看，C区购买方在一定程度上干扰了第三方评估机构的独立性，但在某种意义上也提高了第三方评估的专业性。从比较的视角来看，A区购买方实际上是不重视第三方评估的，结果也导致第三方评估在较为宽松的监督条件下出现了实地考核形式化等问题。C区购买方的高度重视虽然削弱了第三方评估的独立性，但也迫使第三方评估机构拿出更多的人力、物力、财力、时间和精力投入评估，这反而提升了评估的专业性。因此，从C区社工服务第三方评估项目来看，可以认为，第三方评估的独立性和专业性之间似乎并不存在必然联系。同时，第三方评估的专业性与评估效果之间也很难说有必然的联系，特别是这种专业性主要体现为监督核查而非以评促建的时候。

三　C区社工服务第三方评估项目的特点

C区社工服务第三方评估项目的情况如下：第一，自2018年起，C区社工服务第三方评估项目基本上由X市社会工作协会负责，但在2023年底，购买方与协会中断了合作；第二，评估金额基本固定在25万元，需要经过比较严格的招投标程序；第三，C区政府购买社工服务项目一般只涉及党群服务中心项目和社会工作服务站项目，项目的统一性和规范性较强；第四，C区社工服务第三方评估项目既不像B区一样苛刻，也比A区严格，其评估成效一般；第五，C区购买方前期对社工服务第三方评估项目干预较多，2022年之后基本不再干预；第六，C区前期面向全市社工机构开展项目招标，2020年之后逐渐向在本区注册的社工机构倾斜，并不断减少外区机构的项目承接数量；第七，C区也有以"岗位打包"形式购买的社工服务项目，其评估流程也趋于形式化。

相较于A区和B区社工服务第三方评估项目来说，C区社工服务第三方评估的专业性和评估成效均居于中等水平，社工的专业能力和服务质量也较为一般。但是，C区的政府购买社工服务项目金额远高于A区和B区，第三方评估项目经费达到25万元/年，也远高于A区和B区的评估项目。如果从成本效益比的角度来看，C区社工服务第三方评估项目并没有实现评估效益的最大化，以至于2023年新项目招标时，X市社会工作协会未成功中标，进而退出了长达5年的C区社工服务第三方评估项目。

第五节　X市社工服务第三方评估行业的发展概况

《民政部 财政部关于政府购买社会工作服务的指导意见》（民发〔2012〕196号）提出："建立由购买方、服务对象及第三方组成的综合性评审机制，及时组织对已完成社会工作服务项目的结项验收。积极推进第三方评估，发挥专业评估机构、行业管理组织、专家等方面作用，对服务机构承担的项目管理、服务成效、经费使用等内容进行综合考评。"这就为专业评估机构，以及社工行业协会参与社工服务第三方评估提供了政策依据。

就 X 市社会工作协会而言，其作为 2017 年初就成立的行业协会组织，仅在成立的第一年承接过一线社工服务项目，此后再没有承接过一线项目，也没有设置政府购买的社工服务岗位。因此，政府购买社工服务第三方评估项目几乎成为 X 市社会工作协会的唯一经济来源。协会成立七年以来，除了开展一些常规性的行业倡导和行业新闻宣传业务以外，大部分工作人员的时间和精力均放在社工服务第三方评估项目方面。X 市社会工作协会承接过 X 市绝大多数区县的社工服务第三方评估项目，甚至将业务拓展到 L 市、Z 市、D 市等 Y 省其他地市。与其说 X 市社会工作协会是一家行业协会，不如说它是一家有七年评估经验，且以社工服务项目评估经费为主要经费来源的社工服务第三方评估机构。因此，X 市社会工作协会的发展历程，几乎代表了 X 市社工服务第三方评估行业的发展历程。2022 年颁布的《Y 省社会工作服务站项目评估办法》基本上沿用了 X 市社会工作协会的评估理念、评估方法和评估流程。据此，本研究将以 X 市社会工作协会的发展历程为例，阐述 X 市社工服务第三方评估行业的概况。

一　X 市社会工作协会的发展历程

X 市社会工作协会是由一线社会工作者、社工界专家学者、社工服务机构、社工科研院所以及慈善爱心人士等个人及单位共同组成的市级社会工作行业协会。协会的宗旨是：深入贯彻新发展理念、发挥行业协会优势，依法开展行业服务，引导行业规范发展，不断增强省会社会工作行业的生存力、竞争力、发展力、持续力。协会的主要职能包括：推动社会工作专业人才队伍建设，做好社会工作人才的专业培训、注册登记、继续教育、就业指导、权益维护等相关工作；加强行业自律，规范行业行为，开展行业诚信建设；制定社会工作服务项目评估指引，组织开展项目评估，规范项目运作，维护行业秩序；培育本土督导，建立健全督导的培育、考核、晋升体系，推进社会工作服务质量提升和社会福利、社会救助、社会公益事业的发展；行业调研，为政府制定完善社会工作政策、法规提供依据。自 X 市社会工作协会成立以来，已经连续五年（2017～2021 年）被评为 X 市"社会组织工作先进单位"。2019 年 11 月，协会被评定为 4A 级社会组织。2021 年之后陆续成立了医务社会工作专业委员会、督导专业委员会、司法专业委员会、儿童专业委员会等四个专委会。成立至今，陆续发布了《X 市农村留守儿童社会工作服务指引》《X 市困境儿童社会工作服务指引》《X 市儿童志愿服务指引》等多项行业指引。除社工服务第三方评估项目以外，X 市社会工作协会还承担了人才培育、服务指引、评优评先、督导培训、宣传交流等职能。

（一）X 市社会工作协会的成立

X 市社会工作协会正式成立于 2017 年初，是一家由 X 市民政局儿童福利与社会工作处支持，高校专家学者 XHZ 教授担任会长并实际运作的市级社会工作行业协会。X 市社会工作协会是 Y 省省会 X 市社会工作者自愿组成的地域性、专业性、非营利性行业协会，业务主管单位是 X 市民政局，会长和法定代表人为 XHZ 教授，注册资金 50000 元整。XHZ 教授在 XZ 大学执教 40 余年，一手开创了 XZ 大学的社会工作本科和硕士学位授权点，而后又投身于社会工作实践，创办了 X 市社会工作协会。XHZ 教授长期以来一直是 X 市乃至 Y 省的社会工作领军人物，对 X 市及 Y 省的社会工作发展做出了卓越的贡献。X 市社会工作协会成立初期，有会员单位 51 家，个人会员 500 余人。X 市社会工作协会的创办源于 X 市民政局儿童福利与社会工作处的需求，其希望成立一家市级社会工作协会，以整合全市的社会工作资源，并在行业内形成一定的监督和促进力量。历经多方推荐，X 市民政局儿童福利与社会工作处 GWZ 处长与 XHZ 教授取得了联系，并在机构登记注册、会员推荐、章程制定等方面发挥了举足轻重的作用。协会在最初成立的一年里，面对的是连会员单位 1000 元、个人会员 50 元的会费都收不齐的局面。经费的紧缺导致协会既无法雇用专职人员，也难以明确自身的业务发展方向，协会更多是作为一个"空架子"和象征意义而存在。

（二）X 市社会工作协会的发展期

2018 年，为帮助 X 市社会工作协会生存和发展，X 市民政局儿童福利与社会工作处不仅主动帮助 X 市社会工作协会争取市级政府购买社工服务第三方评估项目，还积极向各区县民政部门推荐 X 市社会工作协会承接第三方评估项目。在业务主管单位的支持和推动下，X 市社会工作协会陆续获得"X 市 2017 年度社会组织工作先进单位""X 市 2017 年度社会工作先进单位""X 市 2018 年度社会组织工作先进单位""X 市 2018 年度社会工作先进单位" 等诸多荣誉。X 市社会工作协会的年度收入也从最初的 2 万元增长到了 2020 年的 120 万元，其中绝大多数来自政府购买的社工服务第三方评估项目。协会的执行部门也从最初的 1 名兼职人员扩充到了包括 4 名专职人员、1 名兼职财务、3 名实习生的执行小团队，以及若干名兼职的高校评估专家。按照常理来说，一家新成立的社会组织在成立初期就频频获得市级荣誉，收入也呈直线上升趋势，可谓发展速度喜人，但在这一时期，协会面临的主要问题是，其在很大程度上放弃了自身的行业协会职责，基本上转型为第三方评估机构，突出的表现就是 4 名专职人员都是评估项目经理，没有专人负责行业协会的培训教育、行业自律、权益保障、行业宣传、专业研究等工作。

（三）X 市社会工作协会的繁荣期

2019~2021 年是 X 市社会工作协会的高速发展和繁荣期，协会于 2019 年 11 月成立了党支部，同年被评定为 4A 级社会组织。2021 年底，协会已有会员单位 62 家、个人会员 1000 余人。2019 年，X 市社会工作协会包揽了 X 市大部分的社工服务第三方评估项目（D 区除外），并开始逐步向周边县市拓展评估业务。其 2020 年承接的第三方评估项目总额已达 120 余万元，比 2019 年增长了 40 万元，比 2018 年多了 60 万元。与此同时，X 市社工圈对 X 市社会工作协会过多关注评估业务，而忽视行业协会职能的议论也逐渐多起来。此后，在 XHZ 会长的示意下，X 市社会工作协会又招聘了 1 名岗位社工专门从事协会的宣传、培训、教育、研究、政策倡导、行业自律、志愿服务等业务。因此，历经 1 年的成立期、1 年的发展期和 3 年的繁荣期，X 市社会工作协会有意开始转型。但是，由于协会自身面临生存压力，其转型的方向仍然是集行业协会职能和第三方评估职能于一体的综合性社会组织，而不是单一的社会工作行业组织。2021 年后新冠疫情对经济发展的影响，以及对 X 市政府购买社工服务项目的巨大打击，也远远超出了 X 市社工从业人员的预期。

（四）X 市社会工作协会的衰退期

在疫情发生的前两年里，X 市政府购买社工服务项目实际上并没有中断，而且基层政府也非常依赖社会工作者在一线防疫工作中的贡献。习近平总书记 2020 年发表的《在统筹推进新冠肺炎疫情防控和经济社会发展工作部署会议上的讲话》也提出："要发挥社会工作的专业优势，支持广大社工、义工和志愿者开展心理疏导、情绪支持、保障支持等服务。"在抗疫期间，X市社会工作者积极配合相关部门，主动投身于卡点值勤、人员排查、防疫宣传等一线防疫工作。社工们还通过全方位链接战"疫"服务资源、积极创新线上服务的形式与内容、开展隔离群众情绪疏导工作等方式对"战疫"做出了卓越的贡献。[①]

但是，2021年以后疫情对X市财政造成的压力开始凸显出来，大量政府购买社工服务项目资金被拖欠，甚至项目被取消购买。2023年12月底，X市社会工作协会正式解散了全部专职行政工作人员，项目收入基本归零，协会基本上处于半停滞状态。

到笔者写作本书时，X市民政局儿童福利与社会工作处的原负责人GWZ处长已调任其他处室半年有余，XHZ会长的第二个任期也将结束。过去七年里，X市社会工作协会见证了X市政府购买社工服务项目及第三方评估项目的繁荣与没落，自身也经历了成立、发展、繁荣和衰退的完整周期，未来也有沦为"僵尸机构"的风险。回顾过往，属于X市社会工作协会的第一个七年已经逝去，而未来仍有太多未知的变数。

二　X市社会工作协会的"表里"二层架构

从法律意义上说，X市社会工作协会是一家独立自主的社会工作行业协会兼第三方评估机构，需要按照社会组织管理办法及相关管理制度运行。就社会工作行业协会的性质而言，X市社会工作协会至少要拥有形式上的独立性。所谓形式上的独立性，指的是：拥有独立的法人资格，并非政府的下属机构；运作经费来自政府购买和招投标，而非政府直接拨款；人事任命和内部管理制度要经过组织内部表决通过。这些形式上的独立性条件，X市社会工作协会都满足，但在实际操作过程中，X市社会工作协会的情况是：协会的成立和运作在很大程度上由政府相关部门推动，很多时候还是要听从业务主管单位及相关负责人的"指示"；协会对政府购买服务有非常严重的依赖性，绝大部分收入来自政府购买项目服务资金；协

---

① 韩江风、樊云英：《专业社会工作参与新冠肺炎疫情防疫治理的可行路径分析》，《行政科学论坛》2021年第8期。

会在关键人事任命时，必须事先征得业务主管单位及相关负责人的"同意"，在重大事务和发展方向上也经常需征询业务主管单位及相关负责人的意见。

作为第三方评估机构的X市社会工作协会，"独立性"更彰显着其开展第三方评估的关键属性。在政府购买社工服务项目中，第三方评估的独立性更多体现为第三方评估机构的独立性，即第三方评估机构拥有独立的法人地位，且能够独立自主地运作评估过程，得出评估结果。考察第三方评估机构的独立性，实际上就是要分析第三方评估机构和购买方的互动关系，就是要探讨购买方介入第三方评估的程度。从A区、B区、C区评估项目来看，虽然第三方评估机构在不同的项目中具有程度不同的独立性，但总体来说，第三方评估机构与购买方的地位并不是平等的，评估机构很难享有完全的独立性。从这一点上来说，第三方评估机构拥有的也是形式上的独立性，而非实质上的独立性。整体而言，无论是作为一家社工行业协会，还是一家第三方评估机构，X市社会工作协会在组织架构、人事权力架构和决策权架构等方面，实际上都同时存在"表里"二层架构。

（一）X市社会工作协会的组织架构

X市社会工作协会采用的是会员代表大会领导下的会长负责制，会员代表大会是协会的最高权力机关（见图2-2）。会员代表大会休会期间，由理事会和党支部负责重大事宜的决策。协会的日常运行由会长负责，常务理事会和监事会负责监察。会长下设秘书长，协助会长处理各项具体事宜。财务部主要负责协会财务管理制度制定，确保财务工作的执行和落实；维护资产完整，及时向会长汇报财务管理情况和资产运行情况。常务行政副会长主要负责协会人力资源管理、人员招聘、组织政策学习、活动宣传等。常务业务副会长主要负责协会督导评估、社会工作业务督导培训、社会工作方法培训、社会工作岗位培训。秘书长全面负责协会对外联系工作，承接政府及社工机构督导评估及培训项目。人事行政部负责各种行政事务，协会规章制度的贯彻和执行，人员招聘管理、员工培养考核、工资福利及五险一金的缴纳。社会工作宣传部通过协会网站和公众号，发布党和国家的政策、社会工作行业最新动态，以及协会活动及各项动态。督导评估运营部负责执行协会布置的社会工作督导培训和督导评估工作，对会员单位及会员定期进行督导培训。外联部负责协助会长完成对外联系工作，链接对外资源，组织会员单位开展社会工作调研学习，负责承接政府社会工作类项目。

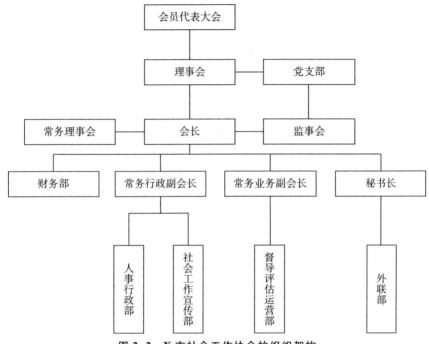

图 2-2　X 市社会工作协会的组织架构

但是，上述组织架构和职责划分只是一种"文本"上和"表面"上的划分，实际上协会还有一层"里结构"。具体来说，由于会员代表大会每年只召开一次，且只是形式上完成年度工作汇报的听取和审查工作，其并没有实际上的行政权力，更难以实际监管和控制 X 市社会工作协会具体工作。理事会、常务理事会、党支部、监事会等名目繁多的管理部门更无法深入实际工作中，更多只是停留在纸面会议。秘书长、财务部、人事行政部、社会工作宣传部、督导评估运营部、外联部等实际上并没有设立。因此，协会的大多数行政事项和日常事务基本上由会长 XHZ 教授决断，副秘书长 XZL 具体执行。从协会的实际运作过程来看，2019 年至今，协会主要由 1 名会长（XHZ）、1 名副秘书长（XZL）、1 名外聘专家（XHJ）、2 名评估项目社工（XXH，XGX）、1 名基金会项目社工（XLD）、1 名宣传岗位社工（XLZ）和 1 名财务专员（XPH）共计 8 人组成。其中会长、外聘专家和财务专员为兼职，其他 5 人为专职社工。由于社工服务第三方评估项目在执行上具有临时性，一般是中期评估半个月，末期评估半个月，所以 X 市社会工作协会工作人员在评估期间基本上是"全员上阵"，所有人集中时间和精力从事评估项目。在没有评估项目时，才会各司其职，处理协会工作事宜。因此，理论上非常完备的社会组织表层管理结构实际上很难落到实处，实际上仍是社会组织的法人或者个别负责人全权负责机构运行。

表 2-7　X 市社会工作协会的工作人员概况

序号	代码	性别	年龄（岁）	职称或学历	专业	就职情况	职务
1	XHZ	男	72	教授	社会工作	兼职	会长
2	XZL	男	43	本科	工商管理	专职	副秘书长
3	XHJ	男	30	讲师	社会工作	兼职	外聘专家
4	XPH	女	40	研究生	工商管理	兼职	财务专员
5	XXH	女	30	本科	社会工作	专职	评估项目社工
6	XGX	女	30	本科	社会工作	专职	评估项目社工
7	XLD	女	30	研究生	社会工作	专职	基金会项目社工
8	XLZ	男	31	本科	社会工作	专职	宣传岗位社工
9	XLY	女	33	研究生	社会工作	已离职	评估项目社工
10	XWY	女	31	本科	社会工作	已离职	评估项目社工

（二）X 市社会工作协会的人事权力架构

作为一家背靠 X 市民政局和 XZ 大学的市级行业协会，XHZ 会长虽然能够决定一些常规性的协会事务，但协会的关键人事任命权并不在 XHZ 会长和会员代表大会手上，而必须事先经过业务主管单位及相关负责人的同意。例如，协会 10 位副会长、3 位监事、4 位秘书长的人选都必须提前报请 X 市民政局相关部门负责人同意。这些关键职位大多是"挂名"，且不参与协会决策和日常工作，但由于涉及个人荣誉及其他问题，这 17 个人选必须得到业务主管单位及相关负责人的同意才可以选定。可以说，X 市社会工作协会和 X 市民政局儿童福利与社会工作处有着紧密的联系。X 市社会工作协会的成立以及在 X 市社工服务第三方评估行业中的较高地位基本上源于业务主管单位及相关负责人的支持。相应地，X市社会工作协会在人员任命、重大事务决策、行业管理等很多方面都要接受业务主管单位及相关负责人的"指示"。

（三）X市社会工作协会的决策权架构

X市社会工作协会是由X市民政局儿童福利与社会工作处支持，XHZ教授担任会长的一家市级社会工作行业组织。因此，X市社会工作协会成立之初就具有一些官方背景，蕴含着协助X市民政局管理社工行业的政策意图。和业务主管单位的紧密联系，使X市社会工作协会获益良多，但相对地，X市社会工作协会在许多关键事项的决策方面，都必须适当考虑业务主管单位及相关负责人的意见。

协会副秘书长XZL表示：

> 社协虽然是个行业协会兼评估机构，但很多时候事情不是自己说了算的，而且，社协的人很少，很多事情根本办不了，都需要民政局的支持。例如，最美社工比赛、优秀社工案例大赛、社工年会等活动，虽然挂的主办方是社协，但实际上执行的时候，都是GWZ处长让某个社工机构或者某些政府购买的岗位社工去操办的，最后再挂上社协的名字。（XZL，X市社会工作协会副秘书长，2020082801）

三　X市社会工作协会的财务状况

X市社会工作协会的年度财务收支状况最直观地反映了协会的发展水平，也从侧面反映了X市政府对社工服务的支持力度，以及X市社工服务第三方评估行业的繁荣程度。2017年，X市社会工作协会刚刚建立时，X市政府购买社工服务和第三方评估项目也方兴未艾；2023年，协会遭遇重大挫折时，也正值X市社会工作发展的"寒冬期"。具体来说，2017年协会只有2万元的会费收入；2020年，年度收入达到120万元，业务范围覆盖X市全市，以及周边3个地市（见图2-3）。2023年，政府购买社工服务项目经费大幅度缩减，X市社会工作协会的年度收入也直线下降。就X市社会工作协会这样的民办非企业性质的评估机构来说，评估项目主要来源于政府购买，也有少量评估项目来自社会工作服务机构直接委托。但总体来看，评估机构缺乏除政府以外的其他资助方，比如缺乏来自企业和民间公益基金会等方面的资助，这就造成评估机构在经济上对政府部门的高度依赖，由此衍生出许多依附性问题和经营风险问题。

图 2-3　2017~2023 年 X 市社会工作协会收入情况

从国外非营利组织的收入来源构成来看，第三方评估机构至少应该有三成收入来自社会捐赠或其他渠道，比如在美国享有盛名的第三方评估机构"慈善导航"，其主要资金来源是公益基金会，而且不接受被评估对象的捐赠。从国内的情况来看，大多数的社工机构和第三方评估机构几乎完全依赖政府购买服务资金，很少能获得社会捐赠或其他收入。就本书中第三方评估机构 X 市社会工作协会来说，其 2018 年总收入约为 60 万元，其中会费收入只有 2 万元，其他均为政府购买第三方评估项目收入。[①] 如果按照比例核算，政府购买第三方评估项目收入占其年收入的 96.7%，会费和其他收入只占到 3.3%。2019 年，X 市社会工作协会的年收入达到 80 万元，2020 年更是达到 120 万元，而会费及其他收入仍基本上维持在每年 2 万元，增长部分主要是政府购买第三方评估项目收入。第三方评估机构得不到社会大众的认可，也缺乏捐赠渠道，其只能依赖政府购买服务资金。

由于经费收入严重依赖政府购买服务，第三方评估机构虽然具有独立的法人地位，却只具有形式上的独立性，很难获得实质上的独立性。一旦

---

① 收入数据来自会计公司出具的《X 市社会工作协会 2018 年度财务审计报告》。

第三方评估机构与购买方出现了对立情况，就极有可能因失去经费来源而导致自身的毁灭性危机。在笔者调研的 X 市，主要由 X 市社会工作协会和 D 区社会工作协会两家机构来承接第三方评估项目。其中，D 区社会工作协会成立于 2013 年，长期承接 D 区内的社工督导和评估项目。D 区民政局以政府购买社工岗位的形式长期支持 D 区社会工作协会运作，但在 2020 年 8 月，D 区民政局突然改变过去 7 年的常规做法，不再购买 D 区社会工作协会的社工岗位，致使 D 区社会工作协会的人员全部被迫离职，D 区社会工作协会突然间就名存实亡了。

> D 区是 X 市最早购买社工服务的区，也一直是购买金额最高的区。D 区社会工作协会是 X 市第一家区级社会工作协会，也是 Y 省成立最早的区级社会工作协会。其成立于 2013 年，拥有单位会员 23 家，个人会员 700 余人。同 X 市社会工作协会一样，D 区社会工作协会的主营业务也是社会工作督导评估。长期以来，D 区的政府购买社工服务项目都是 D 区的社工机构来做，所有的督导和评估项目都是由 D 区社协来做，外区的机构很难进入。但是，2020 年 D 区社协没有中标一个项目或岗位，致使 D 区社会工作协会出现了"断粮"的局面。
>
> D 区社会工作协会的解体可能有多个原因，比如政策和重要领导的调整，评估项目中的利益纠纷等。同时，D 区社会工作协会长期从事督导和评估业务，忽视了行业协会工作的开展，这引起了 D 区民政局领导和 D 区社会工作机构以及社工的不满。为此，有社工机构专门向 D 区民政局领导和 D 区社会工作协会投诉会费的使用去向不明、协会的职能不明等问题。(XZL，Z 市社会工作协会副秘书长，2020081601)

据 X 市社会工作协会副秘书长 XZL 所说，由于政策调整等，D 区社会工作协会失去了所有的政府购买服务项目和岗位。同时，D 区社会工作协会长期以来故步自封，只局限在 D 区开展业务，导致其一旦失去 D 区的项目，马上面临解体危机。从这一点来看，作为 D 区唯一一家可以承接第三方评估项目的区级社会工作协会，其生存与否几乎完全取决于政府的经费支持力度大小。

四 X市社会工作协会的项目评估流程

X市社会工作协会自2018年开始正式承接政府购买社工服务第三方评估项目，至今已有7年，其评估实践经验、评估专业能力得到了X市社会工作行业的普遍好评，基本上代表了X市社工服务第三方评估行业的最高水平。因此，2022年Y省民政厅制定的《Y省社会工作服务站项目评估办法》基本上参照了X市社会工作协会的评估流程。具体如下：

（1）召开评估会议。社会工作服务站项目立项之后，应在30日内，召开评估方与各站点承接机构及驻站社工的见面会，阐述评估方的主要理念和原则，协商制定项目评估的大致框架结构，明确中期评估和末期评估开展的大致时间。

（2）制定评估指标体系。中期评估前两个月，评估方应会同购买方代表、承接机构代表、驻站社工，协商制定评估指标具体内容以及各指标权重。

（3）发布评估方案。评估方应于评估前15个工作日发布评估方案，包括评估背景、评估目标、评估原则、评估对象、评估流程、评估指标、自评报告撰写要求等具体内容。

（4）进行实地评估。评估正式开始后，评估方应组织评估专家带队，赴社会工作服务站点开展实地观察和访谈，深入了解项目开展以来的服务细节，并向评估专家组提交实地评估小结。

（5）开展多方访谈。实地考核结束后，评估方应尽快组织与购买方、合作单位、服务对象等利益相关者会议，了解各方主体对社工站项目的具体评价。

（6）组织集中汇报。评估方应在多方访谈结束后5个工作日内，组织评估专家听取驻站社工或项目承接方的项目汇报，并给出专家评分。

（7）公示评估结果。评估方应当对评估结果进行公示，公示期不少于7个工作日。公示期间，如收到对评估结果的质疑或投诉，应当及时按有关规定处理，并将处理意见报送购买方或主管单位。

（8）评估反馈与项目整改。如被评估方在公示期内无异议，评估方应向被评估方反馈评估结果和评估报告，并向购买方出具正式评估报告。针对评估方反馈的问题，被评估方要积极整改，并向购买方报送整改报告。

按照《Y省社会工作服务站项目评估办法》的规定，"每个服务年度原则上应当对社工站项目进行中期、末期两次评估，中期侧重专业服务评估，末期侧重专业服务评估和财务评估。连续开展3年以上站点可每年进行一次末期评估"。但在实际执行过程中，X市社会工作协会选择性地忽略了某些评估流程以节省评估成本，其实也反映出第三方评估机构作为一个法人组织是追求"合理性"的。这种过度强调"效益"的"合理性"如果得不到约束，极有可能导致第三方评估偏差问题的产生。

| 第三章 |

政府购买社工服务项目中的多元主体

在前文中，本书已经将所使用的理论工具、X市政府购买社工服务项目与第三方评估项目概况，以及第三方评估机构的基本情况做了详细阐述，从而为后文的案例分析打好了基础。但是，要想了解政府购买社工服务项目及第三方评估项目的全貌，还必须深刻地了解所有"局中人"，即参与政府购买社工服务项目的所有利益相关者主体。这些"局中人"有着不同的身份、不同的价值观念、不同的利益诉求，自然会采取不同的理性抉择和行动策略，并扮演着不同的行动角色，由此形成了政府购买社工服务项目的独特格局——差序互动格局。

第一节　政府购买社工服务项目中的多元主体互动

政府购买社工服务项目已经成为中国社会工作发展的重要运作模式之一，其在一定程度上重构了参与主体的角色和互动情境。多元利益相关者主体在互动情境中已经有较为清晰的角色定位，形成了基于服务对象疏离程度的层级分布关系和差序互动格局。

一　政府购买社工服务项目中的多元主体互动研究

随着政府购买社工服务项目的快速发展，学术界对政府购买社工服务这一新型政社合作模式的研究也呈与日俱增之势。按照利益相关者主体的数量及其互动关系来划分，可以将已有研究大致分为二元主体互动视角、三元主体互动视角、四元及更多元主体互动视角等三种主要类型。

　　二元主体互动视角主要探究政府部门与社工机构、政府部门与第三方评估机构、专业社工与街道办事处、家庭综合服务中心与街道办事处、社工与服务对象等二元利益相关者之间的互动关系。例如，郑广怀等认为，政府购买社工服务带来了"家政式"国家-社会关系的可能性，社工机构有可能沦为向基层政府机构提供人力支援的劳务派遣公司。① 顾江霞指出，由于政府部门和第三方评估机构都有同时追求自身经济利益和公共利益的二重性，双方有可能形成谋利型合作、失败型合作、脆弱型合作、开放式合作等合作关系。② 朱健刚等发现，专业社工以政府购买服务的形式被吸纳到街道的权力网络后，产生了外部服务行政化、内部治理官僚化和专业建制化的问题。③ 白锐等认为，在政府购买服务初期，合法性约束强、资源约束弱、家庭综合服务中心与街道办呈现出疏离的政社关系；在后期，资源约束强、合法性约束弱、政社关系转变为嵌入；权力与控制的约束则贯穿全程，所以二者关系呈现出"疏离-嵌入"的状态。④ 童敏等认为，我国本土社会工作中社工和服务对象是"我找你"的关系，与西方"你找我"那种以需求为导向、抽离日常生活的"科学化"的普遍逻辑有很大的区别。⑤

　　三元主体互动视角主要分析政府部门、社工机构与服务对象，民政局、街道办和社工机构，政府部门、社工机构与社工协会等三元利益相关者主体之间的互动关系。例如，基于广州市近十年来购买社工服务的实践，丁瑜等发现购买方、承接方与服务使用者之间的关系不是上下分层的线性关系，而是三中心、多向、立体的轮状关系，是互相牵制、互相影响、互相促成的"共生共赢"的利益共同体关系。⑥ 基于"多层级政府"

① 郑广怀、张政：《社会工作机构何以向劳务公司转变——基于国家-社会关系的视角》，《广东社会科学》2021 年第 4 期。

② 顾江霞：《控制论视角下第三方评估机制分析——基于 H 市社区治理评估项目的案例研究》，《社会工作与管理》2017 年第 3 期。

③ 朱健刚、陈安娜：《嵌入中的专业社会工作与街区权力关系——对一个政府购买服务项目的个案分析》，《社会学研究》2013 年第 1 期。

④ 白锐、郑一凡：《疏离与嵌入：政府购买社会服务中的政社关系——以街道办事处与家庭综合服务中心为例》，《广州大学学报》（社会科学版）2018 年第 3 期。

⑤ 童敏、周燚：《从需求导向到问题导向：社会工作"中国道路"的专业合法性考察》，《社会工作》2019 年第 4 期。

⑥ 丁瑜、肖初：《从政府购买社工服务进程中的问题再思三元主体关系——以广州市为例》，《社会工作与管理》2017 年第 2 期。

维度，陈天祥等分析了民政局、街道办和社工机构三大主体在社会服务购买过程中的复杂关系模式，即正式的委托代理关系、动态演变的吸纳关系和合谋关系。① 笔者也曾指出，社会工作协会作为第三方评估机构开展评估业务时，有可能游离于政府部门和社工机构之间并扮演"和事佬"的角色，最终导致第三方评估失灵。②

四元及更多元主体互动视角研究目前还比较少，且相关研究多是以二元互动关系的简单累加来代替多元主体之间的互动结构，并没有很好地阐述多元主体之间的互动关系。例如，曹迪等认为，政府购买社会工作服务中涉及政府、社会工作机构、社会大众、第三方评估组织等四元主体；根据双主体间关系测度模型，社工机构在购买、服务、评估三层维度下与其他三个主体分别形成整合自主关系、自主式参与关系、建设式评估关系时，主体间关系可以达成良性运行。③ 朱志伟认为，完整的政府购买服务制度安排应该包括供给、生产、消费、监督、协助五个环节，相应的有服务供给者、生产者、消费者、监督者、协助者五类行为主体，并强调政府、社会组织、服务对象、第三方评估组织及志愿者在其中的作用。④ 王家合以合法性、权力性和紧迫性三种属性为标准，识别了用人单位、社工机构、地方政府、服务对象、志愿者、捐赠者、第三方评估机构、社工协会、媒体等九类利益相关者，但只分析了地方政府、用人单位、社工机构、服务对象等四类利益相关者的利益要求和利益冲突，而忽略了其他五类利益相关者的互动关系，且九类主体的划分多有不妥之处。⑤

综上所述，已有研究基于二元、三元、四元及更多元利益相关者主体之间的互动关系视角，运用新制度主义、控制论、委托代理理论、利益相关者理论等理论工具，提出了"家政式"国家-社会关系、"疏离-嵌入"

---

① 陈天祥、郑佳斯：《双重委托代理下的政社关系：政府购买社会服务的新解释框架》，《公共管理学报》2016 年第 3 期。

② 韩江风：《技术治理逻辑下社会工作评估的失灵与优化——以 T 市 W 街道社会工作评估项目为例》，《理论月刊》2019 年第 12 期。

③ 曹迪、张杰：《政府购买服务中社会工作机构主体性研究》，《沈阳工业大学学报》（社会科学版）2021 年第 4 期。

④ 朱志伟：《基于服务对象需求的政府购买服务机制研究——以制度变迁理论为分析视角》，《云南行政学院学报》2017 年第 4 期。

⑤ 王家合：《政府购买社会工作服务的利益相关者分析——基于利益"要求—冲突—协调"的框架》，《求索》2019 年第 1 期。

关系、利益二重性、双重委托代理、确定利益相关者等一些很有意义的概念或互动结构模型。但已有研究的不足之处在于：一方面，要么过度简化了社工服务项目实践场域中的利益相关者主体构成，要么在识别标准上有明显的偏差，进而偏离了政府购买社工服务项目的真实场域，导致主体构成的全面性和准确性受损；另一方面，由于对主体的简化或识别偏差，已有研究未能全面地梳理出利益相关者主体之间的互动结构，以及这种互动结构对社工服务项目的潜在影响。基于此，本研究试图厘清以下一些关键性的问题：在政府购买社工服务项目中，究竟有哪些利益相关者？这些利益相关者究竟扮演了怎样的角色，形成了怎样的互动结构？这种互动结构有益于提升社工服务项目的成效吗？

二　政府购买社工服务项目多元主体的互动情境

在政府购买社工服务项目中，行动主体并非以个体的形式来参与互动，而更多是以角色的形式来参与互动，并表现出明显的组织理性、角色规范和互动行为模式，由此形成了多元利益相关者主体间的"互动情境"。所谓"互动情境"，是从戈夫曼情境互动理论中延伸出的一个概念。戈夫曼所说的"情境"指的是一种整体性的空间环境，它是由在场的个体互相监视并共同维持的小型社会系统和社会实在，诸多亚群体在不同空间中可以实现多重情境性活动。[1] 互动是考虑到结构安排的一种表达，社会结构并未决定互动仪式的文化标准，只不过是帮助互动从可利用的指标系统中进行选择。[2] 戈夫曼情境互动理论本身是一种情境论与互动论之间的某种调和，其以互动为研究主题，以情境为研究单位，探讨的是情境互动而非符号互动问题。[3] 这种情境互动论既强调互动行动也强调社会结构，认为社会结构和人际互动之间并不存在"整齐平滑"的耦合，互动与结构、制度属性之间存在一种"松散耦合"关系。[4] 戈夫曼认为，互动情境和外部

① L. Schneider, and E. Goffman, "Behavior in Public Places: Notes on the Social Organization of Gatherings," *American Sociological Review* 3 (1964).

② 王晴锋：《情境互动论：戈夫曼社会学的理论范式》，《理论月刊》2019 年第 1 期。

③ 王晴锋：《戈夫曼与符号互动论：形似与神离》，《宁夏社会科学》2018 年第 2 期。

④ Erving Goffman, "The Interaction Order: American Sociological Association, 1982 Presidential Address," *American Sociological Review* 1 (1983).

社会结构之间存在一层"互动膜",这层薄膜一方面起到"膜滤器"的作用,能够选择性地过滤掉某些干扰互动参与者的外部社会属性;另一方面它又起到"保护器"的作用,其作为互动的边界和屏障使得互动过程得以延续,并避免内部互动系统之间产生冲突。[1] 情境、结构和属性可以在互动膜的筛选和阻隔作用下向个体渗透,并对其进行塑造、规训与控制。[2]

基于戈夫曼的情境互动理论,本书架构了行动主体与互动情境之间的互构模型(见图 3-1),借以研究政府购买社工服务项目中多元利益相关者主体的角色扮演过程及其互动结构。在此模型中,行动主体通过角色扮演建构了互动情境,互动情境又会反过来规训和制约行动主体的行为。但是,互动情境并非完全由行动主体建构,还存在先验的外部结构要素,这些外部结构要素在对互动膜的渗透过程中,协助建构了互动情境的初级框架。因此,互动情境既为结构要素所预先确定,同时又是一种进行过程中的主体间建构,行动主体也具备塑造互动情境的自主性。[3] 以教学互动情境为例,行动者通过扮演老师角色或学生角色共同建构了教学互动情境,而这一情境反过来又限定了老师和学生的行为规范。例如,老师不能在授课过程中打电话、中途离场,学生不能喧哗、干扰课堂秩序等都是教学互动情境对角色行为的规训和制约。但是,教学互动情境并不完全是由师生

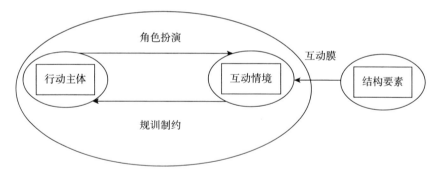

图 3-1 行动主体与互动情境之间的互构模型

① Milton Bloombaum, and E. Goffman, "Encounters: Two Studies in the Sociology of Interaction," *American Sociological Review* 3 (1962): 436.

② 王晴锋:《欧文·戈夫曼与情境互动论》,社会科学文献出版社,2019,第 75 页。

③ David Diehl, and Daniel McFarland, "Toward a Historyical Sociology of Social Situations," *American Journal of Sociology* 6 (2010): 1746.

角色互动形成的，其还存在一些先验性的客观条件，例如教室空间、桌椅板凳、黑板、投影仪等这些自然环境因素，以及尊师重道、校规校纪等社会规则因素。也就是说，教学互动情境的形成，还受到自然要素和社会规则要素等外部结构要素的影响。

三　政府购买社工服务项目中多元主体的构成

以往研究多以静态化的视角从横切面观察政府购买社工服务项目中的利益相关者主体，主体识别的随意性较强，致使识别出的主体构成多有疏漏。实际上，如果按照项目准备阶段、项目执行阶段、项目验收阶段的动态时间顺序来考虑，X 市 B 区 2020 年政府购买社工服务项目中一共出现了政府部门、招标公司、社工机构、项目社工、项目督导、社区居（村）委会、乡镇（街道）、社区社会组织及志愿者、服务对象、评估机构、评估专家、会计公司等十二类利益相关者主体。

（一）项目准备阶段的行动主体

为满足 X 市 B 区居民多层次多元化的公共服务需求，X 市 B 区民政局委托 L 有限公司于 2020 年 12 月初进行了项目公开招标，涉及一线社工服务项目 240 万元，以及第三方评估项目 15 万元，共计 255 万元，L 有限公司收取招标服务费 10800 元。第一次招标时，三家第三方评估机构都未满足评估专业资质要求而导致流标。第二次招标时，L 有限公司又单独向中标的第三方评估机构 X 市社会工作协会收取了专家评审费和中标服务费数千元。2020 年 12 月底，L 有限公司公布了中标结果，共有 12 家社工机构的 16 个社工服务项目以及 X 市社会工作协会的第三方评估项目中标。至此，作为购买方的 B 区民政局，收取费用的 L 有限公司，以及获得政府购买服务项目的社工机构和评估机构均登场。在项目准备阶段，政府部门和招标公司，尤其是招标公司发挥了重要的枢纽作用，是主要的角色扮演者。需要指出的是，本书中的政府部门，特指作为购买方的政府部门。

（二）项目执行阶段的行动主体

在项目中标结果公布后，社工机构开始调配或招募社工到各个项目点开展专业服务。在此过程中，乡镇（街道）、社区居（村）委会在办公场所配置、寻找服务对象、协调社工等方面发挥了很大的作用。与此同时，项目社工也在项目内外部督导的指导下，开始利用项目的内外部社会资源，尤其是社区社会组织和志愿者资源，寻找服务对象的需求点和专业服务项目的突破点。因此，在项目执行阶段，项目社工、项目督导、社区居（村）委会、乡镇（街道）、社区社会组织及志愿者、服务对象等开始参与到社工项目中来。在这一阶段，项目社工是主要的角色扮演者，同时也是联动各个利益相关者主体的重要枢纽。

（三）项目验收阶段的行动主体

2021年6月，X市B区2020年度政府购买社工服务项目进行了第一次中期评估。X市社会工作协会作为评估机构，成立了专项评估小组，并采用评估小组实地考核评估和专家集中会议评估相结合的方式，对各个社工服务项目进行了综合评估。专项评估小组由3位高校教师、1位专业会计和评估机构工作人员组成。高校教师在此时以评估专家的身份进入了社工服务项目，会计公司也以出具财务评审意见、财务评估报告等形式发挥了作用。在这一阶段，第三方评估机构是主要的"唱戏者"，发挥着联动各方的枢纽作用。

第二节　政府购买社工服务项目中
多元主体的角色扮演

通过对B区社工服务项目开展过程的分析，可以发现共有十二个利益相关者参与到了政府购买社工服务项目中。那么，这十二类主体在政府购买社工服务项目中究竟扮演了什么样的角色？需要指出的是，本研究关注的是组织角色而非个体角色，探讨的是组织理性而非个体理性。组织角色理论认为，如果将整个社会视为一个大系统，那么每个组织同样可以被认为是系统中的一个角色。因此，组织的发展也会与个人的发展呈现类似的特征，并在与其他主体的互动中，逐渐建构出自身的社会角色。[①] 就B区社工服务项目而言，仍可以从发展过程阶段来分析各个利益相关者主体扮演的角色（见表3-1）。

---

① 丁水山、张绪山：《社会角色论》，上海社会科学院出版社，1992，第18页。

表 3-1　X 市 B 区政府购买社工服务项目中的十二类行动主体及其角色扮演

项目开展过程	利益相关者主体	角色扮演
项目准备阶段	B 区民政局（政府部门）	强势的管理者
	L 有限公司（招标公司）	公开的谋利者
	社工机构（12 家社工机构）	卑微的支持者
	评估机构（X 市社工协会）	机灵的协调者
项目执行阶段	乡镇（街道）	旁观的配合者
	社区居（村）委会	自私的合作者
	项目督导	无力的指导者
	社区社会组织及志愿者	无私的奉献者
	项目社工	迷茫的服务者
	服务对象	失语的受益者
项目验收阶段	评估专家	临时的表演者
	会计公司	虚假的证明者

一　项目准备阶段的角色扮演

项目准备阶段的主要行动主体是作为购买方的 B 区民政局，以及作为招标公司的 L 有限公司，社工机构和评估机构的主体性在此阶段体现得尚不明显。因此，首先分析 B 区民政局和 L 有限公司扮演的角色。就 B 区民政局而言，其是政府购买社工服务项目的资源提供者，是项目的发起者。但更重要的是，由于占据着资源、权力和政治优势，其实际上扮演着放责而不放权的强势管理者角色。

例如，评估机构的负责人 XHZ 曾表示：

> 很多情况下，第三方评估实质上还是要听购买方的意见，并不是完全意义上的独立第三方评估机构。（XHZ，X 市社工协会会长，2020041401）

目前 X 市政府购买社工服务项目在招投标环节也出现了一些不规范的问题。近些年来，随着政府购买社工服务项目资金的不断增加，社工机构陪标、围标，招标公司走形式、额外收费，评标专家不遵守回避规则等问题时有发生。招标公司难以被有效监管似乎是一个重要的原因。

二 项目执行阶段的角色扮演

项目社工是政府购买社工服务项目中最直接的产出者，其通过提供服务把政府购买社工服务的公共资金以及其他社会资源传递给服务对象，从而增进服务对象的福祉。但令其迷茫困惑的是，项目社工既要接受政府部门的指示、街道办和社区居委会的要求，还要接受社工机构和项目督导的指导、评估机构和评估专家的建议。项目社工似乎在多头领导和指导之下而无所适从，从而成为"迷茫的服务者"。

> 按照项目社工的话来说就是"社区想做的，很多不是社工能力范围内的。社工想做的，居民想要的，大多还不是社区支持的"。（S02，一线社工，A-S02-2020042601）

以项目社工为枢纽，乡镇（街道）、社区居（村）委会、社工机构、项目督导、社区社会组织及志愿者、服务对象也都在互动中呈现出明显的组织理性和角色行为模式。首先，乡镇（街道）由于不直接接触项目社工，很多时候持旁观者立场。

例如，在某次项目评估时，评估专员寻求社区居委会主任的评价，社区居委会主任踢皮球给街道办主任，街道办主任的答复是：

> 他们都是局里购买的社工岗位，咱们管不了社工走还是留，走或留社区说了都不算，你们看着差不多打分就行了，配合工作就行。（M01，某街道办主任，C-M01-202004070201）

社区居（村）委会给予了项目社工很多有利的工作条件和其他帮助，但社区的帮助并不是无条件的，很多时候社区也有自己的利益诉求。例如，社区会要求项目社工从事一些行政工作，以减轻自身的工作压力。

某社区党组织书记曾说：

这几个社工在社区两年了，承担了很多工作，缓解了我们居委会很多压力，使我们能集中精力做其他事情，例如文明社区创建等。如果他们调走了，我们人手会严重不足，很多工作都没人干了。（M02，某社区书记，C-M02-2021042901）

笔者在调研中发现，如果项目社工执着于专业服务而疏忽社区的行政工作，社区居（村）委会可能会以社工不配合工作为由，不提供办公场所、断水电、提供老旧办公设备，甚至将社工踢出居民微信群并阻止社工进入社区。

在官方机构和半官方机构都因自身诉求而对项目社工施加压力时，社工机构和项目督导能否分担压力，并给予项目社工有效支持呢？一些学者指出，部分社工机构在市场化思维下蜕变为营利性组织，通过"财务运作""税费减免""公益捐赠"等手段"获利"，最终与服务弱势群体的社会工作专业价值渐行渐远；在"政府-社会"的二元框架下，政府只是将社会工作视为"技术性"的专业力量，并主导着资源配置和政策支持。[①]笔者在调研中也发现，确实有部分社工机构通过不缴或少缴五险一金、低价雇用临时工和实习生、财务资料造假等方式来压低运营成本，但这些做法的本质原因可能还是项目经费短缺。

就项目督导来说，一般分为内部督导和外部督导，内部督导往往由社工机构中高层兼任，外部督导多由高校学者兼任。按照 X 市 B 区的政府购买服务文件，督导经费一般要占到项目经费的 3%~4%。因此，督导同样是利益相关者，不能将督导排除在利益相关者群体之外。但是，由于督导以每月 1~2 次的谈话督导为主，其实际效果往往并不尽如人意。借助第三方评估的机会，笔者整理了 X 市多个项目社工对督导的总体评价，基本上是：督导频次少、时间不固定、时间不合理、回应不及时、督导不下社区、与社区协调不足、不了解项目详情、形式单一、实际技巧教授少、解决实际问题的能力有限，等等。一方面，社工督导很难说尽到了责任；另一方面，由于督导无权、无钱，且缺乏影响力，其只能提供建议，并不能

---

① 冯元、高菲：《专业性、政治性与社会性耦合：民办社会工作机构高质量发展的基点》，《社会与公益》2019 年第 12 期。

直接推动各方行动。因此，督导很多时候只是一个无力的指导者。

社区社会组织及志愿者群体是项目社工可以平等交流并获得无私帮助的重要支持主体。可以认为，社区社会组织及志愿者群体扮演了无私奉献者的角色。项目执行阶段还涉及一个非常重要但近乎失语的直接受益者群体，即服务对象群体。一般来说，政府购买社工服务项目的初衷是满足服务对象的需求，增进服务对象的福祉。但遗憾的是，服务对象似乎一开始就是失语的，其需求往往是被其他主体所界定的，且不说一线项目社工有多少真正掌握了科学、规范、合理的需求评估方法，即使服务对象需求真的被精准地找到了，恐怕也很难被有效满足。例如，在 X 市 B 区 2020 年政府购买社会福利院社工服务项目中，服务对象最想出院走走看看，更多融入社会，项目社工也想在这方面做更多努力，但是，社会福利院领导以"不安全，不方便管理"等理由予以拒绝。项目社工希望建立爱心手工服务子项目，帮助福利院服务对象售卖手工产品赚取零花钱，社会福利院领导以资金不好处置、不接受市场资金等理由予以驳回。项目社工希望通过抖音等新媒体传播服务对象的积极生活态度，社会福利院领导以保密为由，不允许对外宣传。

三 项目验收阶段的角色扮演

一方面，委托方的强行政控制导致了第三方评估机构的伪独立，被评估方的逆向主导导致了第三方评估机构的伪专业，"两面夹击"导致了第三方评估结果的伪客观。[①] 另一方面，由于复杂互动关系的存在，评估机构也很少会给社工机构不合格的评分。例如，某区社工服务项目末期评估时，评估机构发现某个项目社工的学位证书、学历证书和社工本人不对应，属于严重的人证不符事件，但后期经过多方协调，社工机构提出是换人未报备，评估方也没有深究。

在 X 市社会工作协会承接的第三方评估项目中，多是以临时招聘的方式雇用高校学者和资深社工担任评估专家。但客观地说，专家评估的弊端不可忽视，其最大的症结在于评估专家往往处于"不在场"的状态。一方

---

① 葛忠明：《从专业化到专业主义：中国社会工作专业发展中的一个潜在问题》，《社会科学》2015 年第 4 期。

面，由于时间的限制，评估专家们很难做出全面、准确的评价。

> 我感觉自己的意见不能被完全视作最终的评估结果，一来评估的时间有限，通常只有半天或一天，平均到每个项目只有十几分钟。时间短，与项目、购买方、服务承接方的接触有限，评估意见也具有片面性。（E01，高校学者兼评估专家，A-E01-2019112501）

另一方面，评估专家也是活生生的人，其既有对成本和收益的经济考量，也存在被熟人关系和权力关系俘获的可能性。或者说，作为执行主体的评估机构具有压缩评估成本的经济理性，而评估专家同样有谋取权力、声望和收入的自利动机。[①] 由此来看，外部评估专家一方面很难做出全面、准确的评价，另一方面更多是以临时性的角色来参与社工服务项目。

政府购买社工服务项目涉及的最后一类主体是会计公司，主要负责监督和审核项目财务规范问题。但问题在于，会计公司一定可信吗？笔者在调研中发现，会计师审核财务并不一定是客观可信的。登记管理部门和业务主管部门中能看懂财务审计报告的工作人员并不多，财务出身的工作人员更是比较稀缺，而且会计公司为了招揽业务，对于审计材料中发现的问题轻描淡写或不予披露的行为也时有发生，而相关监管部门缺乏有效的手段来限制财务人员的违法行为，致使个别机构有可能会提供虚假材料。[②]

第三节　社工服务项目中多元主体的差序互动格局

在政府购买社工服务项目中，至少有十二类主体参与其中，并扮演了不同的角色。那么，这些利益相关者主体究竟是如何互动的呢？为了能够从整体上分析多元利益相关者主体之间的互动结构，进而避免以两两互动分析代替多元互动分析的弊端，笔者架构了多元利益相关者主体的差序互动格局（见图3-2）。具体来说，本书中的差序互动格局是指，在政府购

---

① 郑佳斯、卜熙：《失效的第三方：组织自利性下的社会组织评估》，《华南师范大学学报》（社会科学版）2020年第5期。
② 王先明：《从财务的角度浅谈社会组织年检》，《社团管理研究》2011年第10期。

买社工服务项目中，基于和服务对象的疏离程度，多元利益相关者主体由近到远分布在对象层、服务层、支持层、管理层、配合层五大层级内，进而形成了服务、支持、管理、配合的层级外部互动关系，以及合作、妥协、吸纳、管理、指导、各司其职等多种层级内部互动关系。

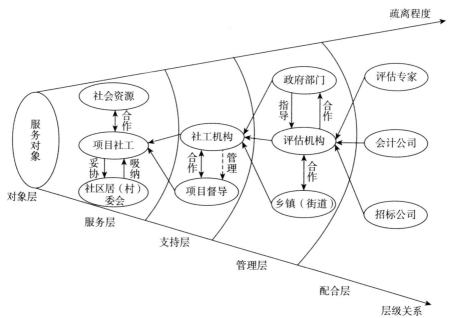

图 3-2　多元利益相关者主体的差序互动格局

一　多元主体的差序互动格局

费孝通曾指出，中国乡土社会的基层结构是一种"差序格局"，好比把一块石头丢到水面上所发生的一圈圈推出去的波纹，一圈一圈推出去，愈推愈远，也愈推愈薄；差序格局利用亲属的伦常次序去组织社群，经营各种事业。[①] 乔东平等认为，以亲疏关系为标准，我国政府与社会组织的关系也呈现一种强伴生模式、伴生模式、弱伴生模式、无伴生模式的亲疏差序格局。[②] 如果以服务对象作为互动的起点，以疏离服务对象的程度为

---

① 费孝通：《乡土中国》，人民出版社，2008，第 25~50 页。
② 乔东平、高克祥：《政府与社会组织的合作：模式、机制和策略》，华夏出版社，2015，第 117~118 页。

标准，似乎也可以得到一种类似的差序互动格局。在这种差序互动格局中，离服务对象越近，疏离程度越低；离服务对象越远，疏离程度越高。这里的疏离，是指个人与个人或个人与群体低水平的整合，甚至是高度的隔离。[①] 具体来说，研究发现多元利益相关者主体在互动情境中已经形成了较为清晰的角色定位，以及基于服务对象疏离程度的层级分布关系和差序互动格局。从层级外部互动关系来看，十二类利益相关者主体分布在对象层、服务层、支持层、管理层、配合层五大层级内。从层级内部互动关系来看，多元利益相关者主体形成了合作、妥协、吸纳、管理、指导、各司其职等多种内部互动关系。多元利益相关者主体在差序互动格局影响下，逐渐形成了松散疏离型合作关系，进而有可能会违背政府购买服务的初衷。

（一）多元主体的层级分布

政府购买社工服务项目的最终目的和意义在于满足服务对象的需求，增进服务对象的福祉。因此，理论上服务对象是政府购买社工服务项目中的最优先主体，是首先应当考虑的行动主体。据此，可以将服务对象作为分析多元利益相关者主体互动结构的起点，借以剖析其他主体的行动模式。以服务对象为起点，研究发现，十二类行动主体表现出明显的分层效应，即显著地分布在不同的分层区间内。首先，距离服务对象最近的是项目社工、社区居（村）委会、社区社会组织及志愿者群体（社会资源）。这三类主体可以直接接触服务对象，并提供相关服务，属于服务层。其次，社工机构和项目督导作为项目社工的后方支持者，并不直接接触服务对象，但可以通过发放薪酬、培训、指导等方式给予社工支持和鼓励，可以归为支持层。再次，作为购买方的政府部门、评估机构，以及乡镇（街道）与服务对象的疏离程度要比支持层更高，这三类主体更多是发挥监督管理者的作用，而非服务或支持类作用。最后，评估专家、会计公司、招标公司等协助配合类主体并不以满足服务对象需求为主要工作任务，更多是面向购买方或评估机构来完成自身职责，总体上处于距离服务对象最远的配合层。由此，本研究发现十二类主体显著地分布在对象层、服务层、

---

① Robert C. Ankony, and Thomas M. Kelley, "The Impact of Perceived Alienation on Police Officers' Sense of Mastery and Subsequent Motivation for Proactive Enforcement," *Policing* 2 (1999).

支持层、管理层、配合层五大层级内，并以服务对象为互动起点，形成五层次的差序互动格局（见图3-2）。

（二）层级内部的差序互动关系

服务、支持、管理、配合是五大层级间互动的主要形式，但是，除了对象层以外，各个层级均有两个或三个互动主体，互动主体间又形成了层级内部的互动关系。首先，在服务层，有项目社工、社区社会组织及志愿者群体（社会资源）、社区居（村）委会三个行动主体。其中，项目社工和社区社会组织及志愿者群体主要是平等合作的互动关系，两者之间通常没有利益纠纷，共同致力于帮助服务对象。但社区居（村）委会与项目社工的关系则比较复杂。一方面，项目社工需要得到社区居（村）委会的支持才能更好地开展工作；另一方面，项目社工也有摆脱社区居（村）委会的行政控制并获得专业自主性的潜在动机。因此，项目社工实际上处于一种矛盾的、妥协式的互动中。对于社区居（村）委会来说，吸纳甚至同化项目社工为自己所用，往往是其最主要的行为动机。其次，在支持层，项目督导和社工机构基本上也是相互合作的关系。如果督导是机构的内部督导，两者之间也可能是管理与被管理的关系。再次，在管理层，政府部门具备指导评估机构和乡镇（街道）的能力和职责，而评估机构与乡镇（街道）之间多是合作关系。最后，在配合层，评估专家、会计公司、招标公司三大主体间互不统属、互不干涉，也未形成明显的直接合作关系，更多是在各司其职。由此，层级内部行动主体间的互动关系得以明晰。

（三）跨越层级的互动关系

由于十二类利益相关者主体显著地分布在对象层、服务层、支持层、管理层、配合层五大层级内，相应地，服务、支持、管理、配合也就成为外部层级间互动的基本形式。首先，项目社工、社区居（村）委员、社区社会组织及志愿者群体（社会资源）等服务层主体，以直接为服务对象提供专业服务为行动准则，其最终目的是提升服务对象的生活质量。其次，社工机构、项目督导等支持层主体以支持项目社工开展工作为主要行动准则，其主要面向的对象是项目社工。再次，政府部门、评估机构、乡镇（街道）等管理层主体面向的主要对象是社工机构，其通过监督和管理社工机构来达成项目运行目标。最后，评估专家、会计公司、招标公司等配合层主体面向的主要对象是评估机构，其以配合评估机构的工作为主要的任务。由此，跨越层级的外部互动关系得以达成。

二 差序互动格局何以形成？

在政府购买社工服务项目中，十二类利益相关者主体为何会形成这种差序互动格局呢？从行动主体与其互动情境之间的互构模型来看，至少有两方面的因素促成了这种互动秩序。其一是利益相关者主体间的角色扮演过程促成了这种差序互动格局；其二是科层制的结构要素渗透进项目制的运作形式，进而奠定了差序互动格局的互动框架基础（见图3-3）。

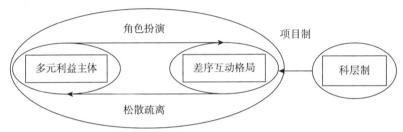

图3-3 政府购买社工服务项目中多元利益主体的差序互动格局

从政府购买社工服务项目的内部系统来看，多元利益相关者的角色扮演与互动过程直接促成了这种差序互动格局。正如戈夫曼所指出的，当行动者不同的活动被整合为一个整体，从而有意识或无意识地实现某种总体性目标时，便会出现一种社会秩序。但是，个体参与者会采用各种策略和诡计，其目的是在不违反规则的前提下满足他们的私欲，而这些私欲通常是被规则所禁止的。[①] 具体来说，差序互动格局的形成可能表现为以下过程。首先，系统因为某个总体性的目标而得以存在，这个总体性的目标促使所有利益相关者主体至少在表面上要朝总体目标前进。在政府购买社工服务项目中，无论疏离服务对象的程度有多高，增进服务对象福祉都是各个行动主体的目标之一。其次，在总体性目标的指引下，各个行动主体主动找寻自身的角色定位。但是，由于权力、资源、社会地位的不对等，各个行动主体间形成了明显不对等的互动关系。如果以距离某个主体的疏离

---

① Erving Goffman, Communication Conduct in an Island Community, Ph. D. diss., University of Chicago, 1953.

程度为标准，这些行动主体还体现出明显的层级分布关系。最后，各个行动主体之间形成了制度化的合作，并对彼此之间的职责进行了清楚界定，且在各自范围内与其他主体达成了角色互动。

行动主体的角色互动是构成差序互动格局的内部条件，但根据行动主体与互动情境的互构模型来看，必然存在一些外部结构要素为互动情境提供了初级框架，而且外部结构要素和互动情境之间还存在一种发挥着渗透、转换和筛选作用的"互动膜"。这层薄膜结构涉及一套转换规则，它维持着互动情境与外部环境之间的独特选择关系，从而能够在互动系统内部恰当地处理各种外在的社会特征。[1] 笔者认为，在政府购买社工服务项目中，这种外部结构要素更多体现为社会的科层制体系，而项目制的运作模式则作为"互动膜"而存在。或者说，科层制要素通过项目制的筛选，架构了政府购买社工服务项目的互动情境。科层制最早由马克斯·韦伯提出，其认为科层制具有专门化、等级制、规则化、非人格化、技术化等特质，并具备严密性、合理性、稳定性和适用性等优势。[2] 项目制一般是指政府运作的一种特定形式，是在财政体制的常规分配渠道和规模之外进行资源配置的一种制度安排。[3] 项目制能够为单位制提供向各个领域扩散的技术手段，其具有临时性、目标导向、灵活性、创新性、激励性等特质。[4]当科层制穿过项目制向利益相关者主体的互动情境渗透时，一些科层制的结构要素得以保存，一些结构要素被排斥在外，还有一些科层制的结构要素和项目制混合，产生了一些新的结构要素，从而构成了差序互动格局的基本框架。例如，经过项目制的过滤，政府购买社工服务项目中仍然保留了科层制中的专业分工、等级权威、层级管理、程序公正、非人格化、技术化等核心要素，也在一定程度上规避了科层制的灵活性差、效率低下、创新性不足等体制僵化问题。但是，科层制中文牍主义、形式主义、信息不对称、等级链条过长等问题在政府购买社工服务项目中还或多或少地存在着。此

---

[1] Erving Goffman, "The Interaction Order: American Sociological Association, 1982 Presidential Address," *American Sociological Review* 1（1983）.

[2] 戴维·比瑟姆：《马克斯·韦伯与现代政治理论》，徐鸿宾等译，浙江人民出版社，1989，第 65 页。

[3] 周雪光：《项目制：一个"控制权"理论视角》，《开放时代》2015 年第 2 期。

[4] 苗大雷、王修晓：《项目制替代单位制了吗？——当代中国国家治理体制的比较研究》，《社会学评论》2021 年第 4 期。

外，科层制与项目制要素混合时，还有可能产生一种"科层为体，项目为用"的混合要素。[①] 由此，三年制或五年制社工项目、常设社工站项目等一些兼具科层制和项目制特征的新项目得以出现，也就不足为奇了。

三　差序互动格局与松散疏离型合作关系

戈夫曼认为，互动情境一旦形成，就会成为一种客观实在或社会事实，反过来又会作用于行动主体。[②] 笔者认为，差序互动格局形成以后，反过来又固化了行动主体之间的互动模式，并在行动主体之间达成了一种松散疏离型的合作关系。这种松散疏离型的合作关系具备三个明显的特征。其一，各个行动主体在一个总体性目标框架内行动，但这个总体目标对各个行动主体的约束程度是迥异的，整合程度是松散的。例如，在政府购买社工服务项目中，增进服务对象福祉是总体目标，但这一目标只对项目社工和社工机构具备较强的约束力，而对于政府部门、评估机构、评估专家等其他行动主体来说，这一总体目标并不具备约束力。其二，利益相关者主体各自为政、互不统属，彼此之间是疏离的。例如，评估专家、政府部门、评估机构与服务对象的疏离程度很高，而这些主体似乎能够判定服务对象的需求。招标公司可以决定哪家社工机构承担项目，但招标公司可能连"社工是干什么的"都不甚清楚。会计公司需要审核社工机构的财务情况，但对社工机构的财务不规范问题可能会选择"视而不见"。其三，部分行动主体将个体目标凌驾于总体目标之上，致使总体目标成为次要目标。

特纳和克罗米认为，当具有共同目标的参与者之间存在潜在的冲突时，角色的分化和安置就以高度制度化的方式组织起来，这样就可以尽可能减少摩擦和冲突并达到目标；如果角色以一种人们可以获得个人回报和满足的方式建构和分化，个体会计算他们的得与失，角色的组织也推动着他们这样做。[③] 在政府购买社工服务项目中，十二个利益相关者具有增进服务对象福祉的共同目标，同时也分别具有自己的利益诉求，这种利益诉

---

① 韩江风、韩恒、张明锁：《科层为体，项目为用：融合式社工站运行模式研究》，《社会建设》2023 年第 6 期。

② 王晴锋：《戈夫曼与符号互动论：形似与神离》，《宁夏社会科学》2018 年第 2 期。

③ R. Turner, and Paul Colomy, "Role Differentiation: Orienting Principles," *Advances in Group Processes* 5（1988）.

求通过角色分化和角色扮演的方式表现出来，进而构成了一种差序互动格局。差序互动格局的互动形式也受到外部科层制的结构要素以及项目制运作模式的双重影响，并体现出科层制和项目制的某些特征和弊端。从结构功能主义视角来看，这种差序互动格局的形成必然保证了系统良性运行。但是，这种差序互动格局反过来固化了多元利益相关者主体之间的互动行为，并形成了一种松散疏离型的合作关系。从某种程度上来说，这种松散疏离型的合作关系似乎有违政府购买服务的初衷，其过于强调维持系统运行，而忽视了系统目标的实现。

一般来说，政府购买服务的初衷至少包括节约财政投入、提高服务效率、激发社会组织活力等，但从政府购买社工服务项目来看，松散疏离型合作关系下的政府购买社工服务项目很难体现这些初衷。首先，近年来政府购买社工服务资金总额逐渐增长，但社工专业服务能力、项目服务效果、项目社会影响力却提升缓慢。由于处于松散疏离型的合作关系下，利益相关者主体可能会将自身利益置于总体利益之上。社工的服务对象可能是一部分"有闲有钱"群体，而非弱势群体。社工做的更多是锦上添花而非雪中送炭的事。社工所提供的服务或许志愿者也能做，或许由政府和社区直接提供相应服务也能满足普遍性的基本需求。从这一点来看，政府购买服务未必真的节约了政府资金。其次，在松散疏离型合作关系下，各个行动主体互不统属、各自为政，有时也会出现相互推诿扯皮，甚至矛盾对抗的内耗关系，进而难以形成"1+1>2"的整合效应。从这一层面来讲，政府购买社工服务并不必然提高了服务效率。在松散疏离型合作关系下，社会组织的"活力"似乎更多表现在降低成本、提高盈余方面，表现为一种工具理性下的"活力"，而非提高专业技能、增强服务社会能力方面的"活力"。这种松散疏离型合作关系的"活力"，有可能不是政府购买服务项目想要的"活力"。

客观上说，松散疏离型合作关系有转变为紧密团结型合作关系的必要性和可能性。所谓"紧密团结型合作关系"，是一种更加强调总体目标的优先性、扁平化互动关系，以及行动主体间协调联动机制的合作关系。为了达成这种紧密团结型的合作关系，首先，要强化总体目标的优先级，将增进服务对象福祉和提升社工服务项目成效作为考核所有利益相关者主体的最重要标准。为此，可能需要建立一种基于"去中心化、不可篡改、全程留痕、可以追溯、集体维护、公开透明"等区块链技术和理念的"社工服务成效评估动态监测平台"与相关机制，从而对所有利益相关者的表现施加外部评价和社会压力。其次，可以尝试减少互动层级的数量与简化结构，探索乡镇（街道）或社区直接购买社工服务项目或社工岗位，采取协同式督导和全过程跟踪评估等方式，在某种意义上都有助于优化互动结构和层级。最后，建立包括所有利益相关者主体的平等交流平台和机制，例如，定期召开利益相关者联席会议等方式，也有助于协调和构建多元利益相关者主体之间的良性协作关系。

第四节　第三方评估机构的互动关系

在 B 区社工服务第三方评估项目中，第三方评估机构 X 市社会工作协会主要扮演的是"机灵的协调者"角色，其试图尽快达成多元利益相关者的某些"共识"，以实现项目的顺利结束。但这种"共识"，并非古贝和林肯所主张的"充分尊重利益相关者的权利和意见"，也并非建构主义第四代评估所提倡的"通过谈判协商来不断弥合'利益相关者的主张、焦虑和争议'"。政府购买社工服务第三方评估项目中的这种"共识"，是一种形式上、程序上、规范上的共识，即项目管理、财务管理、服务指标、服务流程等方面必须"合规"，不能突破各方的"底线"。为了达成这一目标，作为"机灵的协调者"，第三方评估机构必须协调和配合其他主体完成整个项目评估过程。

一　与购买方的互动关系

由于对购买方权威和资源的依赖，评估方与购买方之间很难形成平等的互动关系，更多是扮演一种"助手"甚至"下属"的角色，而一旦这种关系实际上达成，对于购买方的诸多要求，评估方都不得不尽力完成。在 A 区社工服务评估项目中，A 区社会事业局就不止一次地提出过后补评估报告的要求：

A 区 2019 年 5 月末期评估结束后，发现有一个子项目忘记评估了。为了顺利完成评估项目，购买方要求评估机构根据社工自己写的自评报告再写一个评估报告即可，不再进行单独的实地考核和专家评估，评估成绩中等偏下即可。根据购买方的要求，社协只能将社工的自评报告稍做修改，以充当评估报告。（XXH，X 市社会工作协会评估项目社工，A-XHH-2019072801）

B 区 2020 年末期评估中，社区服务岗位社工在实地考核时未提供任何考核材料，专家评估时也未提交自评报告和 PPT，给出的原因是，疫情后社工被借调到区委宣传部了，6 个月内未开展任何专业服务。最后决定让该岗位社工补交相关材料，但是最后岗位社工只是提交了自评报告和 PPT，未提交其他任何佐证材料。但在购买方和用人单位的暗示下，评估方本着息事宁人的想法，按照综合评分 60 分给出了评估结果。（XLD，X 市社会工作协会评估项目社工，B-XLD-2020073101）

即使是在评估执行较好的 C 区评估项目中，第三方评估也很难避免类似窘境：

C 区非常重视社工服务项目方面的评估，但对于岗位社工却过于宽容。2020 年末期评估时，岗位社工既没有实地走访环节，也没有集中汇报环节。评估方只能对岗位社工的自评报告稍做修改，作为最终的评估结果。这些岗位社工大多设在购买方的各个科室里，做的都是些行政工作，没法汇报，也没有办法评估。（XZL，Z 市社会工作协会副秘书长，C-XZL-2020091502）

对于社工机构、一线社工、服务对象、社区合作方（用人单位）来说，这种后补材料的做法，很难说是科学的。以至于 A 区评估项目中有些项目社工因为不满 X 社会工作协会对某些岗位社工的偏袒，而向 X 市民政局提出了投诉。总体来看，在这些事件中，第三方评估机构并非一个完全公正的第三方。

二　与合作方的互动关系

一般来说，评估方和社区合作方（用人单位）之间没有直接的利害冲突，评估方只需要征求社区合作方对服务方的评价，社区合作方的评价并不会对评估方自身的利益造成影响。但在实际操作过程中，也会产生一些变数。特别是在以岗位形式购买的社工服务项目中，岗位社工表现得好坏实际上也关乎用人单位领导的"颜面"。再加上，如果岗位社工和用人单位领导的私人关系很好，用人单位领导一般会给出较高的评价，而评估方一般不会深究其中的关系，默认用人单位评价的合理性。例如，在 A 区的某些岗位社工评估中，评估方实际上遭受了一些用人单位的压力：

> A 区的岗位社工 ZP 做得不专业，按照专业评的话，肯定不及格。ZP 没做啥专业服务，就是做行政工作，但他和购买方的关系很好，和用人单位领导的关系更好，评估不仅能过，而且评分还比较高。（E02，高校学者兼评估专家，A-E02-2020072801）

A 区评估项目是三个研究案例中形式化最严重的评估项目，尤其是在岗位社工评估这一块，评估分数高低很多时候并不取决于社工的专业水平高低，更多时候在于岗位社工的行政工作做得多少，以及能不能得到用人单位的认可。从这一点来看，岗位社工的行政化程度要比项目制下的社工更严重。

三　与服务方的互动关系

就某个政府购买社工服务项目来说，评估方对服务方开展第三方评估，服务方处于被评估的弱势地位。但从长远角度来看，评估方和服务方之间的关系是非常复杂而多变的。就本书中作为评估方的 X 市社会工作协会和作为服务方的一线社工机构来说，首先，社工机构大多是 X 市社会工作协会的会员单位，每年都要缴纳一定金额的会费，这些会费也是 X 市社会工作协会的收入来源之一。其次，一些社工机构的法人代表还兼任 X 市社会工作协会的副会长、常务理事、理事、秘书长等职务，评估中夹杂着很多复杂关系。此外，X 市社会工作协会虽然承接了 X 市很多第三方评估项目，但这些项目每年都要重新招标，而作为投标方的 X 市社会工作协会需要一些合作伙伴。从长远角度来看，评估方和服务方之间存在很多复杂关系，基本上不会出现给服务方评估不及格的情况。

第四章

第三方评估的积极效用

虽然 X 市 A 区、B 区、C 区社工服务第三方评估项目依然存在一些问题，但相较于购买方评估、服务方自评等内部评估方式而言，第三方评估仍具有一些较为明显的优势，能够发挥一些积极效用。这种优势主要体现在规范项目管理、厘清项目定位、保障项目专业性、扩大项目影响力等方面。实际上，随着第三方评估的发展，个别发达地区的第三方评估已经开始强调事前评估、案例评估、服务对象口碑评估等更加全面的第三方评估方法，第三方评估本身也是一个不断发展和改进的过程。

第一节　规范项目管理

就本书中涉及的三个评估项目而言，经过第三方评估之后，三个社工服务项目的项目管理水平都明显提高，突出表现在规章制度体系建设、人员管理、档案管理、财务管理等四个方面。

首先，第三方评估要求社会工作服务项目必须建立完整的规章制度体系，具体包括场地管理制度、人员管理制度、档案管理制度、志愿者管理制度、服务运行流程和标准、过程管理制度、成效管理制度、资源管理制度、财务管理制度、风险管理制度等至少 10 个制度文件且有相关执行记录。在第三方评估机构 X 市社会工作协会的强调下，X 市 A 区、B 区、C 区均形成了本区域的社会工作服务项目制度汇编，建立了完备的社会工作服务制度体系。

其次，第三方评估对社会工作者从业资格、工作年限、年龄、学历、专业、继续教育等方面的强调，倒逼着社工机构不断提升社工人才素养，重视优秀社工人才的招募和培养。从 X 市 A 区、B 区、C 区的社会工作人才队伍建设情况来看，社工持证率均达到 60% 以上，人员流动率均保持在 30% 以下。高素质的社工人才和较低的人员流动率反映了社工机构人员管理水平的提升，对于提高社会工作服务站服务质量有着非常重要的积极影响。

再次，第三方评估直观地提升了社会工作者撰写和整理文书档案的能力，大幅度提升了项目整体的档案管理水平。购买方和评估方一直希望社工不仅要"会干"，还要"会写""会整理材料"，这就要求社工具备高水平的文书档案管理能力。正如评估项目社工 XXH 所说：

> 在实地考核中，我会逐项核查评估指标体系中的各项佐证材料。但有时项目社工或机构没有接受过评估，这时我就要扮演指导者的角色，帮助社工规范项目服务档案，使社工看起来更专业，使社工项目的档案管理看起来更规范。（XXH，X 市社会工作协会评估项目社工，A-XXH-2019111601）

最后，财务管理是第三方评估中非常重要的一个测量和评估维度，甚至关乎项目的"一票否决"。X 市 2018 年政府购买社工服务项目中，X 市 A 区、B 区、C 区均有部分服务方未实行《民间非营利组织会计制度》，导致部分项目未达到项目审计要求。经过第三方评估之后，三个区的所有服务方都严格参照《民间非营利组织会计制度》要求，建立了包括年度预决算、专项经费收支、财务审核、社工薪资管理等方面的财务管理制度。第三方评估对社工薪酬及时发放、社工薪酬占比、项目财务公开的要求，也在一定程度上保障了一线社工和社会大众的合法权益。

第二节　厘清项目定位

2020 年 11 月，Y 省民政厅印发《Y 省乡镇（街道）社会工作服务站项目实施方案》（以下简称《方案》），对乡镇（街道）社会工作服务站项目做出安排。该《方案》要求，"用 3 至 5 年时间，推进全省乡镇（街道）社工站全覆盖，实现一县（区）一中心，一乡镇（街道）一站点，每村（社区）都有社工服务"，并重点阐述了社会工作服务站主要聚焦于民政领域服务对象，开展五大服务领域的工作，分别是社会救助领域、养老服务领域、儿童福利领域、社区治理领域、社会事务领域。2021 年 1 月，X 市民政局印发《X 市乡镇（街道）社会工作服务站项目实施方案》，要求"2022 年，D 区、C 区应实现辖区所有乡镇（街道）社工站全覆盖"。为完成上级政府部门的要求，C 区社会事业局于 2021 年 8 月开始购买社会工作服务站项目，初步实现了乡镇（街道）社工站的全覆盖。

但是，Y 省民政厅和 X 市民政局关于社工站建设的总体方案设计是着眼于全省及全市的社会发展环境，与 C 区的实际情况并不完全符合。首先，C 区是 X 市的金融、科技、房地产、高等教育聚集区，属于省级政府规划的高新技术产业开发区，辖区内以高收入人群为主，而乡镇（街道）社会工作服务站主要聚焦于最低生活保障对象、特困人员、临时救助对象、流浪乞讨人员、孤儿、事实无人抚养儿童，以及按照政府购买服务资金使用方向确定的其他民政服务对象，这就造成 C 区部分乡镇（街道）或社区没有民政服务对象可以提供服务的尴尬问题。一直到 2023 年，C 区仍有一半以上的城市社区只有不到 10 人的民政服务对象，但同样要配置 4 名项目社工。其次，社会工作服务站的五大服务领域过于宏观，落实到基层一线之后社工该如何开展工作，也是一个非常重要的问题。例如，《方案》中规定社会工作服务站还要从事"宣传殡葬政策法规，引导文明节俭办丧事，提供丧葬需求咨询服务"，这同一般意义上的专业社会工作服务领域有着明显的不同。最后，C 区自 2018 年开始就购买大量社区党群服务中心项目，主要开展义诊、义剪、入户探访、儿童活动、节假日期间社区活动等社区便民服务。社区党群服务中心项目转型为社会工作服务站项目之后，原来的社区便民服务如何存续，同样是一个需要思考的问题。

考虑到上述种种因素，C 区社会事业局 2021 年购买的项目实际上是"民生基础服务与社会工作站服务项目"，这反而加剧了一线社工的"迷茫"。在最初的一年里，C 区购买方、服务方和一线社工实际上也不是特别清楚社会工作服务站到底该从事哪些具体服务，社会工作服务站项目和社区党群服务中心项目到底有哪些区别，以及如何处理民政服务对象较少的实际问题。

第一年开展社工站建设的时候，大家都不知道该怎么做。社会事业局和社工机构都不是很清楚实际的工作重心应该放在哪里，我们更不清楚到底应该做什么，怎么做。所以，只能参照原来社区党群服务中心的做法，完成合同里规定的探访次数、个案数量、小组数量以及社区活动数量，这些就成了我们唯一看得见的抓手。合同里规定了多少指标，我们就完成多少指标，完成了指标应该就不会出大问题。（S07，一线社工兼项目主管，C-S07-2022052701）

C区2021年度政府购买社会工作服务站项目中期评估时，购买方、服务方和一线社工重点描述了上述问题，并希望评估方能给出明确的回复和指导。出于监督核查和以评促建的使命需要，评估方也必须先搞清楚社会工作服务站的项目定位和具体执行策略问题。据此，作为第三方评估机构的X市社会工作协会充分发挥自身背靠XZ大学，以及作为行业协会的优势，组织了多次省内外专家学者、优秀社工的座谈会，最终帮助C区量身定做了一套社会工作服务站实施方案和服务方法，进而解决了C区社会工作服务站项目的定位不明问题。

在第三方评估机构X市社会工作协会的帮助下，C区形成了"党建引领、政府主导、机构支持、项目运作、督导培训、专业评估"的社会工作服务站特色运行模式。具体来说，C区结合自身的区域特点，厘清了社会工作服务站项目的发展定位：以社会公正为维度、以满足民生服务需求为目标、以社区动员与组织培育为路径，推动社区治理服务创新。C区社会工作服务站建设总体上采用了"县区—社区"的扁平化组织架构，构建了以社工站站长和驻站社工为服务核心，专业督导为专业支撑，社区工作人员以及本区域招募和培育的社区社会组织骨干、社区志愿者为有机补充力量的专业服务团队。根据民政服务对象数量的不同，C区各个社区社工站可以选用"民政服务对象+老年人+儿童+特殊人群（根据社区情况自主确定，妇女、青年、残疾人等）+一般社区居民"（适用于民政服务对象较少的社区），"民政基础服务+社区便民服务+社区治理项目+特色服务项目"（适用于民政服务对象数量中等的社区），"民政服务+志愿服务+特色项目服务"（适用于民政服务对象较多的社区）等多种项目运行逻辑。通过第三方评估机构 X 市社会工作协会的帮助，C 区社会工作服务站项目顺利厘清了项目定位及运行架构。

第三节　保障项目专业性

社会工作服务的行政化问题自中国社会工作重建之初就一直存在，甚至有学者专门提出过"行政性社会工作"的概念。例如，王思斌教授认为，我国在计划经济时期形成了一种基于革命集体主义的、精神激励和物质激励相结合的助人模式。改革开放后，这种行政性的、非专业的助人模式依托于居（村）委会、群团组织、企事业单位等具有官方背景的社会组织仍继续存在，并在解决居民日常生活困难的过程中，继续发挥着重要的作用。[1] 20 世纪 80 年代后，专业社会工作得以重建，并在中央政府和专家学者的积极倡导下，取得了显著的进步，涌现了"民政模式""嵌入式发展""三社联动"等一些出色的理论和实践成果。由此，中国出现了传统的行政社会工作和现代的专业社会工作并存却难以良好合作的局面。一方面，行政社会工作因为管理体制变革和社会转型而变得日益被动和低效；另一方面，专业社会工作因为介入合法性不足、资源获取困难、社会认同度不高、专业化水平低等问题，未能发挥出政府和学界期望的作用。专业社会工作与行政社会工作在融合中还出现了悬浮式发展（难以在社区落地并提供有效服务）、趋同化发展（日趋行政化而近似于行政社会工作）、依附型嵌入（依赖行政体制而难以发挥专业优势）等机制性问题。[2]

2020 年，社会工作服务站项目在全国广泛推广之后，社会工作服务的行政化问题再次凸显出来。从行政工作与专业服务的关系来看，各地似乎出现了行政性社工站、专业性社工站，以及行政与专业融合发展的社工站三种运作模式。也有学者将上述三种模式称为"内嵌式""下沉式""桥接式"运作模式。[3] 所谓行政性社工站，主要是指社工站成立的初衷以及

---

① 葛道顺：《社会工作制度建构：内涵、设置与嵌入》，《学习与实践》2012 年第 10 期。
② 徐选国、杨絮：《农村社区发展、社会工作介入与整合性治理——兼论我国农村社会工作的范式转向》，《华东理工大学学报》（社会科学版）2016 年第 5 期。
③ 龙欢者：《乡镇（街道）社工站参与基层社会治理的三重路径——基于湖南的实践》，《中国社会工作》2022 年第 13 期。

主要的工作重心集中在行政事务领域，对于社工专业服务的重视度不高。例如，湖南"禾计划"1.0版本的主要任务在于补充人手，厘清情况数据，打造基层民政经办平台，其偏向于外向性的行政推动，主要工作重心在于缓解基层民政工作中人手和精力不足的问题。[①] 与行政性社工站相对应的是专业性社工站，即面向低保、特困、临时救助、流浪乞讨、困境儿童等民政服务对象，提供社会救助、养老服务、儿童福利、社区治理、社会事务等专业社工服务的社工站。早在2001年，浦东新区社会工作者协会就成立过多种形式的专业性社工站，在社工人才培育、弱势群体服务、医务社工、学校社工等服务领域开展了专业服务实践。[②] 一直到云南连心发展型社会工作模式[③]社区为本的整合社会工作（绿耕经验）[④]、广东"双百工程"[⑤]，基本上明确了专业性社工站在社工站发展方向上的主流地位。但是，如果从社工站的实际运作情况来看，大多数社工站实际上仍处于一种行政性与专业性融合发展的社工站运作模式之中。例如湖南"禾计划"的2.0版本要求整合民政资源、发展专业服务，打造基层民政服务平台，其定位在于行政向专业的过渡演化。[⑥] 又比如，广东"双百工程"按照"经办在乡镇（街道）、服务在村（居）"的原则统筹设置事务性和服务性岗位，福建三明市"1+1"模式[⑦]等，实际上都采用的是这种行政与专业的融合式运作模式。然而，这种融合本质上仍是一种低水平的、不平衡的融合，是以不对等承认和不平等地位为基础的融合。

　　就 X 市 A 区、B 区、C 区政府购买社工服务项目而言，一线社会工作

① 徐蕴、姜波、王瑞鸿、孙洁：《社工站建设之地方实践（三）湖南"禾计划"：如何实现从1.0到3.0版本的进阶》，《中国社会工作》2021年第4期。

② 马伊里：《专业社会工作在社区建设中的实践与探索》，《社会转型与社区发展——社区建设研讨会论文集》，2001。

③ 向荣、陆德泉：《"流行社工"路——云南连心本土社会工作实践》，社会科学文献出版社，2018。

④ 张和清、杨锡聪：《社区为本的整合社会工作实践——理论、实务与绿耕经验》，社会科学文献出版社，2016。

⑤ 张和清、廖其能：《从群众中来 到群众中去——"双百"社会工作概论》，中国社会出版社，2021。

⑥ 徐蕴、姜波、王瑞鸿、孙洁：《社工站建设之地方实践（三）湖南"禾计划"：如何实现从1.0到3.0版本的进阶》，《中国社会工作》2021年第4期。

⑦ 曾永生：《定方向 建网络 抓管理——福建省三明市镇（街）社工站建设探索》，《中国社会工作》2021年第21期。

者仍需要承担大量的行政工作任务，有时会严重影响专业服务的开展。

A区一线社工S02指出：

> 我们社工站缺乏办公场地，和民政以及统战、工会、财务、宗教等其他部门一起挤在一个办公室，不可避免地要承担一些资料报表、摸底排查、监督核查、疫情防控等行政工作。只能在完成政府安排的工作的基础之上，才能抽出时间到村居去做一些民政服务对象探访和志愿服务。（S02，一线社工，A-S02-2021031701）

另一方面，社会工作服务站开展的一些"专业服务"，可能只是变相的行政工作。例如，除了民政服务对象探访建档，A区社会工作服务站在需求调研、志愿者建设、资源链接等方面实际上也保留了较重的行政化色彩。明面上执行需求调研，实际上数据参照的是原有的业务报表；表面上建立了志愿者队伍，实际上是村委会成员或居民"冒名顶替"；看似进行了资源链接，实际上只是参与了派发任务，资源还是政府部门安排的。这些"专业技术"的做法，实际上只是运用了社会工作的专业名词，却并没有改变以往行政工作的本质。

> 为了更好地关怀民政服务对象，A区学习其他先进地区和社工机构的经验制作了统一的《民政服务对象探访表》，并初步完成了全区民政服务对象的探访工作。但是，这种"探访"只是假借了社会工作探访的形式和说法，实际上并没有落实"以人为本""需求导向""助人自助"的社会工作专业理念。其突出表现就是，采用"季度探访档案""一人一表"的行政化方式来刻板地完成探访任务。社工对绝大多数服务对象仅进行了一次探访，且多为电话探访，二次探访几乎没有。而且，探访表上的信息以性别、年龄、住址等基本信息为主，对服务对象的需求、人际关系、生活环境等内容重视不够。长此以往下去，社工的民政服务对象探访建档工作，将和传统的民政部门信息排查没有本质上的区别。只是披了一张社工"专业技术"的皮，实际上干的还是信息排查的行政工作。（E11，社工实务界评估专家，A-E11-2021102201）

为了改变 X 市 A 区政府购买社工服务项目的这种社工服务行政化倾向，作为第三方评估机构的 X 市社会工作协会主要采取了以下措施。第一，借助专家组集中评估会议的机会，召开购买方、服务方与一线社工、社区居（村）委员、服务对象代表等多元利益相关者的协商议事会，进而严格明确社工的日常任务清单，避免社工成为"行政杂工"。第二，在量化评估指标体系中加入更多"专业元素"的考量，赋予"专业性"更多权重分数。例如，X 市社会工作协会的常用评估指标体系中，需求调研、服务计划、三大方法运用、资源链接、效果评估等"专业元素"至少要占到40 分。第三，更加重视服务案例和品牌建设方面的突出表现，弱化日常工作的量化考核，以引领社工努力理解和使用专业方法和技术。经过一年多的努力，A 区政府购买社工服务项目的行政化倾向得到了明显的改善，购买方和一线社工都在尝试把服务"做实""做深"，而不再简单关注行政工作量的累加。从这一点上来看，第三方评估有利于保障社工服务项目的专业性，有利于督促社会工作者不断提升专业技能水平。

第四节　扩大项目影响力

第三方评估不仅是一种科学行为，同时也是一种蕴含科学、艺术、政治、价值、社会等多方面因素的综合行为。[①] 在社会工作服务领域，第三方评估不仅需要建立科学精确的量化指标体系，还要综合考虑评估背后的艺术、政治、价值、社会等方面的影响。就第三方评估的艺术要素而言，评估要综合把握社会工作服务的专业性和灵活性，避免社会工作服务陷入机械僵化。就政治要素而言，第三方评估要考虑购买方、服务方、服务对象等多元利益相关者的合理诉求，尽可能达到多方认同的评估结果。就第三方评估的价值要素而言，评估不单单是一次简单的监督核查，更重要的作用在于以评促建、以评促强，进而增进服务对象的福祉。

就第三方评估的社会要素而言，评估不仅是社会工作服务项目的一次

---

① 刘江、张闻达：《社会工作评估研究的四种进路——基于我国中文研究文献的系统评价》，《华东理工大学学报》（社会科学版）2020 年第 4 期。

中期或末期成果检视，也是一次非常重要的社会宣传契机。以 X 市 C 区社会工作服务项目为例，可以发现其社工服务良好口碑的形成离不开第三方评估带来的宣传效果。首先，在 X 市社会工作服务第三方评估项目中，X 市社会工作协会组建的专家评估团队一般会聘请 2~3 名本地高校的社会工作专家学者参与集中评估会议，有时也会聘请外省甚至全国层面的知名专家来担任首席评估专家，这就使得 C 区的社会工作服务项目能够被社会工作学界所熟悉和认可。实际上 X 市 C 区并不是 X 市社会工作的先发地区，也不是 X 市社会工作发展的第一个高地，但随着 X 市社会工作协会会长、XZ 大学教授 XHZ 的大力宣传和推荐，C 区仅用 2 年时间就超越了 D 区，成为 X 市乃至 Y 省内口碑最好的社会工作服务高地。

XHZ 教授经常在 Y 省社工微信群、个人朋友圈，以及公开讲座中表扬和宣传 X 市 C 区社会工作服务项目，使得 C 区社会工作迅速在 X 市，甚至 Y 省打开了知名度。Y 省民政厅的一些领导，也经由 XHZ 教授知道了 C 区社会工作服务项目开展得很好，是 X 市城市社会工作发展最好的地区，因此，特意选择在 C 区召开了社会工作服务站项目全市推进会。由 XHZ 教授领衔，GWZ 处长等人编写的《X 市 C 区社会工作人才队伍建设研究报告》成功入编《我国社会工作专业人才队伍建设专题研究报告》。[1] 总之，在 XHZ 教授和 X 市社会工作协会的大力帮衬下，C 区迅速获得了社会工作学术界和实务界的广泛赞誉，一跃成为 X 市社会工作发展的桥头堡。

其次，X 市社会工作协会邀请的专家学者大多还兼任政府部门的专家顾问，能够接触到政府部门的某些负责人，进而能够帮助 C 区购买方得到上级政府部门的认可。X 市社会工作协会的业务主管部门是 X 市民政局儿童福利与社会工作处，其部门负责人 GWZ 处长也主管 X 市的社会工作服务。因此，X 市社会工作协会对 C 区社会工作服务项目的良好评价，也使得 C 区社会事业局赢得了 X 市民政局的认可和支持，多次公开表彰 C 区的社会工作品牌建设工作。

---

[1] 邹学银：《我国社会工作专业人才队伍建设专题研究报告》，中国社会出版社，2022。

最后，X 市社会工作协会还会聘请 2~3 名高级社会工作师担任集中会议的评估专家，进而获得社工实务界的认可。X 市仅有的 8 名高级社会工作师基本参与过 X 市 C 区的社会工作服务项目，且大多数都认为 C 区一线社工的薪资待遇居于 Y 省前列，对 C 区社会工作服务项目都有较好的印象。一些高级社会工作师在 X 市以及其他地市的讲座中，频频将 C 区社会工作服务项目作为成功案例介绍，显著地提升了 C 区社会工作服务项目的知名度。

第五章
第三方评估的偏差问题

不同于以往研究关于第三方评估失灵、失效等较为模糊的概念界定，本书更加清晰地将当前社工服务第三方评估领域中的相关问题归纳为形式化、功利化、片面化等评估偏差问题。评估偏差概念更强调评估结果和真实结果之间的差值，意指评估工作过程中对评估使命的偏离，以及评估过程中的差错。第三方评估偏差概念的提出，有利于正确认识当前第三方评估在实践中的客观作用。一方面，评估偏差强调第三方评估机制并不是完美无缺的机制，其可能存在制度和组织因素导致的结构性偏差，甚至也可能存在无法避免的系统性或偶然性偏差，例如社会服务成效测量值几乎不可能百分之百反映社会服务的真实成效。承认评估偏差的存在，有利于更加全面、客观地看待第三方评估机制。另一方面，评估偏差的概念并没有过度批评当前的第三方评估机制。正如前文所说，第三方评估在规范项目管理、厘清项目定位、保障项目专业性、扩大项目影响力等方面仍有较强的积极效用。只是，第三方评估的效用侧重于项目管理和短期绩效方面，而对于项目的长期发展、社工能力的提升、服务对象生活的改善来说，其成效往往难以达到预期。尤其是对一些难度较大且长期存在的问题，例如项目服务创新性不足、社工流动性大、行政工作多、专业化水平不高、服务成效不明显等问题，第三方评估往往也无能为力。

因此，应当清晰地认识到第三方评估偏差问题真切地存在，且在一些地区表现得已经比较严重。本书中的第三方评估偏差是指：在政府购买社工服务评估项目中，第三方评估并没有充分做到独立、客观、公正、专业，监督核查、以评促建的评估使命也未能较好地履行，并且出现了评估形式化、功利化、片面化等评估偏差现象。这一概念点出了第三方评估在独立、客观、公正、专业四大特征方面的不足之处，并强调监督核查和以评促建是第三方评估的核心使命。从 A 区、B 区、C 区社工服务第三方评估项目来看，第三方评估似乎做不到理论上所期望的那样独立、客观、公正和专业，监督核查和以评促建的使命也很难得到有效履行，并突出表现为评估形式化、功利化、片面化等评估偏差问题。

第一节　第三方评估的形式化问题

"求形"而不"尚行"是形式主义的通常表现,[①] 形式主义禁锢下的第三方评估虽然具备第三方评估的名义、流程和形式，但其并未达到评估的目的。

> A 区的社会工作服务项目 2018 年 12 月就结项了，但是一直未有末期评估，所以尾款一直到 2019 年 11 月末期评估时还没有支付。本次评估由于时间过长，当初四个项目中三个项目已经不再进行，社工已经离开，购买方领导已经调职，整个项目处于"消失"的状态。在这种状态下，评估方已经无法进行实地核查，所以最后取消了评估指标说明会，取消了实地考察，取消了服务对象评估，直接进行了机构自评、专家评估等环节。整个评估基本沦为购买方完成上年度任务、服务方拿到尾款、评估方取得经济利益的一场形式化的表演。评估失去了本身的意义，评估变成了项目结项、服务方拿到尾款的必要程序。(XXH，X 市社会工作协会评估项目社工，A-XXH-2019110501)

在政府购买社工服务第三方评估项目中，评估机构虽然正常开展服务资料、财务资料以及社工服务效果的审查和评估，但资料真实性和服务真实性实际上很难保证。

---

① 栗智宽、俞良早：《中国共产党力戒形式主义的百年实践：轨迹、成就与经验》，《求实》2021 年第 3 期。

一 服务资料审查的形式化

社工的服务成效究竟该如何呈现？目前来看，现行的第三方评估方法虽然包含实地考核、指标体系测量、服务对象调查、专家评估会议等多种形式，但归结到实际操作环节，实际上还是"文书材料+PPT汇报"。实地评估除了考核硬件配置外，主要还是看日常的服务记录文件；量化的指标测量体系最终还是要靠服务记录文件来佐证；专家评估会议的主要依据还是服务方的自评报告和汇报PPT，且专家一般是临时外聘的。因此，文本材料、自评报告、汇报PPT实际上是评估的最主要载体，文字工作做好了，评估一般不会差。这也就出现了业界所说的"干得好不如写得好，写得好不如讲得好"的吊诡现象。

> 现在的评估基本上是评估专家看材料，不仅要准备自评报告，还要花很大的精力准备服务记录、服务对象签到表、服务照片等很多留痕的材料。有些活动当时没有留下痕迹，后期还需要通过各种方式再"造材料"。有的活动没开展，但是为了不扣分，也想办法整出了材料。（L05，某社工机构负责人，B-L05-2020071501）

但这里存在一个重要的问题：第三方评估机构如何鉴别社工服务项目的服务资料是"真实可信"的？

一般来说，监督社工服务项目的执行过程、考核社工服务项目的真实服务效果是第三方评估的基本作用之一。但从X市社工服务第三方评估项目来看，第三方评估机构并不能全程跟踪社工服务项目，其更多只是在某些特定的时间点进入服务项目，并主要依靠文本材料、定量数据来监督和考核社工服务项目。由于时间、精力和评估成本的限制，第三方评估机构并不愿意深入核查专业服务资料的真伪，对于服务效果的测量也多使用简单的量化评估方法，致使服务材料的真实性实际上很难鉴别。

> 你说的这种情况确实存在，有些机构就是在弄虚作假。（XHZ，X市社会工作协会会长，2021093001）

在评估中通常造假的是服务记录，我遇到过一些社会组织工作人员或者一线社工造假的，例如服务对象签到表，可以看出是同一个人签的。还出现过不同的购买项目，提交的是同一套资料的情况。也就是说，拿同一套资料在多个项目间改头换面，造假充数。（E03，社工实务界评估专家，C-E03-2019112501）

一位高校社工系主任兼评估专家说：

现在都不敢让学生出去实习了，有个学生说，有一个机构中标了一个岗位，找了一个人在岗位上啥也不干。（E04，高校教授兼评估专家，E-E04-2020081701）

那么，既然大家都知道可能会出现形式化的情况，为什么不仔细验证呢？实际上，因为评估方的人力、物力、财力和时间资源都非常紧张，没有时间和能力做深入的验证。例如，2020 年新冠疫情期间，C 区很多项目点开展了线上服务，上报了线上服务人数，但这些数据的真实性实际上很难核查。在评估报告撰写过程中，撰写人员并不会一个一个地核查线上服务资料，大多是直接引用服务方上报的数据资料。

由于第三方评估机构实际上无法真正鉴别社工服务项目的服务资料真实性，服务资料的审查很多时候会变成一种"过场"和"形式"。

二　财务账目审计的形式化

政府购买社工服务项目一般使用的是国家财政资金，因此必须接受严格的财务审计。同时，财务资料核查也是第三方评估中一个非常重要的评估指标，不仅占评估指标体系的 10%~20%，还关乎法律和"底线"问题。在 X 市社会工作协会承接的第三方评估项目中，一直有"财务造假一票否决"，或者"项目在人员、财务等方面造假，扣 10 分"等规定，可谓十分严格。

笔者调查发现，X 市社会工作协会主要采用外包的形式，让专业的会计公司为项目出具财务审计报告。但财务审计报告往往只能呈现一些数字和报销程序上的问题，而对于财务资料有没有造假，会计公司很难查出来。

对于第三方评估机构和大部分政府官员来说，财务资料过于专业和复杂，一般会移交给专门的会计公司或审计人员来负责，由此造成第三方评估机构实际上把这部分职能转移出去了。对于财务审核出的问题，第三方评估机构一般也会给出整改的时间，以确保项目能够顺利结项。因此，在财务资料审计方面，第三方评估机构更希望承接机构是合规的，甚至会通过各种合法的方式帮助承接机构合规。但是，在个别情况下也会出现合同转包、合同分包、虚开发票等严重的财务问题，致使第三方评估项目暂停，只能等待整改合格后再进行二次评估。换言之，"底线"不能被突破，但可以通过暂停、整改的方式等待项目重新合规，之后再进行第三方评估。

三 评估结果应用的形式化

按照《X市政府购买社会工作服务资金管理暂行办法》的规定："将评估结果与后续政府购买服务挂钩，对评估优秀者，购买主体在选择后续政府购买服务承接主体时，可在同等条件下给予其优先资格；中期或末期评估结果为不合格的，按合同约定不拨付后续经费，追回剩余购买服务资金并取消一定时期内承接政府购买社会工作服务资格，情节严重者，依法依约追究有关责任。"可见，第三方评估结果理应成为下一年度政府购买服务的重要参考指标之一，对于评估优秀者应该优先购买，评估不合格者应该在一定时间段内取消其承接资格。

但在实际操作过程中，这条规定一直没有得到很好地实施。首先，第三方评估一般都会合格。其次，本年度的评估结果和下年度的招投标结果之间基本没有关联。

之所以会形成这种评估结果无法影响下一年度招投标的情形，主要原因可能有两个方面。一方面，招投标结果的决定权往往在购买方，而不在招投标公司或第三方评估机构。另一方面，评估结果和招投标结果之间有较长的"时间差"。例如，B区2019~2020年度的第三方末期评估项目2020年8月底才公布评估结果，而2020~2021年度的招投标结果早在2020年7月初就公示了。因此，实际上2020~2021年度的招投标结果基本不可能参考2019~2020年度的第三方评估结果，其比上年度评估结果的公示还要早一个月。

这种"时间差"的存在，使得上述政策规定很难起到作用。那么，为何会有这种"时间差"存在呢？实际上这也是政府和社工机构的无奈之举。在现有的政府购买服务和财政拨款模式下，政府购买服务资金的拨付往往是比较滞后的。或者说，很多费用需要社工服务机构提前垫付。即使在评估结果出来后，履行后续的资金拨付程序至少还要一个月甚至半年的时间。在这段时间内，社工机构往往需要提前垫付社工薪资及其他项目开支，而这对于资金本就不宽裕的大多数社工机构来说无疑是压力。特别是在两个年度项目的交汇期，如果等第三方评估结果出台之后，再开展下一年度的招标工作，一些社工机构可能根本就挺不过一个季度。因此，政府和社工机构往往会达成提前招投标的默契，以确保项目资金尽快到位，但这种操作模式无疑使得第三方评估结果难以被有效利用。

第二节　第三方评估的功利化问题

萨拉蒙将非利润分配性、组织性、私利性、自治性、志愿性作为非营利组织的基本特征，并认为不以营利为目的是非营利部门的重要特质。[①]但是，非营利组织也属于法人行动者，科尔曼认为，法人行动者天生就有追逐利益的属性，而且，法人行动者的出现带来了新的难题：如果一个行动者既是自然人又是法人和代理人，他将有意无意地变换角色，以最大限度地控制资源谋取利益。[②] 就政府购买社工服务三方评估项目而言，第三方评估机构本身也是一个具有经济理性的法人组织，其也会表现出明显的功利化属性，而非单一的非营利属性。

一　评估目标的功利化

从政府购买社工服务第三方评估的使命履行角度来看，监督核查和以评促建是第三方评估的核心使命。但是，监督核查目标大致还可以实现，而以评促建的评估目标则很难实现。所谓"以评促建"，即通过第三方评估来提升社工服务机构的服务能力，改善社工服务项目的服务效果，增进

---

① 莱斯特·M.萨拉蒙：《公共服务中的伙伴——现代福利国家中政府与非营利组织的关系》，田凯译，商务印书馆，2008，第79~87页。
② 詹姆斯·科尔曼：《社会理论的基础》，邓方译，社会科学文献出版社，1990，第84~93页。

社工服务对象的福祉。可以说，以评促建是第三方评估最崇高的使命，也是广为接受的评估理念。但从实际效果来看，以评促建还面临着很多难题。究其原因，第三方评估项目的评估目标是在短时间内给出一个评估结果，或者说一个能够结项的评估报告，评估目标本身就带有功利化特征，而且，社工项目的后期发展，实际上并不能给予第三方评估机构任何"利益"或"好处"。换句话说，对于第三方评估机构来说，以评促建的长期目标更多的是一种理念上的"口号"，其本身并不能带来实际效用，因此也不会被重视。

理论上说，第三方评估应当在一个或者多个服务周期内促进社工服务水平的不断提升，进而产生以评促建的效果。但在实际操作过程中，第三方评估机构并不是始终参与社工服务项目，其很难全面地了解社工服务项目，也很难"确保"自身的参与能提升社工服务项目的服务水平。根据评估项目社工 XXH 的说法，评估人员其实也不能完全了解社工项目的后期改进效果。

> 我们也不是非常了解社工项目的后期改进效果。第一，对于一些被评估项目我们只是暂时地进行了一些方面的考量，其他的方面如果评估指标不规定，那我们是不知道的；第二，机构每次承接的评估类项目时间都是很紧张的，一个项目完了接着另一个项目，并且每次评估的项目数量非常多，写报告的时间也很短，没有时间去考虑各个被评估项目改进得怎么样；第三，如果不是中期评估之后再接着对同一个项目进行末期评估，我们很难看到一个被评估项目的后期改进效果，就算是对同一个项目进行中期评估再进行末期评估，效果好像也没有什么具体的变化，只是完成合同指标而已。（XXH，X 市社会工作协会评估项目社工，2019110201）

具体来说，由于 X 市政府购买社工服务项目多采用一年制购买周期，社工服务项目的承接方经常会发生变动，一旦发生变动，项目的前期需求调研、服务计划、服务资源、服务成果等必然会受到很大的影响。作为第三方评估机构，X 市社会工作协会对此是无能为力的，其并不具备影响和决定服务承接方去留的权力和能力，而且第三方评估项目也是一年一购买，其几乎不会做跨年度的比较评估等超出合同内容之外的"多余工作"。例如，在 A 区三个年度的评估项目中，承接方发生了很大的改变，跨年度的被评估对象实际上并不存在。评估方也从未想过开展跨年度的比较评估，其并不关心承接方是否变更。作为第三方评估机构，X 市社会工作协会关心的只是自己在一个年度内的"分内事"，只需要给出一个第三方的评估分数就可以了。

按照评估工作人员的话说，就是：

> 我们不是非常关注政府最后公布的评估结果。因为我们是从第三方的角度去进行评估，与各个被评估项目没有直接或间接的利益关系。最终各个社工服务项目的评估结果好坏本身对于我们来说是没有多大影响的，只需要给出第三方的评估分数就可以了。（XLD，X 市社会工作协会评估项目社工，2020071401）

二　评估程序的功利化

经过多年的发展完善，X 市社会工作协会已经形成一套模式化的评估流程，具体包括"实地寻访项目点了解一线社工意见—制作评估指标体系—召开评估指标说明和培训会—实地考核评估项目点—召开专家评估会—撰写评估报告—召开评估总结反馈会及单独反馈会"等环节。但在实际操作过程中，这套评估流程并没有被严格地执行。其原因在于，第三方评估机构会根据各个购买方对社工服务项目的重视程度，来选择一套最为"经济"的评估流程。例如，在购买方不重视社工服务项目的 A 区，X 市社会工作协会一般只会进行实地考核评估项目点和召开专家评估会这两个核心环节，而不会提前召开评估指标说明和培训会，也不会召开后期的评估总结反馈会单独反馈会。如果是岗位评估，可能连实地考核评估项目点和召开专家评估会环节都会取消，直接开始撰写评估报告。在购买方非常重视评估项目的 B 区，X 市社会工作协会需要严格执行评估流程，评估结束后还要对每个社工项目以及每个社工开展单独反馈和督导。在购买方重视程度一般的 C 区，X 市社会工作协会要召开评估前的指标说明和培训会，以及实地考核评估项目点和召开专家评估会，但不召开评估总结反馈会及单独反馈会。也就是说，即使是同一家第三方评估机构，在相近的时间段内，面对重视度不同的购买方，也会使用专业性不同的评估方法与评估程序，即在评估程序选择上是具有"功利性"特征的。

> B区政府要求得非常严格，要求严格的财务审计，光邀请会计师事务所审计就花费了5万元，占了评估经费的很大部分。末期评估比较严格，中期评估稍微松一点，需要评估机构的人到社区随机找服务对象进行问卷调查和访谈，也需要逐个跟社区工作人员访谈，因此需要评估方花费很大的精力。如果政府要求严，就要把评估做得规范严谨一些，如果购买方不重视，比如A区项目和C区项目，就可以用最低的人力物力和财力成本完成评估项目。（XZL，X市社会工作协会副秘书长，2022111301）

三 评估成员的功利化

科尔曼认为，作为非营利组织的法人行动者，也有追逐利益的属性，而且，法人行动者可以通过转换角色来最大限度地控制资源以谋取利益。[①]就X市社会工作协会的工作人员来说，作为非营利组织的经营者，其可以通过自然人的身份转换来获取利益，例如工资、奖金、津贴、补贴、评估费、劳务费、声誉等。

> 我不喜欢说虚话，大家来这里就是来挣工资的，每个人都要努力工作，争取把协会办得更好，争取更多项目，项目越多，社协资金越充足，大家的工资才能越高，补贴才能越多。（XZL，Z市社会工作协会副秘书长，2020010801）

实际上，第三方评估机构的成员也是有自己的利益诉求的，只不过这种利益大多时候不是以直接经济利益的形式表现出来的，而更多的是以隐

---

① 詹姆斯·科尔曼：《社会理论的基础》，邓方译，社会科学文献出版社，1990，第458~493页。

性的经济福利，如以更低的人力、时间和精力成本等形式呈现出来。换言之，评估进行得越快，花费的时间越少，对个人来说隐性福利就越高，而这种利益诉求，是与严格的第三方评估有冲突的。评估的规范性和专业性越高，投入的人力、物力、时间、精力成本就越高，剩余的隐性经济福利就越少。

> 社协 2017 年刚建立的时候，资金比较紧张，主要是我跟 PH，还有 XHZ 教授支撑着运作，根本没有经费招员工。我们三个人领 2 份工资，XHZ 教授是会长，不领工资。但过了几个月，发现财务入不敷出，就让 PH 从专职人员转成了兼职财务，每个月只领 500 元补贴。我也降了工资，一个月就 4000 块钱，也没有"五险一金"。一直到 2018 年，社协的资金盈余了，我有了"五险一金"，工资也变成了到手 5000 多元，才有余力招募专职和兼职人员。（XZL，X 市社会工作协会副秘书长，2020042001）

就 X 市社会工作协会而言，其盈余资金的多少决定了员工的直接收入，所以，X 市社会工作协会必须尽可能多地争取项目，控制成本，以争取盈余最大化。但是这可能会影响第三方评估的专业性。例如，2020 年 X 市社会工作协会在只有 3 名评估项目社工和 1 名外聘专家的情况下，同时开展 5 个以上的社工服务第三方评估项目，导致用在每个项目上的时间和精力都非常少，客观上确实会影响评估项目的规范执行。

第三节　第三方评估的片面化问题

不同于建筑工程或者商品销售类项目，社会服务项目的服务成效测量更加复杂，既包括客观物质条件、生活条件的改变，也包含主观精神状态的改变。因此，对于社工服务等社会服务成效的测量一直是学界和实务界的难题之一。在 X 市社会工作协会承接的社工服务项目中，实际上也存在这一难题。X 市社会工作协会目前基本综合使用量化指标评估法、专家评估法，以及多方评价法等评估方法，其本质上是在实证主义量化评估的基础上，吸收了一些参与式评估、协商式评估、赋权式评估等建构主义第四代评估的部分理念和方法。但是，这种被部分学者冠以"第五代评估方法"的混合式评估法实质上只是一种牵强的"混合"，其并没有创造出一种适合大数据和智能化时代的新型评估范式，而且，量化指标评估法、专家评估法、多方评价法实际上都存在较多的缺陷，都难以全面地反映社工服务项目的"全貌"，都具有难以克服的片面性。

一 量化指标评估法的片面性

以量化指标评估法为基础的实证主义量化评估方式，具有客观性强、可操作性强、证据翔实、全程留痕、可追溯、可视化程度高、成本低、效率高等鲜明的优势，始终占据着社会工作服务项目评估的主流地位。但这种评估方法一直被众多学者激烈批评，认为其可能存在"指标绑架"、形式主义、文牍主义、技术霸权、过度专业化等一系列问题，而且社工服务能否被测量，以及是否应该用量化指标去测量社工服务等关键性问题实际上一直被有意地忽略了。就本书中的三个评估案例而言，量化指标评估法最突出的问题其实是用单一数据简化了复杂的社会工作流程，且量化评估指标的信效度存疑、区分度不高、导向性不强，由此表现出第三方评估的片面性问题。

（一）评估指标体系的信效度存疑

信度即可靠性，指的是采用同样的方法对同一对象重复进行测量时，所得结果相一致的程度；效度即测量的有效度，是指测量工具或手段能够准确测出想要测量的变量的程度，或者说"我所测量的正是我想要测量的吗"。[①] 从社会统计学的观点来看，一份量表应当具有较高的信度和效度，才有可能得出具有科学性的调查结果。但遗憾的是，即使是在社会工作发展比较好的广州、深圳、上海等地，也鲜有评估机构会对自己的评估指标体系进行信效度测量。从当前的社工实务发展进程来看，信效度测量似乎被有意地忽略了。在 X 市政府购买社工服务第三方评估项目中，X 市社工协会有时会就评估指标体系进行小范围的试调研，并听取利益相关方的意见，但从未就评估指标体系做过信效度测量。

---

① 风笑天：《社会研究方法》（第5版），中国人民大学出版社，2018，第106~107页。

评估工作人员 XXH 表示：

> 评估指标确实不太合理。评估指标和标准的制定，具体每一项目的设定、分数的考量，前期都没有进行过试调查，试调查之后的修改完善、最终评估结果加权占比的设定都是值得反思的地方。（XXH，X社会工作协会评估项目社工，2020020601）

有的评估专家也认为：

> 在很多次评估中，发现评估指标以及评估标准有不科学和不合理之处，特别是在特殊社工服务项目的指标设置上。（E03，高校学者兼评估专家，2020071501）

那么，这种未经过科学检验的评估指标体系在实践中究竟表现如何呢？历经多次的评估以后，X 市的社工们慢慢发现，不同评估专家对同一套评估指标体系的理解和执行存在很大差距，评估指标体系的信度存疑。

> C 区 2022 年度的末期评估方案和评估指标体系发布以后，有社工联系我，想更换实地考核评估专家。他们说，GBR 老师评估得太严格了，扣分太多，要求 HQS 或者 XHJ 老师去他们项目点评估。因为大家都认为这两位老师评得松、扣分少。（XXH，X 市社会工作协会评估项目社工，C-XXH-2023082301）

评估指标测量的大多是项目管理制度和服务产出等显性的东西，而对于专业服务质量、社工服务专业性、社工服务成效等隐性的东西，量化指标体系未必能测出来。

> 评估指标体系只是测量一些比较表面的东西，比如考勤制度、硬件配置、服务产出等，但要测出服务成效基本不可能。由于专家很多是临时到服务执行地，不一定能全面把握服务的真实成效。专家对于项目的了解仅限于汇报的十几分钟，很多服务较好的负责人不擅长汇

报,从而影响了最终结果。实际上,我们也意识到评估指标和专家评估都有很强的片面性,但大家都是这么做的,也只能这么做,似乎也没有更好的办法了。(E05,高校学者兼评估专家,2022120301)

对于评估指标体系能否真实地测量出社工服务项目成效,评估项目社工 XLD 坦言:

评估指标体系更多是发挥一种导向性的作用,目前来说,评估指标体系不能很好地测量出实际服务成效。(XLD,X 社会工作协会评估项目社工,2021071501)

(二) 评估指标体系的区分度不高

在 X 市政府购买社工服务第三方评估项目中,评估指标体系至少包括项目管理、专业服务、服务产出、多方评价、财务管理等五个一级指标,规章制度、人员资质、督导支持、继续教育、需求调研、服务计划、专业水平、探访服务、资源链接、服务宣传、相关方沟通、服务评估、经验总结、合同指标完成情况、社区社会组织培育情况、志愿服务、专业文章、专业荣誉、特色项目、服务对象评价、合作方(社区负责人)评价、购买方评价、财务管理制度、经费预决算、财务公开与监督、经费使用情况、账目记录、支出票据、员工薪酬保障等 29 项二级指标,以及 120 多项三级指标。

一般来说,评估指标体系只要 60 分就算及格。按照 X 市社会工作协会目前的评估指标体系构成来看,只要社工服务项目具备基本的硬件条件,开展了一些日常服务,其得分就不会低于 60 分。如果真的出现了低于 60 分的情况,评估方也会适当地做出一些"调整"。如此一来,本来占比就不高的评估指标体系似乎变成了"只要做了工作,就一定会合格"的"确认工具",而且也难以影响最终的评估结果。从这一点来看,评估人员花费大量的时间和精力去制定、使用、测量、计算评估指标体系似乎在做一些流程化的工作,量化指标体系对合格项目和不合格项目的区分度并不高。

（三）评估指标体系的导向性不强

为了贯彻监督核查和以评促建的第三方评估使命，第三方评估机构在设定量化评估指标时，除了要考虑合同任务指标和当下的社工专业要求以外，也会设置一些前瞻性的指标，以激励和引导社工项目的长远发展。但从 X 市社工服务第三方评估项目的实践过程来看，一些项目社工并不理解评估方的这种做法，甚至还多有埋怨。

有社工认为：

> 评估不就是看合同指标有没有完成吗？干嘛要设置这么多额外专业指标？这些既不是购买方的要求，也和我们的平时工作没多少关系。（S05，一线项目社工，2019072001）

评估方在指标导向性方面的尝试和努力也有可能遭遇现实的打击，导致评估方不得不降低标准、更改指标。例如，X 市社会工作协会目前采用的主要评估指标体系在很大程度上借鉴了香港、广州、深圳等地的评估指标体系，这套评估指标体系常常会要求项目社工具备社会工作师证书，否则要扣除相应的分数。但是，由于发展水平的差异，X 市拥有社工师证的一线从业人员并不多，导致很多服务项目出现了人员资质扣分的情况。针对这种情况，评估机构本着高标准、高要求的原则，并未降低要求，结果导致了一些意想不到的情况。

> C 区社工项目评估时，很多一线社工甚至项目主管都没有社工师证，按标准都要扣分。但后来购买方觉得人员资质问题是一个需要花时间解决的问题，不能一上来就要求过高。因此，购买方为一些一线社工开具了"人员资质符合要求"的证明，并要求评估方将此证明视同于社工师证。最终，评估方也接受了该证明，进而重新修订了评估指标体系。（XWY，X 市社会工作协会评估项目社工，已离职，2020071301）

可以发现，作为评估机构，X 市社会工作协会对社工服务项目有着较高的期望和要求，希望能按照香港、广州、深圳等地的评估指标体系开展高标准的评估。但现实情况是，购买方和项目社工都更加看重现在的"分数"，对指标的导向性重视不足。

二　专家评估法的片面性

由于缺乏评估方面的专业人才以及评估成本的限制，第三方评估机构往往只能通过临时雇用外部评估专家的方式，来提升评估的专业性和权威性。但是，这种过于依赖外部评估专家的评估方式，在很大程度上忽略了外部专家评估的缺陷。在当前的第三方评估模式中，外部评估专家的责任是极其有限的，其只需要在评估专家会议上给出自己的评分和意见即可，服务方是否遵照执行、评估方是否采纳、购买方是否支持，项目后期的改进效果如何，都跟外部评估专家没什么直接关系。相对来说，评估专家更关心的是自己付出的时间和精力成本，与自己所得到的经济回报是否成正比。在评估实践场域中，外部评估专家实际上是一个"不在场的局外人"，其很难全面、深入地了解评估项目，专业性饱受质疑，且专家组内部的评估尺度往往也不统一。

（一）评估专家的专业性不足

目前，国内社工服务领域内并没有官方的或公认的评估专家资质授予标准，评估专家往往来自高校学者、一线资深社工，甚至政府官员等。高校学者由于科研和教学任务较重，很难投身到社工一线服务中，所以往往呈现理论强、实务弱的特征。同时，由于社工实务领域的飞速扩张，高校学者的知识储备有时也难以跟上社工实务的发展速度。资深社工代表和一些政府官员虽然具备较丰富的实务经验和较高的能力，但往往和一线社工有着过于亲密的私人关系，且普遍理论功底较差、资历浅、学历不高。因此，真正具备社工项目评估能力的评估专家并不多。

有评估专家自己也指出：

随着政府购买社工服务的突飞猛进，社工实务领域早就超越了原来的老年人、青少年、妇女、儿童等常规服务领域，司法、医务、监狱、信访、学校、精神障碍康复等特殊领域越来越普及。对于这些特殊领域，坦白地说我也比较陌生，想要给出客观、真实的评价，确实比较困难，只能参照以往经验给一个大致的分数。（E06，高校学者兼评估专家，C-E06-2021111801）

对于评估专家能不能准确地判断出社工服务项目的真实效果，实际上评估专家自己也不敢肯定。

我感觉自己的意见不能完全视作最终的评估结果，一来评估的时间有限，通常只有几个小时，时间短，与项目、购买方、服务承接方的接触有限，评估意见也具有片面性，自己能力有限。（E07，实务评估专家，C-E06-2021112501）

相对于高校学者来说，一线社工可能更愿意接受实务界专家的指导和评估。

上次我们组织的一次培训就可以说明问题，我们邀请了高校学者来做社区服务方面的讲座，结果只有十来个社工报名。后来邀请一线实务专家来做讲座，一下子报了几十个。相比高校专家来说，一线社工更愿意接受实务界专家的指导和评估。但遗憾的是，很多实务界的专家学历不够、资历不深，目前评估还是主要由高校学者来做。（XZL，X市社会工作协会副秘书长，2021111802）

（二）评估专家往往"不在场"

由于评估时间的限制，评估专家们很难长时间地跟踪和了解社工服务项目，常常是临时进入"评估场域"，导致其很难做出全面、准确的评价。与实地考核的带队专家不同，专家评估会议上的专家们往往学历高、资历深、职称高，基本不会全程参与到一线评估中去。因此，这些评估专家做出判断的依据主要是项目社工的自评报告、PPT等文本材料，以及项目社工当天汇报时体现出的演讲能力。从这个角度来说，评估专家们实际上是处在评估项目之外的"不在场"的评估专家，其往往很难做出准确、真实、全面的评价。

X市社会工作协会评估项目主任XLY指出：

> 按评估方案的要求，自评报告要提前一天发给评估专家。但在三个项目点的实际运行过程中，都是提前一天才能确定评估专家人选，而且，也没有发自评报告，都是专家到现场之后才会临时翻看纸质版的自评报告，并且通过汇报PPT来给出评分。C区评估的时候，8个小时评估30个项目，每个项目只有5分钟的汇报时间、10分钟的专家提问时间。这些评估专家之前并没有接触过这些项目，只能根据自评报告和汇报PPT来打分。（XLY，X市社会工作协会评估项目社工，已离职，XLY-C-20121112501）

而评估专家自身似乎也没有十足的底气：

> 我觉得我不能在评估会议上判断出服务的真实效果。评估会议是一个以汇报形式进行社会工作服务项目展示的平台，它的影响因素有很多，比如评估汇报人是否了解该项目、是否能够把评估专家想听到的东西表达出来、汇报风格、评估PPT的制作、现场的发挥等，不能只靠评估会议就断定一个社会工作服务项目的好与不好。（E08，高校学者兼评估专家，B-E08-2020081701）

（三）评估专家内部尺度不统一

由于职业身份、社会经验、教育背景、私人关系及个人偏好的不同，专家们的评估尺度很难统一。在具体的评估实践中，高校学者偏重需求评估、理论指导、专业手法、项目特色等专业理论方面的评价；一线资深社工则更加偏重社工付出的辛劳和努力，以及社工个人的工作态度；政府官员则更看重社工的服务产出和社会影响；财务评估专家仅仅关注财务问题，不关注服务问题。因此，评估专家团队的内部结构差异是非常大的，其评分结果也会产生很大的偏差。即使在已经标准化的量化评估指标体系中，每个评估专家的理解也是有差异的，评估专家的尺度很难做到完全统一。特别是多个专家同时打分时，打分的尺度往往因人而异。

> 在实地考核中，有三组实地评估专家，虽然三组带队专家开了一次碰头会来确定评估尺度，但由于项目点的实际情况各有不同，专家的个人理解和尺度也不同，所以仍然出现了同一失分项失分不同的情况，有人扣1分，有人扣0.5分。专家之间的评分尺度也存在一定程度的差异，有的地方有些专家认为可以不扣分，有些专家认为应该扣分；有些专家扣了1分，而其他人只扣了0.5分。所以，三组评估专家的评分并不能做到完全一致，整个评估体系实际上有一些信度和效度的问题，而且，由于评估项目数量多、差异大，即使是同一个专家面对同一项目的相同扣分点，在不同的时间点也会打出不同的分数。（XXH，X市社会工作协会评估项目社工，C-XHH-2022063001）

此外，从评估动机层面来看，评估专家也有自身的利益诉求和评价偏好，并不是完全公正的。或者说，评估专家同样有谋取权力、声望和收入的自利动机；评估专家基于数字指标和文书材料做出最终判断未必是准确的；公众和专家内部有不同的立场、利益关联、倾向，公众和专家的意见并非完全一致的。同时，由于某个区域社工圈子变动性不是很大，评估专家必然面临权力结构、师生关系、熟人关系等一些其他因素的干扰。

有评估专家指出：

> 多数时候我会基于社工的自评报告和汇报做出评价，但有些时候，也会适当地给"鼓励分"，而且一线社工流失很严重，社工服务也有自己的难处，在可控的范围内，一般评分会就高不就低，想尽可能地给予更多的鼓励和支持。（E06，高校学者兼评估专家，2021032001）

三　多方评价法的片面性

包含项目购买方、社区合作单位及服务对象在内的多方评价法，一直被认为是一种行之有效的，且能体现参与、协商、赋权等建构主义第四代评估范式的必要评估方法，进而被第三方评估机构广泛采用。但是，以往研究均将多方评价主体看作一个充满活力和动力的、公平公正的、没有任何私心的客观评价者。这种看法可能过于乐观了，其并不符合实际情况。多方评价主体往往也是有"私心"的，包括服务对象在内的满意度评价未必是公平公正的，也可能是片面的。

（一）购买方评价的片面性

对于项目购买方来说，判断社工项目"好不好"的主要标准可能不仅是社工的专业性，抑或服务对象的评价，购买方更多关心的是项目做了多少活动、有多少媒体报道、有多大的社会影响力。

> C 区的项目去年才刚开始，领导更加重视社工服务产生的影响力，即参与了多少大型活动，受到了多少表彰，得到了多少媒体的报道。所以，每个评估项目的指标体系会有所不同，主要根据购买方的意图做一些修正。（XLY，X 市社会工作协会评估项目社工，2019111202）

在 X 市 C 区，项目购买方在第三方评估之外，还为 C 区的社工制定了《社会工作者效能评价标准》，并与社工的绩效和第三方评估结果直接挂钩。《社会工作者效能评价标准》规定，社工站项目社工每月要在每个小区内开展 1 次义诊、1 次义剪、1 次义修；每月探访 2 次服务对象；每月至少完成 1 个个案、1 个小组、4 次政策宣传，以及 1 次居民协商议事；全年二十四节气要开展 24 次活动；每月还要参与项目例会、社区例会、街道例会、C 区例会等。但是，过高的指标考核要求也产生了一些负面影响。例如，社工只注重活动数量，不重视服务质量，通常是拍拍照就算完成活动；专业服务时间被严重挤压，社工无心推进个案深度介入和特色服务项目打造，创新积极性严重受挫；服务对象参与活动过于频繁，对社工活动产生抵触情绪；社工疲于对照"指标"完成形式化的任务，工作热情被严重削弱。再加上其他繁重的指标任务，导致社工失去了专业服务的自由空间和工作热情，重新回到过去被"指标绑架"的工作状态。

如果项目社工反对这种"活动化"的服务方式，进而向购买方提出意见，结果会如何呢？

其实 C 区一开始实行《社会工作者效能评价标准》时，我是支持的。刚开始效能评价的指标不高，其中还有关于民政服务政策的考核。效能评价能够提升社工的专业水平，还能为一些想干事儿的社工增加一些工资收入。但是，后来效能评价的指标越来越多，导致指标考核"变味了"，基本上变成形式化的拍照和应付了。社工天天忙于活动，是不会被街道和社区行政化了，但街道和社区也不支持社工工作了。我们现在是被 C 区社会事业局的工作直接行政化了。我就向购买方反映了这些情况，希望减少指标、注重质量。结果购买方说我不跟 C 区社工一心，不支持他们工作，直接取消了我的效能评价排名和绩效。在第三方评估机构拿到的年度社工效能考核结果里，也把我的名字删掉了。这不仅影响的是我个人，我做的项目也被拉低了购买方评价得分。（S07，一线社工兼项目主管，C-S07-2023062801）

对于这个问题，C 区社会事业局也有自己的看法。

《社会工作者效能评价标准》的指标设计一开始就是要让社工完不成，指标按照工时计算的话，早就超出了一周 35 小时甚至 40 小时的工作安排。我们这样做，一是想让下边的各个街道和社区知道社工很忙，不要给社工安排街道和社区的行政任务。二是想让社工忙起来，突出存在感，让居民看到，让领导看到，社工每天都很忙，从而认可社工的工作。三是因为一线社工不具备创新的能力，我们给他充足的任务量就可以了。我们还专门购买了一个县区社会工作服务指导中心的项目，负责宣传和品牌化建设的一些工作。（GSJ，C 区社会事业局社工科主任，C-GSJ-2023071901）

客观上来说，S07 作为一名从业近 10 年的老社工，其专业水平和项目管理能力是没问题的，在 X 市社工业内也备受好评。从第三方评估机构的角度来看，其所承接的社工站项目总体上是比较优秀的。购买方对社工服务项目发展有一些不同看法和意见，客观上确实会影响到对 S07 社工及其承接的社工服务项目的评估结果。

（二）社区合作方评价的片面性

在政府购买社工服务第三方评估项目中，第三方评估还包含一部分社区合作单位对社工项目及社工的评价。社区合作单位与社工项目的关系是非常复杂的，社区合作单位对社工也有"私心"和诉求。在某些情况下，社区合作单位似乎也不能给出公正的评分。一般来说，政府购买的社工服务项目最终都要落地在社区，大多需要社区提供办公场所、提供活动场所、缴纳水电费，以及帮助社工和服务对象建立联系。但在这一过程中，社区并不是完全无私的，一方面，社区不能违背政府的政策意图，需要给入驻社区的社工们提供必要的帮助；另一方面，社区也希望社工承担一些行政任务，从而解决社区人手不足的问题。但是，在日益高涨的去行政化、社工服务专业化的呼声中，社区和社工的矛盾有激化的趋势，结果导致社区对社工的评价可能有失公允。具体来说，社区合作单位有可能产生以下几种"不合理"的评价态度。

相对于购买方和评估方而言，服务方与社区合作方的接触更多，日常办公、服务开展、评估考核均离不开社区合作方的配合。在获得社区合作方帮助的同时，服务方不得不承担一些原本属于社区合作方的行政任务作为"回报"。

> 你知道社工是咋下来的不知道？我们能怎么打分？我们对这个社工机构很不满意，想换掉这个社工机构。但是，我们不想做坏人，也不想得罪人。社工机构都是局里统一招募的。他们的人天天往这里跑，都是熟人。但这个机构太小，都带不来什么资源。我原来在LMXC做社区书记，那里的社工把社区的一潭死水盘活了，而我们现在这个社区还是一潭死水。（M03，某社区书记，C-M03-2020040701）

随着社工行业的发展，一些社工机构逐渐站稳了脚跟，以至于社区主任和社区书记在评分时也会有所忌惮。如上文中的社区书记M03的行为，她不愿意得罪社工机构背后的某个人，只能选择以踢皮球的方式将评估责任转嫁给其他人。在上述事件中，M03将填写评价的责任转嫁给了M04主任，M04主任也不愿意填写，只能再打电话给街道办M05主任。

在发现这种转嫁行为不奏效时，社区书记 M03 只能选择打高分，以应付评估。

面对比较强势的社工机构，社区主任或书记可能会选择以踢皮球、和事佬的方式消极应对，但对于成立不久又没什么背景的社工机构，社区合作方可能借助评估打分者的身份，迫使社工机构接受自己的条件，成为自己的"下属"。

> C 区社会事业局提倡社工去行政化，不让社工帮助社区承担行政任务，结果导致社区主任 M06 不满。社区主任和督导以及社工的关系变差了。突出的表现就是，社区主任不让社工进居民（微信）群，也不让社工自己组织居民服务（微信）群，服务陷入了僵局。（L05，某社工机构负责人，C-L05-2020090401）

从上文 LD 项目社工的遭遇中可以看出，社区合作方可以通过置换硬件设备、不提供网络支持、切断社工和居民之间的正式联系来阻碍社工开展服务。

相较于踢皮球或拒绝提供帮助的社区合作方，直接打击报复的社区合作方也存在。这种现象一般发生于像 A 区这样购买方不重视社工服务项目，只是落实政府的购买社工服务政策的区域。在这类政府购买社工服务项目中，购买方并不在意社工服务的效果，更不会在意社工的切身利益。因此，在这类服务项目中，社工的行政化也较为严重。

> 评估方打电话给 SS 社区 M07 书记询问社区合作方评价时，社区书记说疫情后 R 社工一直未返岗，已经向社会事业局和社工机构多次反映，都未能解决。但是向项目负责人了解情况时，项目负责人说该社工因家人生病，春节假期后未按社区主任要求及时参加疫情防控，引起了社区主任的不满。4月复工时，社区主任拒绝社工再进入社区。社区的刁难使社工的工作无法开展，只能到其他社区开展工作。（L06，某社工机构负责人，A-L06-2020021501）

（三）服务对象评价的片面性

满足服务对象的需求是政府购买社工服务项目的最终目标和价值所在，同时也是第三方评估项目的最终目标和价值所在。但遗憾的是，一方面，服务对象大多秉承着社工服务"有比没有强"的观点，偏向于将社工服务理解为公益慈善行为，因而总会给出高分甚至满分的评价。服务对象对于"社工服务专业性""社工服务效果""社会工作评估"实际上并没有清晰的认知，客观上也缺乏参与评估的能力。

另一方面，服务对象在利益相关者的权力结构中处于最弱势的地位，服务对象的评价反而变成了最无足轻重的评价。在政府购买社工服务项目中，购买方秉持的是对上负责的原则，希望通过大型活动来彰显政府购买服务的社会影响力；服务方则更多以评估指标体系为导向，力图取得评估好成绩以确保项目资金尽快回笼；评估方则秉持对购买方负责的理念，尽可能地迎合购买方的意图和打算。在这种利益诉求格局下，满足服务对象需求可能只是项目开展的"幌子"。政府购买社工服务项目似乎脱离了以满足服务对象需求为目标的导向，更多偏向于完成固定行政事务的事本主义导向。[①] 因此，服务对象的真实评价在很大程度上被忽视了。一般来说，有三类服务对象的真实评价最容易被忽视。

由于服务对象的人数众多，当前第三方评估对服务对象开展的调查多采用的是遴选服务对象代表或偶遇抽样的方法，并用少量服务对象的意见代替全部服务对象的意见。评估方采用这种服务对象评估方法，实际上也是迫于无奈的选择。

> 我们原来也想过在社区里随机抽取一些服务对象做服务对象满意度测评，但后来发现这样做很不现实。一是，有些专家说到社区里随便问几个人并不是随机抽样，也不一定能问到接受过社工服务的人，可能问不出什么结果。二是，我们每个点只有40分钟的实地走访时间，要核查社工的服务资料，要做社区合作方访谈和一线社工访谈，时间非常紧张。一般一个小组也只是一个带队老师加一个实习生协助

---

① 应小丽、钱凌燕：《"项目进村"中的技术治理逻辑及困境分析》，《行政论坛》2015年第3期。

评估，根本没有足够的时间和精力做随机的服务对象评价，而且做了这么多评估后发现，服务对象的评价都挺高的，最重要的是服务对象不会投诉。但是，如果不花时间做购买方、社区合作方，甚至一线社工的访谈，他们都会有意见。为了提高效率，只能让社工提供服务对象名单，进行电话访问了。（XZL，X市社会工作协会副秘书长，C-XZL-2020082702）

一般来说，只要社工给服务对象提供过帮助，服务对象出于感谢都会给出较高的分数，而且服务对象的评价一般不会侧重在社工服务专业性层面，更多的是对项目社工个人的评价，即项目社工帮助服务对象做过什么事情，帮了哪些忙，评分往往不是评的项目，而是对某个社工的满意度。因此，从目前学界和笔者的观察来看，上述遴选服务对象代表或者偶遇抽样的方法，都有可能导致服务对象评价偏高。例如，评估人员在调研服务对象评价时，经常会出现如下描述：

好，啥都很好。我们老年人没啥要求，有时候来不及接孙子了，社工还会帮我们去接孙子，她们人都特别好。没啥要求，也没啥建议，给100分。（F01，RY社区一位70多岁的老奶奶，A-F01-2019111401）

××社工人很好，我出去工作的时候，她帮助照顾我媳妇儿，对她没什么意见，希望你们给她一个高分。（F02，妻子有产后抑郁症状的社区居民，A-F02-2019111402）

这些小姑娘都可好了，经常带我们去跳广场舞，参加戏曲班、书法班什么的，我在家也没事儿，就经常和我的老姐妹一起去，跟她们可熟啦。建议也没啥建议，就是希望多办一些活动，活动次数还是不够。（F03，一位60多岁的社区老奶奶，C-F03-2020040902）

但是，这种服务对象的抽取方法很难说是科学合理的。一方面，偶遇抽样的方法并不具备统计上的显著性，样本量小，也无法在总体层面进行推论。另一方面，抽取的样本数量太少，总体值太大，样本值也很难具有代表性。以 C 区社工服务项目为例，小的项目要服务数千人，大的项目要服务数万人，项目社工一年的直接服务对象至少也有几百人。但是，第三方评估往往只会对 5 名服务对象进行调查，而且这 5 名对象通常还是社工提前遴选的，其代表性和真实性往往存疑。那这 5 名社工之外的数百、数千名，甚至数万名服务对象的意见又通过何种途径表达呢？在这种评估方式下，5 名服务对象代表之外的众多服务对象实际上没有渠道和机会发表自己的意见，绝大多数服务对象的意见反而被忽视了。

除了服务对象代表性导致的问题以外，有些客观因素也有可能导致评估方难以找到服务对象寻求意见，从而忽视了部分特殊服务对象的意见。例如，有的服务项目比较特殊，像监狱社工服务项目、司法社工服务项目、信访社工服务项目等，可能因保密或隐私的限制而使第三方评估机构无法接触到服务对象。

> 在 X 市 B 区政府购买服务评估项目中，监狱社工岗位、司法社工岗位、学校社工岗位、信访社工岗位、社会福利院岗位由于服务对象的特殊性、用人单位的保密要求等，服务对象都不能参与评估。例如，监狱社工的服务对象是服刑人员；司法社工的服务对象是涉案未成年人；学校社工的服务对象是疫情防控期间封闭在校的中学生；信访社工的服务对象是上访人员；公办社会福利院往往不允许外部人员接触服务对象；等等。在这样的要求下，我们很难接触到服务对象，购买方也不会做强制性要求，服务对象评价的分值只能匀给其他指标了。（XXH，X 市社会工作协会评估项目社工，B-XXH-2020091801）

此外，有一些项目可能由于服务对象住得过于分散，评估的时间和经济成本太高等因素，也无法开展准确的服务对象评价。特别是在农村社会工作服务项目领域，服务对象的居住距离可能长达几十公里，评估机构很难在一定时间内开展有效的服务对象评价。此外，服务对象本身是否具有评价能力也是一个很重要的考虑因素。例如，当服务对象为儿童、智力残疾者、精神疾病患者等不具备评价能力的群体时，服务对象评价也很难开展。在 Y 省民政厅三区项目中，评估机构就遇到了这样的情况：

　　SC 县和 TQ 县三区服务项目的服务对象大多在离当地民政局 30 多公里外的村里，我们需要坐车 1 个多小时才能和服务对象见面，而且三区项目的很多服务对象是儿童，也很难在电话中访问清楚，必须一个一个地到他们家里去访问。我们早上 7 点去 SC 县，赶回 X 市已经晚上 9 点了，才做了不到 5 户的服务对象调查。此外，农村困境儿童大多比较年幼，有些还有智力和身体残疾，不具备做服务对象评价的能力。有些困境儿童的家长也有精神方面的疾病，或者是孤残、事实无人抚养儿童，也很难做服务对象评价。最重要的是，距离太远、时间太短、成本太高。（E02，高校学者兼评估专家，Y-E02-2020071501）

　　服务对象的评价可能不具备代表性，也有可能因难以接触而无法评价，但总归是属于评估指标体系的一部分，评估机构在形式上还必须尊重服务对象评价的结果。但是，在一些形式化程度较高的政府购买社工服务项目中，购买方可能直接就在评估方案和评估指标体系中取消了服务对象评价。例如，在 B 区 2020 年的中期评估中，由于大多数社工岗位设在民政局的各个科室，主要任务是完成用人单位交办的行政工作，所以购买方直接取消了岗位社工的服务对象评价。

　　为了让岗位社工们的评估结果说得过去，B 区民政局直接取消了服务对象评价一项，改为购买方和用人单位评分。2019 年度的项目是 2019 年 4 月到 2020 年 4 月，我们末期评估时间是 2020 年 7 月，2020 年度的项目招标已经完成了。因此，我们的这次评估只是补一下程序，不会对新年度的招投标产生任何影响，评估只是事后补一下程序，也没必要给岗位社工太较真的评价。（XLD，X 市社会工作协会评估项目社工，B-XLD-2020083002）

　　对岗位社工的评价主要依据的是岗位社工每年的自评报告，服务对象和评估专家都没有在实地考核中，或者在评估会议上见到过这些岗位社工，但第三方评估机构每年同样都会为这些岗位社工出具相应的评估报告。从上述情况来看，设在政府部门内的岗位社工似乎能免于服务对象评估，甚至评估专家评估，但同样能得到良好，甚至优秀的评估结果。

第六章

第三方评估机构的行动策略

作为第三方评估的执行主体，第三方评估机构首先要为评估偏差现象负责。第三方评估机构 X 市社会工作协会在 A 区、B 区、C 区政府购买社工服务第三方评估项目中表现出了较为迥异的评估独立性、客观性、公正性和专业性，也导致了不同程度的评估偏差现象。为何会形成这种有差异性的评估偏差现象？按照系统行为的内部分析方法来说，如果要充分了解系统行动，则应以系统层次之下的个人层次的行动作为研究的起点。[①] 就政府购买社工服务第三方评估项目而言，必须重新回到微观层面从第三方评估机构的行动策略层面去剖析原因。经过长时间的观察，本书发现，作为第三方评估机构，X 市社会工作协会已经形成了一套固定的评估方案、评估流程、评估程序，或者说形成了自己的评估范式。在这种评估范式中，蕴含着权责转让、成本控制、化繁为简等一些明显的行动策略。

第一节　权责转让

在政府购买社工服务第三方评估项目中，购买方始终扮演着评估权威来源者和评估资源分配者的角色，实际上是站在第三方评估机构背后的幕后指挥者。比如，购买方可能会干涉第三方评估的结果。这种干涉有明面上合规的干涉，也有私下的"暗示"。具体来说，X 市社会工作协会是由

---

① 詹姆斯·科尔曼：《社会理论的基础》，邓方译，社会科学文献出版社，1990 年，第 1～3 页。

从事社会工作服务的单位或个人组成的社会团体，其具有承接政府相关转移职能，从而实现行业自治和专业自治的重大责任。但是，同我国的许多社会组织一样，社会工作协会也有着过于依赖政府的先天不足，以及专业权威和专业能力不足的后天缺陷。作为一个具有自身利益诉求的社会组织，在具体的实践场域中，社会工作协会和政府部门、会员单位之间也会产生诸多利益联系，并渐渐被这些复杂的利益关系所"俘获"，形成了"和谐"的利益共同体关系。① 值得注意的是，购买方很少对评估机构直接施压，大多数时候，反而是第三方评估机构主动向购买方"靠拢"。在评估开始前，评估方会反复确认购买方的需求和要求，在评估过程中也会主动依赖购买方的权力和渠道进入评估现场，评估结束后也会主动上交评估结果的公布和使用权力。借由主动转让评估权力、主动转移评估责任、主动迎合购买方需求等行动策略，评估方将自身和购买方紧紧捆绑在一起，从而降低了被问责的风险。

一　主动转让评估权力

对于一个具有生存理性、经济理性的第三方评估机构来说，其为了获得更大的生存空间，所采取的生存策略必然是主动转让自身的评估权力，进而主动寻求购买方的支持。在行政吸纳社会的模式下，购买方根本不需要使用权威和经济优势来威胁评估机构，评估机构自身就会主动谋求评估权力的转让，进而保障自身的生存空间。另外，第三方评估机构自身专业性薄弱，在评估权力转让给购买方的同时，评估责任也在一定程度上转嫁给了购买方，从而降低了第三方评估机构面临的风险。因此，出于获得购买方支持和转嫁评估风险的考虑，第三方评估机构的最佳行动策略是尽可能多地将评估权力转让给购买方，而自身只作为一个执行机构来组织和实施评估过程。

具体到本研究中的 X 市社会工作协会来说，评估方一开始就没有将自己视为拥有独立评估权力的决策者。在实地考核环节，评估方要在购买方同意的情况下，才能进入各个项目点开展评估；在评估报告撰写环节，评

---

① 陈天祥、郑佳斯：《双重委托代理下的政社关系：政府购买社会服务的新解释框架》，《公共管理学报》2016 年第 3 期。

估方会提前了解购买方对各个服务方的评价和意见，进而决定评估的具体排名；在评估结果的发布环节，评估方需要参考购买方的意见多次修改评估报告，并由购买方来定稿和公示评估结果。因此，相对于第三方评估机构而言，购买方才是评估的最终决策者。

二　主动转移评估责任

第三方评估机构在向购买方和评估专家转让评估权力的同时，也转移了自身的评估责任，从而最大限度地避免了评估失败带来的风险。在第三方评估中，评估指标体系是经过购买方同意后公布的，评估分数是指标体系得分和评估专家得分累加得出的，评估结果是购买方公布的。如果社工对评估结果不满，相当于质疑购买方和评估专家，而作为评估的执行者，第三方评估机构反而能"置身事外"。

例如，在 2020 年度 X 市 B 区项目中，一些一线社工表示"不认可"第三方评估机构给出的评估报告，并将这些意见反馈给了第三方评估机构。

> 评估报告更多说的是项目现状，不是项目存在的问题，一些改进建议是社工当前正在做的事情，启发意义不大。（S08，一线社工，B-S08-2021020601）

对此，第三方评估机构给出的答复是：

> 评估报告的问题和建议部分，是根据评估专家的意见整理而成的，如果不认可，我们可以找负责你们项目的 E06 老师再沟通下。（XXH，X 市社会工作协会评估项目社工，B-XXH-2021021002）

由此，评估机构顺利地将结果转移给了外部评估专家。此外，笔者在调研过程中，偶尔也听说过某项目的社工对评估结果排名不满的"唠叨"，但从未有机构对评估机构发起正式申诉。其重要原因在于，评估结果一般是由购买方加盖公章后公布的，如果社工质疑评估结果，实际上不仅是在质疑第三方评估机构，也是在质疑购买方。作为被评估的对象，服务方是弱势的一方，其不仅要受到购买方和社区合作方的直接监管，还要接受评估方的考核监督。在这样艰难的生存环境中，服务方不可能，也没有勇气直接同购买方和评估方"撕破脸"。由此，藏身于购买方和评估专家背后的第三方评估机构通过评估责任的转移，将自身置于相对安全的环境中。

三　主动迎合购买方需求

第三方评估机构能够转让评估权力和评估责任的前提和基础是购买方的默许，而要获得购买方的同意，满足购买方的需求是必然的交换条件。理论上讲，第三方评估的作用在于通过独立、客观、公正、专业的监督和指导来提升社工服务项目的服务成效，进而最终提高服务对象的生活质量。但在政府购买社工服务第三方评估项目的实际执行过程中，服务对象是缺少话语权的。评估要满足的迫切需求并不是服务对象的需求，而更多的是购买方的需求。从 X 市社会工作协会执行的第三方评估项目来看，在评估方案制定环节，评估机构要根据购买方的意见确定评估参与主体、评估时间、评估指标体系的具体构成。因此，总的来说，评估方不是以服务对象的需求或服务方的需求来指导评估行为的，其行动的准则更多的是"迎合购买方的需求"，按照购买方的要求来操作评估流程。评估方的这种行动策略是为了保障其生存和发展——本质上仍符合"谁付钱，谁说了算"的逻辑。

第二节　成本控制

随着《行业协会商会与行政机关脱钩总体方案》的执行，行业协会类组织已不能再享受财政直接拨款，不得再占用政府办公用房，离退休干部三年内也不能在协会类社会组织内任职兼职，协会类社会组织的经费将逐步转向政府购买服务的形式。因此，作为第三方评估机构的 X 市社会工作协会也不得不自收自支、节衣缩食、开源节流，而其他社工机构性质的第三方评估机构就更难获得稳定的政府购买服务资金。作为一个自收自支的非营利组织，第三方评估机构同样具有自利动机和谋利行为，同样在追求"合理性"。具体来说，第三方评估机构会通过压缩评估时间、临聘外部人

员、简化评估流程、量产评估报告等多种多样的手段来达成控制成本的
目的。

一 压缩评估时间

评估时间长短与第三方评估机构的成本息息相关，一般来说，评估时
间越长，成本就会越高，稍不注意就有可能超出机构的预算。X市社会工
作协会已有一套模式化的评估流程，具体包括"实地寻访项目点了解一线
社工意见—制作评估指标体系—召开评估指标说明和培训会—实地考核评
估项目点—召开专家评估会—撰写评估报告—召开评估总结反馈会及单独
反馈会"。其中，实地寻访项目点了解一线社工意见、实地考核评估项目
点等环节都需要评估专家带队到每个项目点了解情况，一般是每人每天
800元的薪酬。专家评估会则要邀请省内外5名资深专家开展集中评估，
薪酬在每人每天1500~3000元，具体要根据专家的职称和经验资质决定，
餐饮住宿费等另外报销。评估报告一般采取雇用学生写作的形式，一般是
每篇200元，平均每篇5000字。据笔者的初步计算，一场评估的直接支出
应在80000~90000元（见表6-1），而这些开销只是实地考核专家和评估
会议专家的开销，评估期间的其他办公开销不含在其中。

表 6-1　X 市 C 区末期评估开支明细

事项	人数	天数	单价	金额
实地寻访项目点了解一线社工意见	3人	3天	800元	7200元
实地考核评估项目点	3人	3天	800元	7200元
召开专家评估会	5人	1天	2000元	10000元
专家餐饮食宿	5人	1天	500元	2500元
撰写评估报告	—	30篇	200元	6000元
财务审计报告	—	1篇	50000元	50000元
合计		82900元		

C区一年的第三方评估项目购买金额是25万元，仅招投标费用、税
费、项目审计费用等开支就达5万元以上。剩下20万元要用于中期评估、
末期评估，平均下来每次评估花费为10万元左右。专家评估会每增加一

天，就要多花费 12500 元，其额外成本非常高。这也是 C 区 30 多个社工服务项目评估必须在一天内完成，每个项目只有 5 分钟的 PPT 汇报时间、10 分钟专家点评时间的主要原因，同时也是评估机构不可能下到社区做服务对象随机调查，而要求社工机构提供服务对象电话的主要原因。

尽可能地压缩单个项目的评估时间，可以有效地缩短评估周期，也有利于机构承接更多项目。对于第三方评估机构来说，其人员和精力通常是极其有限的，在同时承接多个第三方评估项目的情况下，必须尽可能地压缩每个评估项目的实际执行周期，从而有时间和精力来承接更多项目。一般来说，一个评估项目有中期评估和末期评估两次评估，个别还会有试用期评估。对于第三方评估机构来说，项目虽然签的服务周期是一年，但实际需要执行的只有中期评估的一个月和末期评估的一个月。从 X 市社会工作协会的情况来看，一般确定评估方案和指标体系并召开说明会需要一周时间，实地考核需要一周时间，专家评估需要一天，报告撰写需要 5～10 天。因此，一个中期评估只需要花费不到一个月的时间就可以完成。节省出来的时间，可以用于投标或执行其他项目，借以实现评估团队的效益最大化。在这种高强度的评估状态下，很多项目都是应购买方要求开展的检查式、应付式、同质化评估，取得的评估效果往往不尽如人意。

二　临聘外部人员

对于第三方评估机构来说，除了财务审计费用，最高的费用其实是人员开支，七成左右的项目资金要花在人员上。因此，降低人员开支是第三方评估机构最重要的成本控制方法。出于节约成本的考虑，X 市社会工作协会大多数时候只有一名专职副秘书长和四名专职人员领薪，其他人员皆以兼职的形式在协会挂职。有评估项目时，协会就临时招募外部人员参与评估工作。选择这种组织架构，主要是为了节约成本，尤其是评估专家的开销。在第三方评估项目中，除了财务审计报告之外，评估专家的住宿、餐饮、交通以及评估费开支实际上是最大的开支（见表 6-1）。为了节约这部分开支，X 市社会工作协会没有组建自己的评估专家团队，而多采用临时聘用的方式。

作为第三方评估机构，我们的主要开销不在于直接提供社工服务，而在于人员，特别是评估专家的开支。一般来说，我们多会选择一些年轻讲师或者一线实务老师来当评估专家，这些老师一般不会收费过高。同时，协会在忙时会招募实习生充当评估协助人员，一般三个月左右。（PH，X市社会工作协会兼职财务，2020020801）

为了配合这种临时招聘外部人员的用工方式，X市社会工作协会建立了动态化的评估专家团队和执行团队，以避免固定的长期人员支出。尤其是在评估项目集中开展期间，X市社会工作协会大量招募实习生参与评估。这些实习生的工资很低，一般是每月1500元，且不包吃住。由于X市的大学都要求社会工作学生有较长的实习时间才能毕业，X市社会工作协会又紧邻X市XZ大学东门，其并不担心找不到实习生。评估专家则多为XZ大学的在校老师，且多为XHZ教授的同事或晚辈，随时可以找来充当评估专家。借由这种动态化的人员管理模式，协会可以在项目较多时迅速拉起一支拼凑的评估团队，也可以在项目较少时保持较低的人员开支。这种评估团队可以在一段时间内同时运作多个评估项目，从而实现人员效益的最大化。一般来说，X市的评估时间集中在每年5~7月，以及11~12月。因此，X市社会工作协会的执行团队常常同时运作2个或3个项目，每个项目都很难有专人负责。可以说，这种动态化的评估团队在很大程度上削减了协会的人员开支，不得不说是一项非常具有经济理性的选择。但是，这种临时拼凑的队伍往往缺乏评估经验，其专业性很难得到保障。

三 简化评估流程

作为第三方评估机构，X市社会工作协会已经形成了一套比较固定的评估流程。但在实际操作过程中，由于不同购买方对政府购买社工服务项目的重视度是不一样的，第三方评估机构也不会使用一套非常严格的评估流程应对所有评估项目。越是严格按照规范的评估流程操作，时间、人力、财力成本就会越高。因此，评估方采用了一种更为灵活的策略，即根据购买方的态度决定评估流程的繁简，灵活变动评估程序，以节省评估成本。例如，在购买方不重视的A区，一些项目只需要召开专家集中评估会议即可，不需要带队老师到项目点实地考核，也就不需要支付相关的实地评估考核费用，服务对象评价也基本采用电话访问甚至直接取消服务对象评价的方式。在购买方非常重视的 B 区，第三方评估机构要严格执行评估流程，甚至会在社区内随机走访部分服务对象，相应的成本也高。同时，B 区和 C 区的评估有时还会聘请省外的专家，而 A 区的评估大多只是协会员工充当评估专家即可。

服务对象满意度评价的具体流程也有很大的简化空间。理论上讲，对于服务对象满意度的调查应当采取随机抽查的方式。但是，随机抽查需要服务对象的全体名单，而服务方很难提供全部服务对象的信息，而且随机抽查的时间等成本太高，往往会超出评估机构所能承受的范围。因此，X 市社会工作协会承接的第三方评估项目很少会出现随机抽查服务对象满意度的情况。大多数情况下，评估方会要求社工现场联系 5 名服务对象填写问卷，或者提供 10 个电话号码，再通过打电话进行访问。然而这种服务对象满意度调查的方法，加剧了服务对象的固化，使服务方更加偏向于培育一些服务对象中的"积极分子"，以便在第三方评估中拿到高分。

> 几乎社协的每次评估都会要求我们提供服务对象电话名单或者现场找服务对象访问，我们一般都会找关系最好的服务对象，并和他们提前打招呼。有时候实在凑不够了，只能让自己的朋友顶替服务对象了。我们也怀疑这种评估方法的合理性，但由于这样评估给出的分挺高的，我们一般也不会多说什么。（S09，社工机构项目主任，C-S09-2020041001）

对于服务方的这种做法，评估方甚至是"默许"的，因为这种方式可以降低评估方的工作难度。

> 服务对象的电话访问是需要社工提供名单和提前打招呼的，不然服务对象会拒接电话，或者以为是诈骗电话，而社工提供名单和提前打招呼的方式无疑会导致接受访问的服务对象都是和社工关系较好的，相应的评价也会偏高。目前来看，社协的服务对象评价很少会出现 90 分以下的情况，绝大部分评价都是非常好或者比较好。（XGX，X 市社会工作协会评估项目社工，2020090501）

四 量产评估报告

第三方评估除了会给出评估分数和评估排名外，还会提供一份详细的评估报告，用以指明服务项目当前存在的问题和下一步改进的重点方向。但从笔者的直接观察来看，第三方评估的问题和建议有很多"套路化"的成分，且不同评估项目的评估报告具有一定的重复性。X市民政局社工处GWZ处长也指出：

> X社协的评估报告最近越来越"套路化"了。（GWZ，X市民政局社工处处长，2021012001）

为了更加详细地了解这一问题，笔者分析了2019~2020年度A区、B区、C区的52篇末期评估报告，结果发现，即使是在同一时间段内末期评估报告中，某些建议出现的频率也非常高。具体来说，52篇报告中，关于提升社工专业性的建议提到了24次，创新特色服务项目或品牌的建议达到了17次，关于志愿者队伍建设的建议提到了11次。

在不同年度间，评估报告内容的重复性有可能更高。评估工作人员XLZ表示：

> 由于写报告的时间过于紧张，我们只能在不同项目间互相"借鉴"，不同年度间互相"借鉴"，这样才能尽可能地在规定时间内完成评估报告。（XLZ，X市社会工作协会评估社工，2020081401）

评估报告中问题和建议的相似性较高，一方面反映了X市社会工作服务项目确实有很多相似的问题；另一方面也反映了评估机构有意忽视社工服务项目之间的差异性，从而节约时间和精力的意图。

X市社会工作协会评估项目经理XXH曾明确地指出：

> 如果要对每个项目都做细致的成效、问题和建议分析，在时间上根本不可能，社协有很多事情要忙，有时候同时接两三个项目，还要承担一些行业协会宣传管理职能。说实话写出来的问题和建议都是大

同小异，这些问题社工都知道，自评报告里也都总结得很好，但他们也知道只是写写而已，想改很难。像服务专业性不足、创新性不足、社工流动性大等老大难的问题，年年提、年年改，但效果也都不大，有些也不是社工能解决的问题。（XXH，X市社会工作协会评估项目社工，2019111201）

这种评估报告的重复性实际上是因为，第三方评估报告通常是模式化量产的，难免具有很高的相似性。一般来说，按照评估方案的要求，评估方需要在专家评估会议结束后十个工作日内完成工作评估报告。这对于只有5个子项目的A区评估项目来说，时间还比较充裕，但对于有30多个子项目的C区评估项目来说，平均每天要完成3篇评估报告，时间可以说非常紧张。最关键的是，大多数项目都是年中中期评估，年末末期评估，很多时候评估方要同时操作多个区的评估项目，这就迫使评估方必须使用一个时间最短、效率最高的评估报告撰写方法。由此，量产化评估报告成为一个必然的选择。自2019年底开始，X市社会工作协会已经形成了一套非常精致的评估报告模板。在这个模板中，几乎每句话都有固定的位置和格式，实习生只需要按照模板填写数据即可。因此，哪怕是刚来的实习生，只需要10分钟的培训就可以开始撰写报告了。这样撰写出来的评估报告具有很高的规范性，但几乎是千篇一律的考核报告，其实际意义并不明显。

评估报告要达到量产化，需要处理两个问题，一是数据部分的置换，二是成效、问题和建议的重新整理。第一个问题很好解决，只需要设定好固定的语句，再将数据更新置换即可。但第二个问题比较复杂一些，因为涉及每个具体项目的描述，不能直接置换。因此，为了解决第二个问题，评估方选择了三种方法。一是要求服务方在自评报告中撰写自身项目的成效、问题和建议，再根据服务方撰写的内容进行后期整理。二是在不同区域、不同年度的项目间腾挪置换。一般来说，社会服务项目具有一些共性的问题，例如服务的专业性不够、志愿者资源挖掘不足、项目缺乏创新性等。对于这些共性的问题，评估方可以直接复制粘贴，从而提高写作效率。三是照搬其他城市或者网络上的评估建议，加工修改后凑字数。

从笔者的实际观察来看，购买方、服务方、评估方最关注的是"评估结果"中的具体分值和等级排名，而对于所谓的成效、问题和建议，利益相关方都视之为"必要的格式"，并不在乎其契合性和实用性。

对于这种量产化评估报告的效用，评估报告撰写人员自身似乎也不在乎。

> C 区评估的时候，我和 XLY 两个人要写 30 篇分报告，我俩总共写了五天，平均每人每天得写三四个，好在评估报告的格式和套路是固定的，只需要填数据就可以。至于成效、问题和建议部分，可以参考社工机构的自评报告，他们都已经写得比较全面了，我们只需要总结概括一下就好。每个段落都不长，一般是 150 字左右，一篇报告下来基本上是 2000~3000 字。至于这种报告到底能起多大作用，我们心里其实也说不清。（XWY，X 社会工作协会评估项目社工，已离职，2019082002）

第三节　化繁为简

作为第三方评估机构兼行业协会，X 市社会工作协会的人手少、事务多，其不可能，也不愿意投入过多的精力到某一个社工服务第三方评估项目中，更不愿在某个评估项目中花费太长的时间。再加上社工服务项目的成效难以测量，项目制对时间、效率等因素的追求等原因，评估机构更偏向于使用项目管理评估、服务产出评估、事后评估、短期考核评估等简单快捷，耗时较短的评估方式，而不愿意使用专业服务评估、服务成效评估、事前评估、长期影响评估等难度大、耗时长、开支多的评估方式。

一　偏项目管理轻专业服务

如果从社会服务评估的整体层面来看，社会服务评估是一整套方法和技术的集合，旨在判定一项社会服务是否被需要、被谁需要、如何有效实施，以及是否达到了预期效果并提高了人们的福祉水平；根据服务对象的不同，可以分为组织评估、项目评估和具体服务的评估三个层面。[①] 如果

---

① 吴帆、郑飞北：《社会服务评估实用教程》，高等教育出版社，2018，第7~11页。

再细分下去，又可以分为基础运营、人力资源、服务管理、财务管理、满意度、社会影响力等诸多具体内容。从 X 市 A 区、B 区、C 区三个评估案例的指标体系构成中可以看出，有 35%~45% 的分值权重集中在基础运营、人员管理、财务管理等项目管理方面；有 15%~20% 的分值权重集中在购买方、街道办事处、社区合作方、服务对象评价等多方评价方面；只有 40%~50% 的分值权重真正集中在需求评估、服务产出、专业方法、服务质量等服务成效方面（见表 6-2）。也就是说，在社会服务评估项目中，最多只有一半的分值权重真正涉及专业服务评估，其他分值大都侧重在项目的制度建设、人员管理、多方评价等方面。按照徐道稳、唐达婷对绩效评估发展历程的阶段性划分，X 市的第三方评估还处在探索阶段，其突出表现就是，在面面俱到的全身体检中以组织规范化建设为重点，忽视了社会工作机构的非营利宗旨和服务使命。[①] 从这一点来看，针对社工服务项目的评估过多侧重于项目管理，而对专业服务水平的测量并不重视。

表 6-2　X 市三个评估案例的评估指标体系构成

单位：%

案例	项目管理	服务成效	多方评价
A 区	45	40	15
B 区	35	50	15
C 区	40	40	20

这种偏重于项目管理而轻视专业服务的评估带来了一个明显的后果，即文牍主义评估的盛行。在偏重于项目管理的评估模式下，社工树立的是一种标准化的思维，即项目管理要标准化、档案管理要标准化，相应的专业服务也要标准化，而体现专业服务标准化的最主要载体就是服务记录和表格的标准化。由此，专业服务评估转变成了项目管理评估和文本材料评估。但是，这种标准化实际上只是文字材料的标准化、专业文案的标准化。评估实际上是项目管理评估，而不是社工项目的服务效果评估。评估实际上考核的是项目管理、绩效管理，而非服务效果。这里面有一个前提

---

① 徐道稳、唐达婷：《责信理论视角下社会工作机构绩效评估研究——以 S 市社会工作机构绩效评估为例》，《社会工作与管理》2020 年第 4 期。

假设，就是文字材料、档案管理做得好的社工项目，其服务效果就应该相应的好。但至于这个前提假设正确与否，似乎很难检验。

二 偏产出评估轻成效评估

从实践层面来看，目前我国的社会工作服务评估项目大多以实证主义和定量数据指标为基础，辅之以形式化的参与式评估和协商式评估，这种评估方式往往重视服务产出而轻视服务成效。但必须指出的是，服务产出不等于服务成效，服务产出侧重于项目社工完成了多少个案、小组和社区活动，而服务成效则侧重于专业社工服务给服务对象带来了哪些改变。遗憾的是，这种改变有可能是即时的，也有可能是后期的，有可能是短暂的，也有可能是长远的。对服务对象改变的测量长期以来都是社会服务评估的难题之一。因此，在社工服务实践中，服务方和评估方都偏向于以服务产出代替服务成效，而购买方也偏向于支持社工开展覆盖面较大，覆盖人数较多的大型活动。

例如，C 区社会事业局社工科科长 GSJ 曾在中期评估总结大会上直言：

> 今年我们第一次给你们安排具体的工作，社工的主要抓手是活跃社区的氛围，我们今年希望社工服务更多的群众，希望引领更多人参与社区治理。你们开展了一些个案和小组活动，只是社区看到了。我们需要数据，需要成果向上级政府部门报告。我们 10 天前就发布了社区活动统计系统，但是没人提意见，也没人反馈，竟然还有 10 个机构没有使用系统。10 天，28 个党群（服务中心），竟然只有 75 场活动，参与人数只有 535 人次。社工项目要放得下去，也能收得上来。这些工作必须做，不做就要淘汰，我们欢送。（GSJ，C 区社会事业局社工科科长，C-GSJ-2019111501）

很多政府购买社工服务合同中都明确地指出了项目的产出指标，但对专业服务的目标往往语焉不详，这也为服务方和评估方重视服务产出轻视服务成效提供了合同上的正当性。因此，购买方、服务方、合作方实际上都不看重社工服务的真实效果，而更加强调社工服务的覆盖面、服务的人次等侧重于服务产出层面的指标。

但这种对服务产出的片面强调有时候也会给服务方和服务对象带来很多麻烦。

一位社工机构负责人表示：

> 为了彰显活动的覆盖人数，C 区专门制作了一个社区活动服务系统，但这个系统要求居民来参加活动的时候用身份证和电话办一张卡，来的时候刷一次，走的时候再刷一次。很多居民担心隐私泄露，或者怕麻烦，甚至都不愿意再来党群服务中心了。（L07，某社工机构负责人，C-L07-2019111501）

三　偏事后评估轻事前评估

如果按照评估的时间和阶段划分，社会服务评估可以分为事前评估（需求评估、服务方法及理论评估）、事中评估（过程评估）、事后评估（结果评估、影响评估、成本效益评估）等。X 市的第三方评估往往侧重于结果评估或过程评估，对事前评估比较忽视。最突出的表现就是，有些项目都开展到一半了，需要评估才能拨付后期款的时候，购买方才想起来寻找评估机构。这时服务项目已经开展半年了，第三方评估机构才入场，根本不可能再开展完善的需求评估和过程评估了，只能使用结果评估等事后评估方法。例如，笔者就曾以评估专家的身份"客串"过一次临时增加的中期评估。

> 今天 GWZ 处长给我们介绍了 N 市的一个医务社工服务项目，说 N 市民政局的医务社工服务项目该进行中期评估了，希望找一个第三方评估机构开展一些专业评价，GWZ 处长推荐了我们。后来，N 市民政局的社工科 GCC 科长联系了我们，让我们去看一下。他们这个项目已经进行半年了，需要一份中期评估报告，我们今天去看一下，这些地市的评估比较简单。我，你，还有一个财务，我们过去看一下，听一下他们的 PPT 汇报，然后咱们三个给个分就行了，评估报告可以参照他们的自评报告来写。（XHZ，X 市社会工作协会会长，N-XHZ-2020082801）

片面强调结果评估等事后评估方式，实际上具有一些明显的弊端。首先，结果评估等事后评估方式重在考核目标达成度，而相对忽略项目目标本身的合理性。项目目标可能一开始就存在偏差，例如以购买方的需求代替服务对象的需求等。其次，事后评估更多的是在项目完成后的一种回头式的检视，虽然有助于项目后期或下年度的改进，但项目前期的负面影响已经产生，利益相关方很难挽回已经付出的代价了。最后，事后评估重点在于考察服务方的表现，而忽略了购买方、社区合作方在项目中应该承担的监督和辅助责任。

四　偏短期考核轻长期影响

第三方评估的主要目的和使命在于通过专业的监督与评价发现项目中存在的问题，进而起到监督核查和以评促建的作用。其中，以评促改、以评促建最能彰显第三方评估的价值和意义。但遗憾的是，当前社工服务领域内的第三方评估很多只能做到监督核查，甚至监督核查还面临着形式化的问题，更难保证以评促建的真实效果了。对此，负责实地考核的评估专家感受最深。

> 以评促建的效果实现没实现，这个很难说，有些老大难的问题，比如社工流动性大、服务创新性不足等问题还是年年提、年年有，我们也提得厌烦了。（E09，高校学者兼评估专家，B-E09-2020041401）

> 目前来看，评估所带来的无论是直接还是间接影响都并不大。对于承接方来说，可能会结合评估结果整改，但效果并不是很明显，一些问题依然存在。（E10，高校学者兼评估专家，B-E10-2019111801）

这种偏重于短期考核而忽视长期影响的评估方式，是由很多限制性因素造成的。首先，目前政府购买社工服务第三方评估项目大多采用的是项目制的形式，且多是一年一购买。这种项目制的购买形式使得评估机构只会以年度为单位进行短期的绩效考核，而很少会考虑项目的长期影响。其次，一线社工团队的流动性较大，今年和明年承接项目的社工甚至机构都可能会产生较大的变动，导致评估的对象中途变更，以评促建也失去了促进的对象。最后，服务成效的长期影响本身也是很难测量的。一方面，长期影响需要很长的时间跨度评估，也就需要更加严格的前后测方法，由此必然带来更高的人力、物力、时间成本；另一方面，随着时间的延长，其他干扰变量增多，很难界定服务对象的改变是否与以前的社工服务有直接的关系。由于客观因素和主观因素的诸多限制，社工服务的长期影响目前来说还很难判定，而第三方评估更多的是监督和检视当下项目的一种工具，尚未成为一种能产生深远影响的机制。

| 第七章 |

第三方评估的外部制度环境

　　第三方评估机构的行动策略可以部分解释评估偏差问题出现的原因，但第三方评估机构为什么会采取上述行动策略？或者说第三方评估偏差出现的深层次原因是什么？如果把第三方评估机构视作一个有生命的有机体，其行动策略及其背后理性价值的形成显然受制于生存环境。同理，寻找第三方评估机构的行动策略动因，必然要重新回到宏观层面，深入地考察第三方评估机构所处的制度文化环境。现阶段来看，第三方评估的合法性失衡、外部监督制度缺失、行业准入制度缺失等制度缺陷问题，是迫使第三方评估机构选择权责转让、成本控制、化繁为简等行动策略的主要原因。

第一节　合法性失衡

　　"合法性"这一概念最先由韦伯提出，他认为凡是被公众所相信的、所赞同的就是具有合法性的统治。[①] 基于合法性的角度，国内学界已经出现了一些涉及政府购买社工服务中第三方评估合法性的研究成果。例如，徐选国等将合法性分为法律合法性、行政合法性、政治合法性和社会合法性四类，并重点描述了合法性的缺失对第三方评估的影响。[②] 王杰等从实

---

　　①　马克斯·韦伯：《经济与社会》（上卷），林荣远译，商务印书馆，1997，第249页。

　　②　徐选国、黄颖：《政社分开与团结：政府购买社会服务第三方评估的风险及其治理——基于S市的评估实践》，《社会工作与管理》2017年第2期。

效合法性、认同合法性、规制合法性的角度提出了社会工作的合法性分析框架，并认为社会工作存在成效不足、认同缺失、非系统性等合法性不足的问题。① 其中，王杰等所说的规制合法性类似于法律和制度合法性，认同合法性类似于社会合法性，实效合法性类似于服务成效合法性。高丽等又在前人的基础上，重点分析了第三方评估在政治合法性、法律合法性、专业合法性以及社会合法性层面的不足问题，进而指出了第三方评估的自主性不足、失灵、评估权威受质疑、评估文化缺失等问题。② 许源则指出，政府购买服务中第三方评估存在法律身份缺失困境、行政赋权困境、被评估者的认同困境，其根源在于第三方评估的法律合法性、行政合法性和社会合法性不足。③

从已有的研究成果来看，学者们普遍将组织的合法性进一步解构为法律合法性、行政合法性、社会合法性、专业合法性、政治合法性等类别，并认为第三方评估在所有合法性领域都存在合法性不足的问题。与以往的研究不同，笔者认为，作为致力于服务弱势群体的社会工作机构及其评估机构，往往具有很高的政治意识和政治站位。因此，笔者认为，社会工作机构及其评估机构在政治合法性上并不欠缺，在行政合法性上也并不弱势。因此，本节主要从法律合法性不足、社会合法性欠缺、专业合法性较弱、行政合法性强势等四个层面来探讨第三方评估的合法性失衡问题。

一　法律合法性不足

法律合法性是指由于满足了法律规则而获得的合法性。④ 随着学界的呼吁以及各地社会工作政策的不断完善与发展，社会工作机构的登记限制问题已经解决，社工服务机构的登记注册已经不再是难题。但是，政府购买社工服务领域内第三方评估的法律体系还没有建立起来，第三方评估面临着国家层面的上位法缺失、现行评估规范的约束力有限、评估结果缺乏

---

① 王杰、徐选国：《我国社会工作的合法性困境及其路径重构》，《中国农业大学学报》（社会科学版）2018 年第 2 期。
② 高丽、徐选国：《第三方评估组织发展的结构性困境及其生成机制——基于对 S 市的经验观察》，《中国第三部门研究》2019 年第 2 期。
③ 许源：《合法性视角下政府购买服务第三方评估机制、困境及其突破》，《科学发展》2020年第 4 期。
④ 高丙中：《社会团体的合法性问题》，《中国社会科学》2000 年第 2 期。

法律保障等法律合法性不足的问题。

（一）"第三方评估法"等国家层面的上位法缺失

目前来说，我国社会服务评估领域内还没有国家层面的第三方评估上位法，大多数规范要求还散见于党中央、国务院、民政部等发布的政策文件中，且多是几句话带过，缺乏成体系的法律条文。例如，中央组织部、中央政法委等18个部门于2011年联合下发的《关于加强社会工作专业人才队伍建设的意见》宽泛地指出，要"加强对民办社会工作服务机构的管理监督，建立健全专业评估机制"，但未涉及具体内容；《民政部 财政部关于政府购买社会工作服务的指导意见》指出，"积极推进第三方评估，发挥专业评估机构、行业组织管理、专家等方面作用"，但仅对评估原则、奖惩方法等做了简要的要求；《国务院办公厅关于政府向社会力量购买服务的指导意见》提出，要"建立健全由购买主体、服务对象和第三方组成的综合性评审机制"，但缺乏对具体评估原则、程度、方法和指标的规定；《民政部关于进一步加快推进民办社会工作服务机构发展的意见》提出，要"深入做好民办社会工作服务机构评估工作，将评估结果作为政府购买服务和资源支持的重要依据，充分发挥评估工作的导向、激励和约束作用"，也未涉及具体评估内容。

此外，民政部于2015年发布的《关于探索建立社会组织第三方评估机制的指导意见》较为明确地阐述了社会组织第三方评估的基本原则、资金保障机制、信息公开和结果运用机制，但严格意义上来说，并未侧重于评估社会组织，而是侧重于社会组织承接的评估项目，而且其中的内容更像是呼吁和倡导，而非明确要求。例如，其中提出的"倡导社会力量对评估工作予以捐助""民政部门要定期汇总社会组织第三方评估信息""鼓励把评估结果作为社会组织信用体系建设的重要内容"等更多侧重"倡导""要求""鼓励"方面，缺乏必要的法律效力。

整体而言，国家层面上第三方评估上位法的缺失，使得第三方评估及评估机构的法律地位、角色身份、性质功能、准入门槛、专业资质、从业范围、监督管理等较为混乱，间接导致了第三方评估行业混乱的局面。例如，当前我国社会工作服务领域内的第三方评估组织比较杂乱，既有社工协会、社工机构等非营利组织，也有会计师事务所、人力资源管理公司、咨询公司等营利性企业。这些评估机构有的是按《民办非企业单位登记管理暂行条例》登记运行的，有的是按《社会团体登记管理条例》登记运行的，还有的是按《公司登记管理条例》登记运行的。由于缺乏明确的上位法规定，第三方评估机构虽然具有法人地位，但在整个社会组织领域内的身份十分不清晰，甚至第三方评估只是这些机构的分支业务，究竟算不算第三方评估机构都有待考量。

（二）现行评估规范的约束力有限

在中共中央、国务院、民政部等国家层面的政策推动下，各省区市相继制定了一些指导性的文件以规范第三方评估的具体操作。但遗憾的是，这些规范性文件大多不具备强制约束力，很多规范并未被严格地执行，有些规范本身也有一些值得商榷的问题。

一方面，目前各地市的评估规范基本上是以"意见""指南""办法"等形式发布的，没有足够的法律效力和强制性的约束力，以至于各地的第三方评估机构往往各行其是，并不会完全按照文件要求来规范自身行为。例如，《X市政府购买社会工作服务考核评估实施办法》中规定：组成政府购买社会工作服务考核评估监督委员会，受理考核评估过程中的投诉，复核考核评估结果。

但是，这种监督委员会很多时候并没有设立。究其原因，一是政府各个部门经常各自为政，专门整合起来监督一个第三方评估项目是既不合理也不经济的行为。二是政府作为购买方本身就是利益相关者之一，投诉第三方评估机构实际上相当于投诉购买方。因此，诸如设立考核评估监督委员会、对不合格的机构短期内禁止承接政府购买服务项目或追回资金、第三方评估过程与结果向社会大众公开、财务问题一票否决等评估规范很少被各地市的购买方和第三方评估机构所遵循。这些"意见"、"指南"和"办法"更多只是一种官方的建议，自身并不能形成强有力的制度和法律约束力。

另一方面，当前各地的评估规范，甚至是国家层面的评估指南中依然有一些可待商榷的地方。首先，《社会工作服务项目绩效评估指南》（以下简称《指南》）中，把购买方视为"评估组织者"，可以"负责确定评估方式"。对于评估组织者，《指南》中的规定并不完全准确。在第三方评估中，购买方应当是监督者和资金提供者，第三方评估机构才是评估的组织者，才能确定具体评估方式。其次，在满意度评估中，《指南》中所谓的"评估服务对象、购买方、项目执行方对社会工作服务过程与成效的满意度"，忽略了用人单位或社区合作方的满意度，而且将项目执行方的满意度也纳入评估体系与第三方评估的原则有一定冲突。最后，从《指南》中关于购买方和评估方的权利规定中可以看出，购买方处于明显的优势地位，甚至可以直接"指导"评估报告的撰写过程，还对评估报告享有知识产权。如果严格按照上述规定，评估报告的知识产权是归政府所有的，那如何运用评估报告也只能取决于购买方的意见。《指南》中规定的购买方和评估方之间的权力地位明显是不平等的，或者说《指南》中虽然有一些倡导第三方评估的内容，但仍坚持政府内部评估的核心思想。从这一点上来看，《指南》是表里不一的。国家层面的《指南》尚且问题颇多，各地市的评估操作规范更是参差不齐，甚至有些还有常识性的错误。

（三）评估结果缺乏法律保障

作为监督和促进政府购买社工服务项目的一种机制，第三方评估结果的公正性和效用大小最能体现第三方评估的价值所在。但是，由于法律法规的不完善和执行中的约束力有限，第三方评估的结果往往不具有较强的权威性，也不具备明确的法律效力。法律保障的缺失致使第三方评估的结果往往只能作为一种内部参考意见而存在，并不具有明确的法律效力。

一方面，第三方评估结果只是一种参考意见，并不是最终的评估结果。第三方评估结果的载体是第三方评估机构出具的评估报告，评估报告的出台大致需要经历"资料收集—撰写—初稿—修改—定稿—发布"的过程。其中，资料收集、撰写、初稿和修改环节主要是由第三方评估机构的评估项目社工负责，而评估报告的定稿和发布基本上由购买方来决定。目前第三方评估出现了一种特别的情况，即购买方在评估规范文件中规定自身在评估结果中所占的份额。例如，从 X 市 C 区的评估办法来看，购买方直接掌握了 30%~40% 的评分权重，如此高的评分权重使得购买方几乎可以决定服务方的排名和具体分数。在这种评估模式下，第三方评估结果只具有参考价值，并不能作为最终的评估结果。

另一方面，第三方评估结果容易被篡改，评估结果可能与真实状况不符。从实践操作层面来看，第三方评估结果的出台是一个多方利益角逐和博弈的过程，评估结果可能会在一定程度上偏离真实状况，而体现出利益相关方的意图。例如，购买方可能会出于表彰或惩戒某些社工机构的目的，调整评估的最终分数和排名；服务方可能会凭借某些特殊关系来促使购买方和评估方改变评估结果。

二　社会合法性欠缺

社会合法性是社会团体获得他者承认的一种体现，代表着社会公众对其有充分的承认与认知。[①] 在第三方评估中，"他者"更加侧重在服务对象及社会大众层面，服务对象和社会大众是否了解第三方评估、是否支持第三方评估、第三方评估是否具备强大的社会影响力，基本上代表着第三方评估是否具备坚实的社会合法性基础。社会工作机构及其评估机构大多是受自上而下的政策影响的，这就导致第三方评估缺乏地方文化传统的支持，面临着社会合法性欠缺的问题。

（一）社会大众对第三方评估的认知度和参与度低

现阶段来看，一般民众对于社会工作及其第三方评估制度的认知程度都不高，参与主动性也不强。

> 购买方和有些评估专家说我们的服务覆盖面比较窄，让我们服务更多的人群。但是我们办活动的时候，只有老人愿意来，或者老人带着自己照看的孩子一块来。年轻人都很忙，他们都没时间参与。我们也想服务更多人，尤其是社会弱势群体，但是一方面社区给我们安排了很多行政任务，另一方面我们也下去走访了，很多人明确地表示没有时间。积极对象本来就不多，而且大多是老人和孩子，评估的时候只有请他们来凑数了。（S10，一线社工，B-S10-2019111102）

出现这种低认知度和低参与度的现象有多方面的原因。首先，作为致

---

① 高丽、徐选国：《政府购买社会服务第三方评估的合法性困境及其重构》，《社会建设》2019 年第 6 期。

力于服务老年人、残疾人、孤残儿童等社会弱势群体的社会服务类专业，社会工作专业自身就面临着直接服务对象的覆盖面有限的问题。再加上评估指标考核体系的压力，有些社工服务项目出现了服务对象长期固化为某类人群，甚至某些个人的现象。[①] 其次，作为社工服务对象的社会弱势群体往往面对诸多困难，获取信息和向社会发声的渠道本就有限，很难由服务对象主动为社会工作及第三方评估制度带来良好的社会声誉。[②] 服务对象的参与是要付出时间和精力的，出于自利性的考虑，服务对象可能不愿意参与社工提供的服务，尤其是配合第三方评估的工作。因此，在第三方评估中，经常会出现每次参与评估的都是某些特定的服务对象群体或个人的现象。[③] 最后，作为一个外来的新兴事物，目前政府购买社工服务领域内的第三方评估机制还处在一个初期发展阶段，行业的知名度不高，致使一般民众大多不了解第三方评估的性质、角色、功能和价值所在，也不了解自身在第三方评估中的权利、价值和意义。因此，服务对象更多的是基于"按照居委会的要求"或者"帮社工一个忙"的心理去参与第三方评估，而不是出于行使自身权利的心态。

服务对象经常说的是：

> 我也不知道啥是第三方评估，社工我知道一点，就是小张他们，经常带我们做一些娱乐活动。我过来是因为小张这孩子挺好的，经常带我们做些剪纸画、老年课堂之类的活动，她叫我过来帮帮忙，给打个分。都挺好的，都给满分，没啥不满意的。建议嘛，就是活动的次数还不够，希望多开展一些活动。（F04，一位 72 岁的老奶奶，C-F04-2020061002）

换句话说，服务对象或许并不知道应该怎么去客观评估社工服务的

① 谢建社、吴夏元：《服务对象参与社工服务的现状及其策略——基于抽纸原理的启示》，《广州大学学报》（社会科学版）2018 年第 9 期。
② 韩江风：《社会排斥视角下残疾人就业困境及帮扶路径研究》，《社会福利》（理论版）2019 年第 4 期。
③ 黄灿灿：《政府购买社工服务背景下社工机构行动策略"表演化"研究》，硕士学位论文，中央民族大学，2019，第 12~46 页。

专业性水平，而是单一地把社工视为居委会的工作人员或者社区志愿者来评价。[①]

（二）　第三方评估缺乏传统文化基础

作为由外而内、自上而下发展的社会工作专业及其第三方评估制度，在中国缺乏相应的文化传统、社会习惯、行业规范等社会性基础，面临着社会合法性不足的困境。首先，社会工作专业及第三方评估的概念是由西方传入中国的，在一定程度上缺乏足够的文化认同。例如，与西方民众会主动寻求社会工作者、心理咨询师等社会服务的习惯不同，中国民众更多偏向于忍耐和被动接受帮助，而很少会主动向社工求助。[②] 其次，我国社会组织长期处于被抑制状态，社会组织的独立性和专业性都不高，致使其没有在社会大众心中树立起足够的信誉。最后，长期的"大政府—小社会"社会管理格局，使社会大众习惯了依赖行政体制，而不是依赖于社会组织去解决问题，更多是"有困难，找政府"，而不是"有困难，找社工"。就第三方评估而言，其对于社会大众来说还是一个比较陌生的概念。一方面，社会大众参与第三方评估还是近20年才在中国出现的新事物，而且主要以社会代表评估和民众参与评估的形式出现在政府绩效评估领域；另一方面，社会大众普遍缺乏参与第三方评估的渠道和能力，他们既不能参与评估方案的制定，也很难参与到方案实施、数据处理、结果运用的过程中，只能在评估的末端环节起到补充评价的作用。[③]

三　专业合法性较弱

专业合法性的概念实际上存在一些内部的矛盾性，因为一个专业是否合法，更多取决于政治和法律方面的规定，但也有一些学者试图从不同的角度去阐述专业合法性的概念。例如，一些学者认为专业合法性是购买方、评估者、被评对象等利益相关者主体对评估专业性和权威性的

---

① 李全彩：《政府购买社会工作服务：现状、问题与对策》，《社会福利》（理论版）2014 年第 7 期。

② 童敏、周燚：《从需求导向到问题导向：社会工作"中国道路"的专业合法性考察》，《社会工作》2019 年第 4 期。

③ 徐双敏：《政府绩效管理中的"第三方评估"模式及其完善》，《中国行政管理》2011 年第 1 期。

承认与接受;① 专业合法性的关键在于证明专业的不可替代性;② 社会工作的专业合法性有三大来源,分别是历史文化、社会和政治,西方发达国家专业社会工作的合法化呈现"历史文化认可→社会认可→政治认可"的路径序列。③ 在本书中,对于专业合法性的理解也是基于利益相关者的角度,即购买方、社区合作方以及一线社工认为第三方评估机构、评估人员、评估专家、评估方法、评估标准等是否专业,能否真实地评价一个服务项目,能否起到以评促改、以评促建的作用。从已有的文献成果和笔者的实践观察来看,当前一线社工对第三方评估怨言颇多,普遍认为第三方评估过于看重量化指标、评估专家缺乏实践经验、评估机构能力不强。

(一) 一线社工质疑评估方的专业能力

作为被评估方,承接政府购买社工服务项目的社工机构和一线项目社工对于第三方评估的专业性有最清楚的感知,社工机构和一线社工也是当前对第三方评估怨言最多的主体。对于被评估方来说,第三方评估迫使他们抽出大量的时间补材料,加大了他们的工作压力。

> 对我们来说,评估人员和评估专家都是得罪不起的领导,接受评估跟迎接检查差不多,要准备很多文件材料,还要准备自评报告和PPT。评估专家们只来项目点看过一两次,也没见过我们具体是怎么开展服务的,他们的评价实际上并不完全准确。(S11,一线社工,B-S11-2019111104)

可见,一线社工对于评估方的专业性并不完全认可,相较于以高校学者为主体的评估专家组,一线社工更信赖社工实务界的评估专家,认为实务界的评估专家更接地气,而高校学者往往脱离社工的实际工作场景,给不出明确和具体的建议,大多是理论性的空谈。

---

① 高丽、徐选国:《政府购买社会服务第三方评估的合法性困境及其重构》,《社会建设》2019 年第 6 期。
② 童敏、周燚:《从需求导向到问题导向:社会工作"中国道路"的专业合法性考察》,《社会工作》2019 年第 4 期。
③ 徐向文:《西方专业社会工作合法化路径及其对我国的启示》,《甘肃社会科学》2015 年第 4 期。

评估专家们总说我们需求评估做得不专业，以及没有做前测后测之类的服务成效测量，但是一个社区小的上千人，多的上万人，项目社工就4个人，怎么可能调查清楚所有人的需求呢，而且很多服务对象都是参与的社区活动，一次两次就结束了，前测后测意义并不大。一方面，购买方和社区要求我们多做覆盖面大、服务人数多的大型活动；另一方面，高校的评估专家们又要我们开展深入的个案和小组服务，但是我们的时间和精力是有限的，常常是项目刚做完需求评估，再办几次大型活动，就该到中期评估的时候了，个案和小组指标难以完成。（S12，一线社工，B-S12-2019111103）

（二）评估理论与实务的脱节

文军教授曾将中国社会工作面临的挑战归结为十条，包括理论研究滞后于实务活动、专业教育与实务能力培养脱节、价值理念与实务技巧错位、缺乏有效督导与评估等。[①] 这些问题在现今的第三方评估中也不同程度地存在着，尤以评估理论与实务的脱节最为严重。一方面，当前学界对社会工作服务评估和第三方评估的概念都还存在争议，相似或相通的概念有社会服务评估、社会评估、社会项目评估、社会福利项目评估、项目评估等十余种，对评估方法和体系的讨论更是标准不一。同时，国内目前还没有就社会工作服务评估或第三方评估形成固定的学术交流圈。时至今日，中国社会工作联合会还没有设立评估专业委员会，国内也还没有形成权威的社会服务评估组织以及学会组织，评估专业期刊也还没有创立。整体来看，国内社会工作领域的评估实践正在如火如荼地发展着，但关于社会工作服务评估的理论研究还比较滞后。国内目前急缺从概念界定、方法论、范式、具体方法和技术、评估方法分类等层面对社会工作服务评估进行详细阐述的专著。社会工作服务评估的学术组织和学术期刊也应该尽快建立起来，以弥补评估理论和方法上的不足。

另一方面，内地的社会工作服务评估方法与体系多是借鉴香港地区，

---

① 文军：《当代中国社会工作发展面临的十大挑战》，《社会科学》2009年第7期。

先是传至广州、深圳、上海等地，之后又继续向武汉、成都、郑州等地传播。香港地区的评估体系建立在其近 150 年的社会服务历史以及近 50 年的评估经验基础上，以项目运作、绩效度量、精确测量、目标导向等为核心特征。① 这套评估方法和体系运用到内地社会工作服务项目中后，出现了一些比较突出的问题。其关键症结就在于我国现阶段社会工作的发展是以党群服务中心、社会工作服务站为依托，以项目制为购买和运作方式，且内嵌于行政体制内的，这与香港的独立自主型的社会工作服务模式有着很大的区别。不同于香港有着较为扎实的社会组织基础，内地社会组织的专业能力较为薄弱，其并不具备与政府平等合作的群众基础和专业基础。

整体来看，当前我国第三方评估的理论大多来自对境外经验的复制和借鉴，缺乏系统的本土评估理论和方法论体系。境外的第三方评估理论与方法，如成本收益分析、程序逻辑模式、平衡计分卡、CIPP 等大多建立在高度发达的社工实务基础上，以精细化、标准化、可测量等为核心特征，而这些考核标准在中国本土的社会服务实践和评估中经常存在"水土不服"的现象。② 例如，2009 年 S 市根据"3E 评估模型"（经济、效率、效果）、"3D 评估模型"（诊断、设计、发展）和"APC 评估理论"（问责、绩效、组织能力）开发出的评估指标体系囊括了基础设施管理、人力资源管理、内部管理、业务管理、财务管理、对外管理、服务质量及服务成效等七大项目；2010 年又根据美国、日本和中国台湾地区的指标体系，修改为 5 个一级指标 34 个二级指标 120 个三级指标；一直到 2019 年，S 市才结合社工实务评估经验，将评估指标体系缩减为 5 个一级指标 7 个二级指标 43 个三级指标，三级指标从上一版的 98 个减为 43 个，锐减 56%，并且提高了信息公开、服务评价和财务管理的评估权重，财务管理的权重从之前的 21% 提升到 35%，服务评价的权重也高达 25%，从而更能直击服务质量和服务诚信等行业痛点。③ 10 多年来 S 市对评估指标体系的修正，实际上反映了境外评估理论与国内评估实务的脱节问题。烦琐而众多的评估指标

① 陈锦棠：《香港社会服务评估与审核》，北京大学出版社，2008，第 5~45 页。
② 赵环、严骏夫、徐选国：《政府购买社会服务的逻辑起点与第三方评估机制创新》，《华东理工大学学报》（社会科学版）2014 年第 3 期。
③ 徐道稳、唐达婷：《责信理论视角下社会工作机构绩效评估研究——以 S 市社会工作机构绩效评估为例》，《社会工作与管理》2020 年第 4 期。

体系并不适合我国社工实务的发展阶段，反而造成了服务重心偏移、文牍主义、形式主义等负面影响。因此，从各地现有的案例研究成果来看，精细化的评估方法很难被完全应用到实践中，即使是在北上广等发达地区，最普遍和通用的评估方法还是"评估指标体系测量+专家组会议评估"。

（三）专业的社会工作第三方评估机构紧缺

由于我国对绩效评估领域，尤其是政府购买社工服务评估领域的人员和机构均未设定明确的资质要求，现实中两三个人花几万元成立一个民办非企业单位作为评估机构的现象并不少见，甚至有的社会工作机构也承接绩效评估的业务，这种"草台班子"不但没有能力承接绩效评估这样的专业活动，反而会导致评估市场某种程度的混乱。[①] 目前来看，社会工作服务领域内的第三方评估大多由行业协会、一线社工机构，以及学术机构、研究机构等组织承接。[②] 国内社工领域内成熟和专业的第三方评估机构很少，各地政府不得不依靠行业协会或个别比较优秀的社工机构来承接第三方评估项目，专门从事社会工作服务评估的第三方评估机构几乎没有，很多社工甚至评估专家都没有听说过专门的社会工作服务评估机构。

> 我并没有接受过专业评估机构的培训，实际上我也没听说过有这样的培训机构，我是从实务领域逐步积累经验过渡到评估领域的，后来我们又成立了一家以评估为主的社工机构，但近几年生存愈加困难。（E09，社工实务界评估专家，C-E09-2019112502）

社会工作服务领域内专业第三方评估机构的紧缺在一定程度上反映了当前第三方评估还处在初期发展阶段，专业的第三方评估机构在数量和质量上都不尽如人意，而大量非专业第三方评估机构的存在，使得第三方评估的声誉受到了影响。

四　行政合法性强势

与在法律合法性、社会合法性和专业合法性上的弱势地位不同，第三

---

① 徐道稳：《中国社会工作行政化发展模式及其转型》，《社会科学》2017年第10期。
② 程燕林：《如何保证第三方评估的独立性》，《中国科技论坛》2017年第7期。

方评估在行政合法性上非常强势，这也是当前第三方评估机构能够维持生存的关键所在。所谓"行政合法性"，指的是通过官僚体制的程序和惯例而获得的一种形式合法性，其合法性来源于某一级单位或领导以某种方式（允许、同意、支持或帮助）把自己的行政合法性让渡或传递给社会组织，具体形式包括机构文书、领导人的同意、机构的符号（如名称、标志）和仪式（如授予的锦旗）等。① 更简单地说，行政合法性来自行政主管单位及其领导人的同意和授权。② 与中国社会工作的发展模式相同，社会工作领域内第三方评估的发展一开始走的也是行政化发展模式，先由政府内部自上而下发文、层层动员落实，兼以政策先行、资源配套、检查督促的形式来明确第三方评估的结构性地位，再通过设立政府购买服务项目和资金来支撑第三方评估机构的成立和运行，最后采用行政吸纳服务的方式将第三方评估纳入行政管理体系，用行政权威来管理第三方评估活动。③ 就政府购买社工服务领域而言，第三方评估在政策支持、行政渠道、评估结果层面都能获得行政合法性的有力加持，进而保证了评估的顺利进行。

（一）政策支持提供的介入机会

不同于西方社会工作所走过的"历史文化认可→社会认可→政治认可"的发展路径，我国社会工作走的是一条"政治认可→社会认可→历史文化认可"的发展路径。④ 在此发展路径下，我国社会工作得以生存和发展的主要推动力在于政策的认可，而第三方评估也不例外。也就是说，没有第三方评估环节和第三方评估报告，政府购买社工服务项目是不能结项的，作为服务方的社工机构拿不到末期款或尾款，政府也无法完成年度经费决算。从政策法规上讲，第三方评估是政府购买社工服务项目的必要环节之一，是一个必须进行的程序。从这个层面上讲，政策规定是第三方评估得以存在的前提和基础，政策规定所提供的行政合法性是社工服务第三方评估出现的最主要原因。

---

① 高丙中：《社会团体的合法性问题》，《中国社会科学》2000 年第 2 期。
② 肖小霞、张兴杰：《社工机构的生成路径与运作困境分析》，《江海学刊》2012 年第 5 期。
③ 徐道稳：《中国社会工作行政化发展模式及其转型》，《社会科学》2017 年第 10 期。
④ 徐向文：《西方专业社会工作合法化路径及其对我国的启示》，《甘肃社会科学》2015 年第 4 期。

（二）借助行政渠道的评估途径

除了政策文件所提供的合法性基础外，第三方评估执行过程中也非常需要行政力量所给予的合法性，而最好的方式就是直接依赖现有的行政渠道进行第三方评估。第三方评估机构会就评估方案和评估指标体系的构成和购买方达成共识，然后通过购买方工作人员下发评估方案和评估指标体系。在这一环节中，量化指标体系凭借行政渠道获得了不言自明的合法性，同时还具有了行政命令性。反之，如果第三方评估机构抛开购买方独自发布评估方案和评估指标体系，就可能会有社工机构或社工反映评估准备时间太短、评估指标太多、评估方法不合理等各种各样的问题。一旦通过购买方途径下发通知，就什么问题也没有了。从这一点上可以看出，通过行政渠道，评估方案和评估指标体系找到了行政权力作为后盾。如果没有行政权力的介入，这些方案和指标体系毫无威信可言。评估方案和评估指标体系确定后，第三方评估机构还需要购买方帮忙通知各个社区居委会或用人单位的领导来配合第三方评估。如果购买方不提前给社区合作方发通知，第三方评估机构的工作人员很难进行社区合作方访谈，甚至可能连项目点的大门都进不去。最终的专家评估会议一般在政府会议室举办，购买方的相关领导一般会出席。这种专家评估会议不仅是服务方向评估方汇报项目情况，实际上也是向购买方汇报项目情况。

> 评估方其实和购买方是一体的，向评估专家们汇报项目情况其实和向购买方汇报工作差不多，评估方怎么要求，我们就怎么做。有的时候实在无法完成了，我们也会跟购买方反映，比如评估准备时间太短了等。但一般不会跟评估方反映，因为我们知道他们也做不了主，主要还是看购买方的意见，他们也只是在替购买方办事。（L08，某社工机构负责人，C-L08，2020040902）

（三）评估结果需要购买方支持

评估完成后，评估结果会以第三方评估报告和评估结果通知的形式发给服务方。但是，对于服务方来说，评估报告的意义并不大，因为没有人比他们自己更清楚项目目前面临的问题。因此，他们更关心的是评估的分数，项目的排名和等级等评估结果通知。对于第三方评估机构来说，通过行政力量发布评估结果，既可以赋予评估结果以行政合法性，又可以规避因评估结果出错而被投诉的风险。

第二节 外部监督制度缺失

作为一种新兴的公共服务供给方式，政府购买服务有一定的合理性，尤其是在提升社会组织活力方面成效卓著，但其是否真的提高了效率、节约了资金、提高了服务满意度，都还需要继续深入地考证和研究。因此，不能盲目地认为政府购买服务是一剂治疗政府失灵的"万能药"，其同样应该被监督和管理。由于当前社会工作体制机制和专业能力发展的滞后性，社会工作行业内也无法形成强有力的监督体系，社会公众和新闻媒体也缺乏监督的渠道和动机，致使第三方评估的外部监督制度迟迟难以建立。

一 购买方的选择性监管

在整个政府购买社工服务项目中，购买方是最直接，也是最权威的监督主体，其需要联动相关部门和人员来对第三方评估实施外部监督，从而保障第三方评估的公正性和合理性。但是，购买方对社会组织的监管不仅存在监管能力上的局限性，也存在监管意愿上的不足，即购买方通常只监管评估结果，不监管评估过程；购买方通常会重点监管财务情况，而轻视具体的服务效果；购买方通常只监管自己购买的项目，不监管下级机关购买的项目。

二 社会组织年检制度实施效果不佳

年检制度是政府对社会组织进行监管的一项重要手段，是政府对社会组织实施的一种事后性质的年度检查，检查的内容包括社会组织遵守法律法规的情况、人员变动情况、活动开展情况、财务管理情况等，检查结论包括合格、基本合格、不合格等。作为一项刚性检查手段，年检制度在一段时间内曾发挥了监督社会组织行为的积极作用。但是，随着管理理念的发展和制度改革的推进，年检制度暴露出越来越多的问题。① 第一，年检采用的书面审、形式审的检查方式难以发现实质性的问题。年检的主要依据是社会组织提交的年度工作报告和会计师事务所提交的财务审计报告，而年度工作报告大多是对上年度工作的总结，财务审计报告的报表比较简单，难以发现深层次的财务问题。第二，业务主管单位的作用并不明显。业务主管单位是年检的初审单位，但大多并不了解社会组织的具体活动。第三，检查对象分类不明，对大型社会组织和小型社会组织未加区分。第四，年检的法律效力不明。民非、基金会等有专项年检办法作为依据，年检结论有法律效力，但社会团体年检没有相关规定，不参检、年检不合格并不会产生直接的法律后果。第五，年检是一种集中式的事后检查，难以应对社会组织的集中式应付行为。第六，年检过程没有做到信息公开透明，可能存在腐败风险。社会公众只能看到年检结论，看不到年检的判断依据和判断过程。

三　行业监管体系混乱

除了购买方、业务主管单位、登记管理单位外，社工机构及第三方评估机构还理应受到行业协会等业内监管体系的制约，但遗憾的是，很多第三方评估机构是由区域内的社会工作协会兼任的，而且社会工作协会也没有监督第三方评估机构的特殊权力。具体来说，第三方评估机构和社会工作协会之间的关系并未厘清。如果是社工机构承担的第三方评估项目，社会工作协会或许还能起到一定的行业内规范的作用。但是，由于现有项目制的运作形式，社会工作协会实际上并不能从协会的角度来进行监督管理，其很难进入项目内部的运作空间。对于人力资源公司、会计公司、企业等其他领域内的第三方评估机构，社会工作协会基本没有足够的权力和机会进入监督渠道。如果是社会工作协会自身承担的第三方评估项目，要求其自己监督自己就显得比较困难了。

四　信息公开制度止于表面

按照政府购买服务的逻辑来说，非营利组织的资产仍属于公益产权，

---

① 王晔：《社会组织年度检查制度存在的问题和改革路径研究》，《学会》2020 年第 5 期。

非营利组织应当主动向社会公众公开自身的重大经济业务活动、人员变动、资产管理、财务运作及绩效情况。同时，信息公开制度也是社会大众监督第三方评估的一个重要渠道，是相关政策文件中的明确要求。但遗憾的是，很多第三方评估机构并不会主动公开相关信息，即使公开部分信息，也常常是通过政府来公布最终的评估结果，而不会主动公开评估过程，以及评估机构自身的信息。虽然很多地市的评估实施办法中都明确要求公开第三方评估的过程和结果信息，要根据评估结果来奖惩社工机构。但从实际操作的层面来看，第三方评估的结果往往只在购买方、评估方和服务方之间内部公布，甚至社区合作方和服务对象都不知道最终的评估结果。即使部分地市选择公开评估结果，但往往也只是公开一个简单的评估最终分数，社会大众根本无法知悉评估过程。究其原因，一是有关政策文件中虽然明确要求第三方评估机构公开评估的过程和结果信息，以及第三方评估机构的人员、财务支出、组织架构、项目运作信息，但并没有对不公开信息做出明确的惩罚性规定。因此，信息公开制度更多是一种提倡性政策，并不具备强制性。二是服务对象以及社会大众对第三方评估信息公开的关注度也不高，并不会主动要求第三方评估机构公开相关信息。三是目前新闻媒体对第三方评估尤其是社会工作领域内的第三方评估关注较少，很少有新闻机构会主动关注社工服务第三方评估项目。总体来看，当前第三方评估的信息公开制度还止于文件要求层面，并没有被第三方评估机构实际执行。

第三节　行业准入制度缺失

当前我国尚未明确建立起第三方评估机构的行业准入制度，很多第三方评估机构能承接评估项目并不是因为自身具有较高的专业能力或者具备评估资质，而是因为购买方的偏好和倾向。[①] 第三方评估行业准入制度的缺失，导致评估机构的从业资质、从业范围、服务内容、权利义务、评估

---

① 徐道稳、唐达婷：《责信理论视角下社会工作机构绩效评估研究——以 S 市社会工作机构绩效评估为例》，《社会工作与管理》2020 年第 4 期。

验收等无法可依，在一定程度上加剧了评估中的种种乱象。① 因此，当前我国对于第三方评估的行业准入制度建设已经到了不得不建立的紧迫地步，第三方评估机构的专业资质不能再仅仅依靠购买方的"评估通知"，而要着重于提升自身的权威性和专业性。② 总体来看，当前我国第三方评估行业准入制度的缺失突出表现在评估资质授予主体尚未明确、评估资质授予和清退标准模糊不清、缺乏全国性的评估管理机构、人才培养和认证制度尚未建立等方面。

一　评估资质授予主体尚未明确

评估资质授予主体是指能够从官方角度和社会公众层面赋予社会组织权威性的行动主体，是判定社会组织是否具备最基本的评估资格的准入裁定机构。例如，证券业评估资格由财政部和中国证券监督管理委员会（证监会）颁发；资产评估资格由财政部及各省财政部门颁发；房地产评估资格由建设部颁发；土地评估资格由自然资源部颁发；矿业权评估资格由自然资源部颁发等。但是，政府购买服务领域尤其是社会工作服务领域的第三方评估机构目前尚未有明确的评估资质授予主体，民政部也并未明文授予任何一家社会组织评估社会工作服务项目的专业资质证书。虽然一些全国性的协会承接了民政部招标的社会组织第三方评估项目，例如由中国认证认可协会（CCAA）、中国慈善联合会、北京世标认证中心有限公司、中质协质量保证中心、中国社会组织促进会承接的 2019 年度全国性社会组织评估项目。但是，一方面，民政部只是让这些机构承接了社会组织评估项目，并没有明文授予其评估资格证书；另一方面，这些组织只是参与了社会组织等级评估和年检评估，并没有参与社工服务项目评估，其和各地的政府委托第三方评估机构从事政府绩效、精准扶贫、交通行业、卫生城市等评估项目没有本质上的不同，还是依靠购买方的权威和项目制的方式来短暂性地获得评估方的评估资质。各省及地方均尚未明确第三方评估机构的资质授予主体。与此同时，介入社会工作服务领域的第三方评估机构可

---

① 袁莉：《着力完善全面深化改革第三方评估制度》，《湖北日报》2018 年 8 月 26 日，第 7 版。
② 赵环、严骏夫、徐选国：《政府购买社会服务的逻辑起点与第三方评估机制创新》，《华东理工大学学报》（社会科学版）2014 年第 3 期。

谓种类繁多，有一线社工机构、社会工作协会，有高等院校、学术研究会，还有中国认证认可协会、中国慈善联合会、中质协质量保证中心、中国社会组织促进会等其他行业协会，甚至还有人力资源公司、会计公司、认证中心有限公司等企业，几乎没有硬性门槛限制。

那么，关键的问题是，政府购买服务领域、社会工作服务领域内的第三方评估机构真的不需要准入门槛吗？真的是所有注册登记过的社会组织都具备承接第三方评估项目的资格吗？如果需要一个准入门槛，应该由谁来界定第三方评估机构的评估资质呢？或者说第三方评估机构的资质授予主体是谁，是民政部、各地民政部门？抑或中国社会工作联合会、各地的社会工作协会？

从目前的实际情况来看，民政部及各地民政部门，或者中国社会工作联合会并没有明文授予任何一家社会组织从事社会工作服务项目第三方评估的专业资质，第三方评估机构的专业资质证书也无从谈起。但是，作为一个高度"技术化"和"专业化"的技能领域，"评估"无疑是需要专业资格认证和准入门槛的。如果连最难以量化的社会工作服务评估都不需要专业资格认证，那么更易量化的资产评估、房地产估价、矿业权评估、土地估价等相关评估资格证也没有存在的必要性，而这显然是不合理的。

现实中第三方评估机构又是从何处获得开展评估所必需的资质的呢？目前来看，第三方评估机构或者说承担着第三方评估项目的社会组织是依靠购买方权威来获得专业资质和权威性的。一般来说，社会组织中标了政府购买的第三方评估项目，其就天然地获得了政府认可的第三方评估资质，只不过这种资质只限于某个时期的某个项目。笔者在调研中就碰到了一个典型的例子。

X市B区民政局2020年社工服务项目第一次招标时，第三方评估项目被迫流标了，其原因是，招标公司要求投标机构提供近三年来被评估合格的证明，而X社协自身就是X市最高层次的评估机构，其无法自己评估自己，也无法给自己开证明。由于无法提交合格证明，该项目第一次招标时流标了。而后，在XHZ教授和GWZ处长的协商之下，X市民政局临时为X市社协出具了资质合格证明，并告知招标公司不再需要其他合格证明。之后，该项目第二次招标时，X市社协凭

借民政局临时开具的合格证明，才最终中标了。（XZL，X 市社会工作协会副秘书长，B-XZL-2020123001）

二 评估资质授予和清退标准模糊不清

由于当前没有一个明确的评估资质授予主体，自然也难以明确评估资质的授予和清退标准。当前民政部唯一一种授予第三方评估机构资质的方式是招投标，例如，上文中所说的中国认证认可协会、中国慈善联合会、北京世标认证中心有限公司、中质协质量保证中心、中国社会组织促进会是以项目招投标的形式获得了民政部授予的 2019 年度全国性社会组织第三方评估机构资格。但是，按道理说这一评估资格只限于 2019 年的全国性社会组织评估项目，既不能拓展到其他项目，也不能延长到 2020 年。也就是说，这些评估机构并不具备评估其他项目的官方认定资质。民政部对于第三方评估机构资质的限定也和其他社会组织的要求没有大的区别，仅仅要求承接评估业务。落实到各地来说，各地政府也不知道第三方评估机构应该具备怎样的资质，也不清楚授予和清退第三方评估机构需要怎样的标准。例如，在 C 区的第三方评估项目招标公告中，对于第三方评估机构的要求其实只是合法注册登记过，没有失信行为，而对专业资质的要求几乎空白。

由于没有明确的评估资质授予和清退标准，实际上第三方评估机构并没有统一的行为守则和伦理规范，基本上处于各行其是的失范状态。首先，第三方评估机构的种类十分复杂，社工机构、行业协会、股份制公司遵从的是不同的行为规范。假使社工机构和某些社工协会还有作为非营利组织的自觉和使命感，那么对于股份制公司来说，批判其谋利性本身也存在逻辑谬误。因此，对于股份制企业来说，谋取利益是具有天然正当性的。其次，第三方评估机构并没有受到来自行业监管层面的有效制约，导致一些违法违规行为有存在的空间。最后，当前第三方评估并没有伦理守则，第三方评估机构也缺乏在评估伦理层面的规范性共识。

三 缺乏全国性的评估管理机构

一方面，当前国内第三方评估的资质授予主体和标准尚未明确；另一方面，已经介入社会工作服务领域的第三方评估机构也缺乏统一的管理。其原因在于，目前并没有一个机构能起到管理第三方评估机构的作用，也难以对它们形成有效的制约。从时下社工实务界的实际情况来看，一方面，国内没有非常具有权威性、代表性和专业性的全国性社会工作服务或社会服务第三方评估机构，即使有一些高校学者组织了一些有影响力的全国性政府绩效或社会组织第三方评估研究，但也只是昙花一现，且研究意义大于实践意义。没有全国性的、高知名度的第三方评估机构导致整个行业既得不到社会大众的认可，也很难产生行业领头羊效应。或者说，没有一个主体能对全国的第三方评估机构形成示范效应，进而促进整个行业的内部规范。另一方面，由于没有全国性的评估管理机构，各个地市的第三方评估机构都处于小而不精的状态，甚至很多社会组织还承接其他业务，第三方评估只是其一个分支业务。这样的社会组织虽然也承接第三方评估项目，但很难说其是社会工作服务领域的第三方评估机构。总而言之，目前社工领域的第三方评估机构处于一种比较混乱的失序状态，既看不到有代表性和有知名度的全国性第三方评估机构，也没有形成有固定界限的行业准入门槛，对于评估机构的管理比较混乱。

从全国层面上讲，各地的第三方评估机构应该被纳入一个单独的管理系统，由一个全国性的组织来统一管辖，并对它们的制度管理、财务运行、评估水平等进行"二次评估"和排名。换句话说，对于社会工作机构需要进行等级评估，而对于第三方评估机构同样需要等级评估。作为政府部门，如果做好了对第三方评估机构的监督管理，实际上不必过多介入一线社会组织的监督和管理，反而还可以达到调动社会大众参与社会治理的目的。现阶段，政府名义上承担着监察全国社会组织的职能，实际上只能以年检的形式化手段进行不痛不痒的外部监察，还不如集中精力去监察第三方评估组织，进而让第三方评估组织去监管各行的社会组织。

四　人才培养和认证制度尚未建立

自 2006 年人事部、民政部联合下发《社会工作者职业水平评价暂行规定》《助理社会工作师、社会工作师职业水平考试实施办法》开始，到2019 年高级社会工作师职业水平考试的开展，我国社会工作者的职业资格认证制度已经基本成型，社会工作师成为证明社会工作者服务水平的一项重要资质。但是，社会工作师的考试科目大体包括《社会工作综合能力》《社会工作实务》《社会工作法规与政策》等科目，侧重于常规的社会工作理论和实务，而对于评估能力和技术并没有过多的侧重。应该指出的是，评估在社会工作中是一项非常需要专业化和技术化的能力，其需要较高标准的理论和实践能力。特别是在项目评估领域，仅靠现在社会工作师考试，无法培养出合格的专业评估人才。因此，从资格认证的角度来看，社会服务领域内的评估人才也需要独立的资格认证制度。但是，一方面，目前我国还没有建立起针对评估的资格认证制度；另一方面，各大高校对社会服务评估、项目评估、第三方评估专业人才的培育力度还不够。评估更多是作为一门本科课程来讲授，选择评估方向的研究人才和实务人才还不多，能够深入了解项目评估的师资队伍也有所欠缺。

第三方评估的专业性更多体现为评估机构具备优秀的评估人才，能够使用优良的评估方法，同时能够结合内外部评估专家的意见给出最准确的评估结果。但遗憾的是，国内目前专门从事社工服务评估的第三方评估机构很少，优秀的评估人才更是十分稀缺。目前来看，国内高校社工界的重点教学内容还是社会工作理论教育，以及青少年、妇女儿童、老年人社会工作等常规性的社工实务教育，缺乏对于社会工作评估和第三方评估的重视。因此，出身于高校评估专业的社工人才可以说是凤毛麟角。在第三方评估实践领域，目前的评估团队构成大致有一线社工实务精英、高校学者、注册会计师等。对于一线社工实务精英来说，大多是从实践领域转到评估领域，有一些实务经历，从而对第三方评估有很多实践层面的认知。但是，实务精英往往会凭借自身的实践经验做出判断，很难看到项目背后的理论机制，项目对于社工行业、社工学界的价值和意义，其判断的局限性比较大。对于高校学者来说，其最大的问题在于"太忙"，没有足够的时间了解项目的实际情况，很多时候只能从文本材料和社工现场汇报的情况来猜测项目的实际服务成效。注册会计师则关注财务规范，只能提供侧面的补充评价。总体而言，目前第三方评估的专家团队合理性还存在很大的问题，而这个问题的解决本质上受制于评估人才培养和认证制度。

第八章

第三方评估偏差论

针对已有的社会工作服务第三方评估研究，本书指出了已有研究存在割裂性较强、缺乏内外部联动视角、忽略了中间变量等问题，之后又尝试采用委托代理理论、志愿失灵理论、第四代评估理论等理论工具来分析第三方评估问题。但遗憾的是，上述理论工具都无法解决宏观和微观视角之间的割裂性问题，都难以构建一个深层次的、全面的理论分析框架。在漫长的思索和探究中，笔者偶然间回顾了科尔曼的理性选择理论，从而幸运地找到了一个较为合适的分析框架。科尔曼链接宏观社会系统和微观行动者的社会行动分析框架几乎完美地解决了笔者所遇到的理论问题。在科尔曼理性选择理论框架的指导下，笔者将第三方评估机构视为一个追求"合理性"的法人行动者，进而建构出"制度缺陷—行动策略—评估偏差"的第三方评估偏差分析框架，并就三者之间的关系做了深入的剖析。

第一节　追求"合理性"的第三方评估机构

一般来说，自然人的行为必然受其价值观念的影响，而作为自然人将共同权力转移给某个共同机构而形成的组织，法人行动者同样有潜在的理性选择取向。按照科尔曼所说，法人行动者是自然人将其权力转让给一个共同的权威机构而形成的正式组织，其目的是获取更多的共同利益。[①] 法

---

① 詹姆斯·科尔曼：《社会理论的基础》，邓方译，社会科学文献出版社，1990，第355~401页。

人行动者都有追逐利益的天生属性，非营利组织也不例外；在社会行动中，个人行动者、企业行动者、政府法人行动者的行动原则皆为最大限度地获取效益。① 法人行动者天生就有追逐利益的属性，"合理性"是法人行动者追求的最终目的。这里的"合理性"是指对于行动者而言，不同的行动有不同的"效益"，而行动者的行动原则可以表述为最大限度地获取效益。②

本书发现，即使是同一家第三方评估机构，在不同的评估项目中也会表现出不同的独立性、客观性、公正性和专业性，评估偏差的程度也会有所不同。X 市 A 区、B 区、C 区社工服务第三方评估项目都是由 X 社会工作协会承接的第三方评估项目，评估时间也大致相近，但三个评估项目的偏差程度却有明显的不同。这种评估偏差程度上的差异性，实际上也反映了第三方评估机构同样是一个追求"合理性"的法人行动者。

就 A 区社工服务第三方评估项目而言，其形式化、功利化、片面化的程度均最高，属于偏差程度较高的第三方评估项目。由前文可知，A 区社工服务第三方评估项目存在评估结果严重失真、评估方法过于主观、评估目的不纯、评估过程存在关系干扰等比较严重的问题。在 A 区评估项目中，第三方评估似乎成为完结购买方和服务方往年留存项目的合法性工具。该评估项目既没有起到监督核查的作用，更难以起到以评促建的作用，可以认为是一个偏差程度较高的第三方评估项目。

就 B 区社工服务第三方评估项目而言，其形式化、功利化、片面化的程度不高，属于偏差程度较低的第三方评估项目。严格来说，B 区民政局推行的政府购买社工服务项目并非一般意义上的社工服务项目，而是带有试点性质的特殊服务领域项目。因此，B 区民政局非常重视政府购买社工服务及第三方评估项目的专业性。但是，B 区民政局也借购买社工项目的机会，购买了大量的岗位社工充实到各个机关事业单位，并默许岗位社工不参与实质性的考核评估，这也导致第三方评估的独立性和公正性受到影响。应当承认的是，B 区民政局在一定程度上发挥了监督和促进的作用，对第三方评估也提出一些自身的诉求。可以认为，B 区第三方评估项目发

① James Samuel Coleman, *Foundation of Social Theory of Social Theory* (Cambridge: Belknap press of Harvard University Press, 1990), p. 15.

② 詹姆斯·科尔曼：《社会理论的基础》，邓方译，社会科学文献出版社，1990，第 15 页。

挥了监督核查的作用，但以评促建的作用既不在购买方的政策意图中，也没有体现在第三方评估实践中。总体而言，B 区社工服务第三方评估项目是一个偏差程度较低的第三方评估项目。

相较于 A 区和 B 区评估项目而言，C 区评估项目属于偏差程度一般的第三方评估项目。C 区第三方评估项目既有比较扎实的实地考核评估，也有比较专业的专家组集中评估，既有比较符合实际的量化评估指标，也有比较深入的案例评估；既强调结果评估，也侧重过程评估。但是，C 区评估项目同样也有一些问题。首先，C 区评估项目中评估方的独立性也曾受到严重侵蚀。评估方既没有制定评估方案和评估指标体系的权力，也没有发布评估结果的权力，第三方评估结果更多只是一种参考。其次，C 区购买方对服务方的指标要求高，过高的任务要求导致项目社工出现了服务造假、数据造假等现象。最后，C 区也存在一些岗位社工的评估形式化问题。

理论上来说，第三方评估的独立性、客观性、公正性、专业性越强，监督核查和以评促建的评估效果就会越显著，对当地社工服务水平提升发挥的作用就会越大。但是，通过对 X 市 A 区、B 区、C 区社工服务第三方评估案例分析可以发现：第三方评估的独立性越弱，专业性反而越强，当地社工的发展水平反而越高。到底是何种原因，形成了这种反常规、反理论的现实状况？

其根本原因在于，第三方评估机构同样是一个追求"合理性"的法人行动者。第三方评估机构的独立性弱反映的是购买方的重视度高、干预度高，从而倒逼着第三方评估机构不断提升专业性，因而当地社工的专业化水平也会被评估拉高。反之，第三方评估机构的独立性强反映的是购买方不重视社会工作发展，来自购买方的干预和监控会随之松懈，而作为追求"合理性"的法人行动者，第三方评估机构会偏向于采用权责转让、成本控制、化繁为简等行动策略，进而导致第三方评估使命难以完全达成。

第二节　第三方评估偏差分析框架

在制度文化环境等外部社会系统层面，第三方评估目前面临着合法性失衡、外部监督制度缺失、行业准入制度缺失等诸多问题，但是，这些制度文化环境因素属于静态的宏观因素，难以看出行动主体的价值和作用。

或者说，外部环境的影响始终是一种客观的间接影响，其能在很大程度上影响行动主体的决策，但并非简单的社会决定论。因此，要想真正解读第三方评估中出现的偏差问题，还需要从第三方评估机构的视角进行补充性诠释。根据科尔曼理性选择理论中"社会系统—行动者在系统内部的活动—社会系统"的分析框架（见图8-1），笔者建立了一套能够综合宏观和微观层面研究视角的第三方评估偏差分析框架。但要指出的是，该模型更多关注的是各种变量之间的对应关系，而非严格的因果关系。据此，本节将详细论述"制度缺陷—行动策略—评估偏差"的第三方评估偏差分析框架，并在此框架的指导下，寻求第三方评估的优化办法。

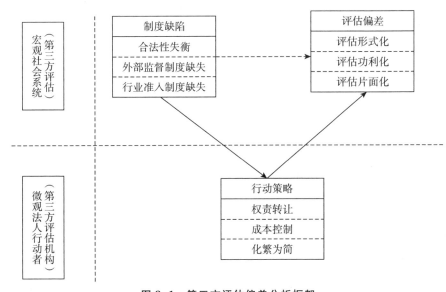

图8-1　第三方评估偏差分析框架

在第三方评估偏差分析框架中，制度缺陷和评估偏差属于宏观社会系统层面。按照科尔曼的说法，制度缺陷与评估偏差的联系，应当从下一级社会系统行为中去寻找。作为评估执行主体的第三方评估机构，显然属于下一级更加微观的社会系统。或者说，第三方评估机构的具体行动，应该是解释制度缺陷与评估偏差现象之间关系的重要桥梁。科尔曼也认为，个体的理性选择必然以其对制度、文化和规范的理解为前提。[①] 因此，在第

———————————

① 詹姆斯·科尔曼：《社会理论的基础》，邓方译，社会科学文献出版社，1990，第265～290页。

三方评估偏差的分析框架中，制度缺陷和评估偏差可以归属宏观社会系统层面，行动策略可以归属微观法人行动者层面。可以说，本书的分析框架是科尔曼理性选择理论框架在法人行动者层面的一个推论，总体上是符合理性选择理论的分析视角的。

从这一解释框架出发，可以认为，第三方评估存在合法性失衡、外部监督制度缺失、行业准入制度缺失等制度缺陷。面对第三方评估的制度缺陷，追求"合理性"的第三方评估机构也会钻制度空子，采用权责转让、成本控制、化繁为简等行动策略，进而衍生出第三方评估形式化、功利化、片面化等评估偏差问题。具体来说，合法性失衡使得第三方评估机构难以获得足够的社会支持，迫使第三方评估机构选择了权责转让的行动策略，最终诱发了第三方评估的形式化；外部监督制度缺失使得第三方评估机构缺乏有效的外部制约，其偏向于成本控制的行动策略，最终诱发了第三方评估的功利化；行业准入制度缺失使得第三方评估机构不需要跨越很高的专业准入门槛，其偏向于化繁为简的行动策略，最终诱发了第三方评估的片面化。

第三节　制度缺陷、行动策略与评估偏差

基于"制度缺陷—行动策略—评估偏差"的第三方评估偏差分析框架，本书通过"合法性失衡—权责转让—评估形式化""外部监督制度缺失—成本控制—评估功利化""行业准入制度缺失—化繁为简—评估片面化"三条逻辑路径解释第三方评估出现偏差问题的原因。整体而言，第三方评估制度环境本身的缺陷以及第三方评估机构的行动策略共同导致了第三方评估的偏差问题。制度环境的缺陷为第三方评估偏差提供了空间和机会，而第三方评估机构的行动策略使评估偏差成为现实问题。

一　合法性失衡、权责转让与评估形式化

在长时间的实地观察以及文献分析的基础上，本书归纳了政府购买社工服务项目中第三方评估出现的三种偏差现象。其中，第三方评估的形式化反映了评估机构在服务资料审查、财务账目审计以及评估结果应用方面的形式化问题。基于第三方评估偏差的分析框架以及前文的分析，笔者推

导出了第三方评估的形式化分析框架（见图 8-2）。

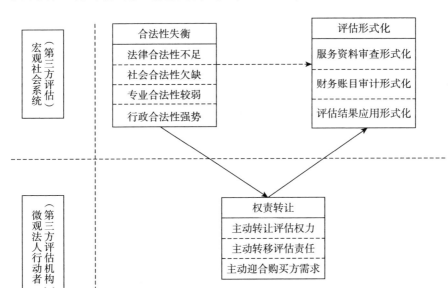

图 8-2　第三方评估形式化分析框架

理论上说，社会组织的合法性应当是一体的，即法律合法性、社会合法性、行政合法性、专业合法性缺一不可，但从当前社工机构与第三方评估机构的实际情况来看，这四种合法性之间并不是均衡的，大致呈现法律合法性不足、社会合法性欠缺、专业合法性较弱、行政合法性强势的失衡状态。基于第三方评估形式化的分析框架，本书认为，法律合法性的不足使得第三方评估机构难以获得稳固的法律地位和足够的评估权力；社会合法性的不足使得第三方评估机构得不到社会大众、服务对象、新闻媒体的有力支持；专业合法性的不足使得第三方评估机构难以在行业内部获得足够的专业认同。但行政合法性的强势，使第三方评估机构能够凭借购买方的权威和渠道来保证评估的顺利进行。

宏观社会系统层面第三方评估的合法性失衡导致了第三方评估机构无法得到法律、社会大众、专业成员的有力支持，而更多依赖于购买方的行政权威来保障自身的生存空间。因此，主动转让评估权力、主动转移评估责任、主动迎合购买方需求等权责转让式的行动策略是第三方评估机构的最佳理性选择。但是，第三方评估机构所采取的权责转让式的行动策略，是以进一步让渡自身的独立性为代价的，是一种依附式的发展逻辑。长此以往，第三方评估机构有可能沦为购买方的检查和验收工具，从而陷入形式主义评估的窠臼。

二　外部监督制度缺失、成本控制与评估功利化

作为法人组织的第三方评估机构也有自身的利益诉求，并表现为评估目标、评估程序以及评估成员的功利化等多种形式。第三方评估的功利化更多强调的是第三方评估机构对成本和收益的考量，其反映了第三方评估机构作为一个理性选择主体的能动性。与营利性企业不同，作为非营利机构的第三方评估机构不能以营利为目标。但是，一方面，第三方评估机构有生存的压力，有人员薪酬、水电卡座等固定开支；另一方面，第三方评估机构的经营者可以通过奖金、津贴、补贴、劳务费、评估费等方式分配评估经费的余额，而实际用于评估的经费越多，可分配的余额就越少。这也就是科尔曼所说的，法人行动者可以通过切换自然人和法人行动者身份的方式，来获取最大化收益。第三方评估机构之所以"敢想""敢做"，并能实现利益最大化的目标，其重要原因在于第三方评估外部监督制度的缺失。基于第三方评估偏差分析框架以及前文的分析，笔者进一步建构了第三方评估功利化分析框架（见图8-3）

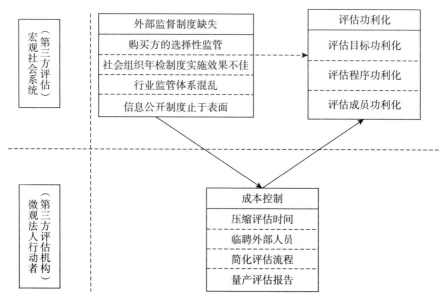

图8-3　第三方评估功利化分析框架

　　政府购买服务是一种以市场机制为核心的项目制度，其通过合同契约式管理来达成公共服务的更有效供给。[①] 但是，以市场化的方式来提供公共服务，必然无法逃避行为主体的利益最大化问题。即使是非营利性的社会组织，仍然具有利益最大化的功利性动机。如果对非营利组织等社会组织的监督制约制度出现严重的漏洞，非营利组织也有可能出现贪污、腐败等侵吞政府购买服务资金的严重问题。基于第三方评估功利化分析框架，本书认为，外部监督制度缺失导致第三方评估机构在执行环节有很大的自由裁量权和执行空间，而这一执行空间可能会被"钻空子""搭便车"，甚至出现很多利益交换问题。具体来说，在政府购买社工服务项目这样一个新兴领域，购买方的选择性监管、社会组织年检制度实施效果不佳、行业监管体系混乱、信息公开制度止于表面等外部监督制度的缺失，使得第三方评估机构轻视外部监管体系，以及评估使命的履行，而更多以利益最大化为组织的第一目标。在外部监督制度缺失的环境下，第三方评估机构所采取的行动策略往往是压缩评估时间、临聘外部人员、简化评估流程、量产评估报告等偏向于控制评估成本的行动策略。但是，这些控制成本的行动策略在很大程度上削弱了评估的专业性，对于服务项目的监督核查也流于表面，致使第三方评估呈现出明显的功利性倾向。

三　行业准入制度缺失、化繁为简与评估片面化

　　现行的政府购买社工服务第三方评估项目普遍比较依赖量化指标评估法、专家评估法、多方评价法等评估方法，但对三种方法的片面性重视不够。第三方评估机构过多依赖数字指标、外部专家和表面化的多方评价，可能会导致评估结果失真。在实际的评估过程中，第三方评估机构往往过于依赖数字化的评估指标体系和外部专家权威，其结果是第三方评估机构似乎变成了一个执行组织或中介机构，只需要完成问卷调查和组织专家开会就算完成了评估。基于第三方评估偏差分析框架，笔者提出了第三方评估片面化分析框架，以反思第三方评估结果的真实效用（见图8-4）。

　　随着政府购买社工服务资金的不断增长，我国社会工作行业的发展可以说十分迅速，社工机构和第三方评估机构逐渐涌现。但是，与注册社工

---

① 陈天祥、郑佳斯：《把政府带回来：政府购买服务的新趋向》，《理论探索》2019年第6期。

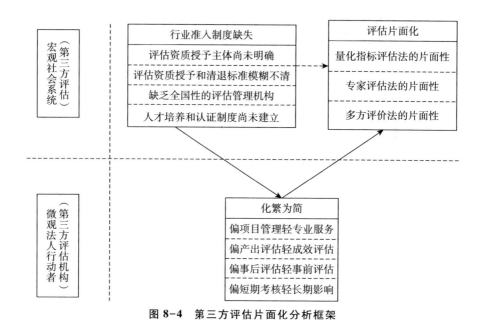

图 8-4　第三方评估片面化分析框架

机构尚需要若干名持证社工不同，第三方评估机构的成立和运作几乎没有任何特定的行业准入门槛。基于第三方评估片面化分析框架，本书认为目前我国社会工作服务第三方评估领域的行业准入制度还处于十分不完善的状态。首先，第三方评估资质授予主体尚未明确，民政部、各地民政部门、中国社工联合会、各地行业协会都没有明确评估专业资质授予的问题。其次，我国目前并没有就第三方评估的资质授予和清退标准做出明确的规定，评估机构的行为很难受到成文规定的约束。再次，当前我国还没有代表性和权威性的第三方评估机构或者全国性的管理结构，第三方评估行业内部缺乏有效监督。最后，目前我国尚没有社会服务或社会工作评估人才的培养和认证制度，很多评估专家并没有接受过系统的评估教育或系统的训练。

没有明确的评估资质授予主体、没有明确的评估资质授予和清退标准、全国性的第三方评估机构及其管理机构缺失、没有较为完善的评估人才培养和认证制度，使得第三方评估机构在实践中并没有完全合法的、充足的权威性来源。

行业准入制度缺失使得第三方评估机构不必受机构性质、评估规则、评估伦理的严格制约，同时也使得第三方评估机构缺乏足够的专业性和权威性。在自身专业性、权威性不足的前提下，依赖数字指标和外部专家系统是第三方评估机构的选择。第三方评估机构更多采用的是偏项目管理轻专业服务、偏产出评估轻成效评估、偏事后评估轻事前评估、偏短期考核轻长期影响等简单化的评估方式，很难全面地反映出社工服务项目中的"人性关怀"。这些简单化的评估方式过度地简化了社工服务的情境性和艺术性，很难全面地反映社工服务项目的真实成果，也无益于项目的持续改进。由此，第三方评估的片面化问题出现了。

第九章

第三方评估的优化策略

科尔曼理性选择理论认为，行动者的转变主要取决于两个方面：一是外部宏观社会系统的制约，例如法律、政策、外部监督机制等；二是行动者自身的规范内化，例如价值观、使命感等。基于科尔曼的理性选择理论以及笔者构建的分析框架，本书认为应当从宏观社会系统以及微观法人行动者两个层面共同推进第三方评估机制的优化。因此，优化第三方评估机制，一方面，要继续完善第三方评估的制度体系，减少第三方评估偏差产生的空间和机会；另一方面，要规制第三方评估机构的行动策略，以减少执行过程中的偏差问题。此外，也要考虑第三方评估的理论范式创新和评估技术革新问题，以适应大数据和信息化时代对社会工作服务评估的要求。具体来说，对第三方评估机制的优化可以从完善第三方评估的制度体系、规制第三方评估机构的行动策略、创新本土化的"共享主义第五代评估范式"、推动第三方评估的技术革新等多个层面共同着手。

第一节　完善第三方评估的制度体系

第三方评估制度体系的完善是从外部社会系统层面和宏观制度结构层面对第三方评估的根本性优化，是解决第三方评估形式化、功利化、片面化等偏差问题的根本办法。完善第三方评估的制度体系更多需要政府、学界和社会大众的积极推动，进而塑造出适合第三方评估健康发展的制度环境。具体来说，完善第三方评估的制度体系，需要进一步巩固第三方评估的合法性基础、健全第三方评估的外部监督制度，并建立第三方评估的行业准入制度。

一　巩固第三方评估的合法性基础

从合法性层面来讲，法律合法性不足、社会合法性欠缺、专业合法性较弱、行政合法性强势使得第三方评估无法获得法律层面、社会大众层面、行业成员层面的有力支持，反而受到行政力量的过多干涉。因此，改变第三方评估的这种合法性失衡状态，应当通过制定"社会服务第三方评估法"、加大对第三方评估的宣传力度、培育或引进知名第三方评估机构、制定购买方的评估权限清单等方式，进一步增强第三方评估的法律合法性、社会合法性和专业合法性，并在一定程度上降低对行政合法性的依赖。

（一）制定"社会服务第三方评估法"

当前我国关于第三方评估的文件精神大多散见于国务院领导的会议发言或者各地的政府购买服务相关文件中。例如，李克强总理在 2014 年 8 月的国务院常务会议中指出，"要用第三方评估促进政府管理方式改革创新""将更多社会化专业力量引入第三方评估"；[①] 2015 年又在国务院会议上提出，"决不能让第三方评估报告束之高阁"。[②] 可见，第三方评估已经得到了中央领导的重视，并被视为推动政府管理体制改革的重要手段。但遗憾的是，目前我国关于评估的政策文件多是一些指导性的意见。评估法是第三方评估发挥效用的重要保障，许多发达国家很早就颁布了相关的评估法。例如，1988 年新西兰颁布了《国家部门法》，从而为公共部门引入第三方评估奠定了法律基础；1993 年美国克林顿政府颁布了《政府绩效与结果法案》，2002 年小布什政府颁布了《项目评估定级工具》，2011 年奥巴马政府颁布了《政府绩效与结果现代化法案》，从而在法律层面上明确和保障了第三方评估的法律地位。[③]

因此，有必要尽快完善我国第三方评估的法律法规体系，并尽快制定和颁布"社会服务第三方评估法"或"社会服务评估法"、"社会工作评

---

① 《用第三方评估促进政府管理方式改革创新》，http://www.gov.cn/xinwen/2014-08/27/content_2741169.htm，2023-10-10。

② 《决不能让第三方评估报告"束之高阁"》，http://www.gov.cn/xinwen/2015-08/26/content_2920297.htm，2023-10-10。

③ 李志军：《第三方评估理论与方法》，中国发展出版社，2016，第 9 页。

估法"等国家层面的评估上位法。这些评估法律应当阐明第三方评估的法律地位、准入资质、考核标准、适用范围、招投标规则、回避原则、信息公开办法、约束激励机制等内容，并明确禁止和惩处政府人员担任第三方评估机构领导或评估专家，以及第三方评估机构串标陪标等违法违规行为。在上位法的统筹之下，各地可以根据自身情况制定各地的第三方评估行为规范，对第三方评估的资质认证、评估标准、执行规范、权利义务、违约责任、合同履行等内容做出更加细致的规定。

值得一提的是，"社会服务第三方评估法"尤其要明确第三方评估的角色和地位问题。第三方评估结果究竟是不是最终评估结果？第三方评估能不能评估购买方？目前来看，这些问题都还十分模糊。例如，很多第三方评估的文件中都提出要建立囊括政府、服务对象以及第三方评估机构的综合性绩效评估机制。在这些文件中，第三方评估结果只是综合评审机制中的一环，只是最终评估结果的一部分，难以起到决定性的作用。如果第三方评估机构只是作为一个咨询、审查机构而存在，最终结果仍由政府部门给出，那么，第三方评估可能更难以体现其初衷。因此，应以法律的形式承认和保护第三方评估的法律地位。例如，购买方意见不得超过评估权重的5%或10%、评估结果由第三方评估机构公示、评估机构不得提前泄露评估结果给购买方或其他组织及个人、购买方不得暗示评估方修改评估结果、购买方同样要接受评估等法律条文在评估法中呈现都是非常必要的。

（二）加大对第三方评估的宣传力度

我国社会工作及其第三方评估制度基本上走的是由外而内、自上而下的发展路径，先天性地缺乏本土的、直接性的文化传统基础，而当前发展阶段的局限性以及第三方评估自身对服务对象的忽视，致使第三方评估难以在社会大众层面获得高度认同感，由此导致了第三方评估的社会合法性比较欠缺。第三方评估的下一阶段发展必然要以服务对象的评价为主要依据，必然要鼓励更多的服务对象直接表达对社工服务项目的真实感受。只有如此，第三方评估才能真正在中国社会中扎根，而不是沦为购买方的工具。为此，不妨通过设立第三方评估宣传日等方式，鼓励民众参与政府绩效、公共服务、社会服务等领域中的第三方评估，借以形成人人乐于评估的社会氛围。此外，也可以借助电视、广播、报纸、网络、移动客户端等对第三方评估进行更多宣传和报道，借以营造支持第三方评估的积极氛围。实际上，当前我国在政府绩效、政府采购、精准扶贫、卫生城市、动物防疫、污染治理、高等教育、医疗改革、公共体育服务、非遗保护、立法等很多领域都已经实施了第三方评估，但遗憾的是，相关的报道很少，并未引起新闻媒体界和社会大众的关注。

（三）培育或引进知名第三方评估机构

就政府购买服务和社会工作服务领域来看，目前国内尚没有知名或有代表性的第三方评估机构。早期一些比较著名的绩效评估机构要么专注于政府绩效评估领域，要么具有临时性，常常是为了某个项目而临时成立的，专注于政府购买服务以及社会工作服务项目的知名第三方评估机构几乎没有。权威性、知名度高的第三方评估机构空缺，导致社会工作行业内对于第三方评估机构的专业性有很大的质疑。或者说，很多一线社工甚至评估专家都没有听说过专门的社会工作服务第三方评估机构，对评估机构专业性的评价实际上没有任何参照目标。为此，鼓励、引导和培育一批在国内有影响力的专业评估机构，促使其参与各地市，甚至国家层面的政府购买服务和社会工作服务项目，将会形成很强的示范效应，有利于迅速提升评估机构的专业能力。

培育知名的第三方评估机构需要政府和社会各界的共同努力。首先，政府应当出台相关规定和政策，鼓励各界人士创办专注于政府购买服务或社会工作服务领域的第三方评估机构，并通过将评估资金纳入专项预算、加大财政购买力度、税收优惠、退税补贴、评估人才补贴等形式培育一批专业的社会服务第三方评估机构。其次，也可以尝试性地引进一些国外的第三方评估机构，加强国内外评估机构的交流和学习。最后，学界需要进一步强化第三方评估的本土化研究，从而为第三方评估机构提供更加合理的本土化评估理论、方法与技术。早在20世纪70年代，美国评估协会、美国公共政策分析与管理协会、加拿大评估协会等专业评估协会，以及《评估评论》《评估新方向》等专业期刊就已经出现。[①] 我国学界对于评估专业协会和专业期刊的建设还处在起步阶段，应当尽快筹办评估期刊，组

---

① 彼得·罗希、马克·李普希、霍华德·弗里曼：《评估：方法与技术》（第7版），邱泽奇、王旭辉、刘月等译，重庆大学出版社，2007，第7页。

建社会工作服务第三方评估学术交流圈，从而为国内第三方评估发展提供一批有影响力的理论研究成果。

（四）制定购买方的评估权限清单

在政府购买社工服务项目中，购买方是距离评估环节最近的行动主体，其从项目招投标阶段就开始接触甚至决定第三方评估机构，并在目前的制度和权力结构中发挥着主导作用。为了构建更加合理的第三方评估制度，需要进一步明确购买方的评估权限，制定购买方的评估权限清单，以尽可能地消除购买方和评估方之间可能存在的利益交换关系。

为此，可以从事前、事中、事后三个阶段明确购买方的权限清单。在事前环节，购买方和第三方评估机构人员、评估专家等参与群体都应签订评估诚信承诺书，明确各自的职能角色，对于某一方的越位和失职行为，其他各方都可以依法依程序向上级政府部门投诉。同时，第三方评估机构必须在社工服务项目招标阶段就开始介入，不得在项目中期或末期再突击介入项目。购买方也不得以任何理由要求评估方在项目中后期介入政府购买社工服务项目，对于第三方评估机构的评估行为，购买方要尽可能地予以配合。在评估过程中，购买方可以就评估方法、评估标准、评估指标等向评估方提出合理化建议，并采用重点监督和随机抽查相结合的方式，检查评估方是否存在评估时间过短、故意遗漏部分项目点、敷衍工作等行为。但购买方既不能决定评估方式，也不能惩处评估方，只能作为一个监督者向上级政府部门投诉。评估结束后，购买方要重点听取服务方和服务对象的意见，了解第三方评估机构在评估中的行为表现，评估中的专业性等问题。对于服务方的反馈以及提出的意见，购买方应当向评估方核实，并向上级部门反映。

二　健全第三方评估的外部监督制度

外部监督制度的缺失是造成当前第三方评估乱象的重要因素之一，完善第三方评估外部监督制度已经成为治理第三方评估乱象的当务之急。健全第三方评估的外部监督制度，首先，要引入上级政府部门，实现社工服务项目的购买方和第三方评估项目的购买方之间的分离。其次，要探索建立第三方评估机构评级制度，从各个层面对第三方评估机构开展实时监测和排名。再次，还要建立第三方评估的反向评价制度，使一线社工和服务对象能够监督和反馈评估项目的短期和长期效果。最后，还要建立第三方评估信息公开网站，整理并公开评估机构的信息，以及评估的过程和结果信息，保证第三方评估的整个过程和结果公开透明。

（一）实行评估购买方上移制度

理论上讲，第三方评估机构应该是与服务购买方、服务提供方、服务接受方、服务对象都没有直接利益关联的非营利组织，但在 X 市政府购买社工服务项目中，所有项目经费都出自作为购买方的政府，第三方评估项目是作为一个配套项目而存在的。或者说，政府部门既是服务提供方的购买方，也是评估方的购买方。在这种格局下，评估方实际上和购买方有着直接的经济利益关系，并不满足一些学者关于第三方评估的定义，还衍生出很多评估偏差问题。在这种利益格局之下，第三方评估机构很难保持自身的独立性和完整的评估权力，甚至在很多时候不得不主动做出妥协。要解决购买方和评估方的利益关联问题，最好的办法是解除购买方和评估方之间的关系，确保两者都能各司其职、互相监督、合作共赢。为此，至少应该从以下四个方面剥离购买方和评估方之间的利益关系。

第一，由上级政府部门选定第三方评估机构，统一对辖区内下级部门的各个服务项目开展第三方评估。中标的第三方评估机构对上级政府部门负责，既评估下级部门购买的社工服务项目提供方，也评估作为服务购买方的下级政府部门。

第二，在评估经费方面，第三方评估机构的评估经费应来源于购买方的上级政府、财政专项资金、福彩基金、基金会或者社会捐赠，第三方评估机构不得直接从同级购买方处获得评估经费。

第三，在评估权力方面，购买方拥有完整的监督权，拥有对评估方法、评估标准、评估指标的建议权，但没有修改或决定评估结果的权力。第三方评估机构拥有评估的组织权，拥有自主决定评估方式、评估标准、评估指标、评估结果的权力，也拥有评估结果的发布权。

第四，在被评估对象方面，购买方和服务方一样，都是第三方评估的评估对象。第三方评估机构要向上级政府和社会公布社会工作服务项目中购买方和服务方的各自表现，并对两者做出客观评价。

实际上，随着社工站建设在 X 市及 Y 省的全面铺开，评估购买方上移制度已经具备了基本的政策基础。2020 年 11 月，Y 省印发了《乡镇（街道）社会工作服务站项目实施方案（试行）》，提出："用 3 至 5 年时间，推进全省乡镇（街道）社工站全覆盖，建立省、市、县、乡四级工作体系；由省级民政部门负责绩效评估，市级民政部门每半年、县（市、区）民政部门每季度向上级民政部门提交项目实施情况报告。"如果由省民政厅或市民政局统一购买第三方评估项目，全面评估下级单位的社工站服务，或许能够更好地发挥第三方评估的作用。

（二）建立第三方评估机构评级制度

目前来看，我国尚未针对第三方评估机构建立起完整的评价或评级制度，第三方评估机构只是作为一般性的社会组织参与社会组织年检，但第三方评估机构有其特殊性，其不应被视为一般性的社会组织予以管理，而应采取更加制度化和规范化的评价制度对其进行管理。作为评价社会服务项目或者社会组织的主体，第三方评估机构如果本身是不合格的，那么很难相信其评估项目得出的结果具有可信度和社会价值。针对当前第三方评估机构的种种失范行为，应当尽快建立第三方评估机构评级制度。为了更好地区分第三方评估机构的资质和能力，最好由政府部门或者行业协会对第三方评估机构的专业能力进行评级认定，构建专属于第三方评估机构的评级制度。可以参考社会组织评级制度，将第三方评估机构分为 A、AA、AAA、AAAA、AAAAA 等级别。全国性的第三方评估项目应该由高等级的第三方评估机构承接，以形成第三方评估行业内部的竞争机制。此外，评级制度应该与第三方评估的预警和监测机制联动，对于涉嫌行为不端或者已经查实的违规甚至违法行为，要降低第三方评估机构的等级。严重者还要纳入预警名单和黑名单，在一定期限内禁止其参与评级及从事相应等级的评估业务。

（三）实行评估反向评价制度

监督和制约第三方评估机构的行为不能仅靠作为购买方的政府，因为购买方的作用往往仅限于某个项目周期，更加侧重于项目评估领域，而并不针对第三方评估机构。因此，监督和制约第三方评估机构的行为，一方面要靠完善的法律法规体系，另一方面也要靠一线社工的和服务对象的反向监督和评价制度。

具体来说，第一，要建立一线社工和服务对象的反向评价渠道。可以结合评估购买方上移制度，在上级政府层面建立专门的评估反馈信息平台。对于评估机构的违规行为，一线社工和服务对象都可以通过评估反馈信息平台直接向上级政府部门反映。

第二，要建立反向评价的具体标准。为此，要尽快建立第三方评估行业的规章制度，制定"第三方评估伦理守则"等规范性标准，并在社会工作领域继续细化为具体的操作准则。这些操作准则要通俗易懂、条款明确，使一线社工和服务对象能够凭借评估操作准则来判断第三方评估机构的行为是否合规。

第三，要构建第三方评估结果的长期负责制。一方面，第三方评估的反向评价制度建立后，对于第三方评估项目的长期监督和反馈实际上才有了真实的主体。由于项目制的短期性，很多第三方评估项目被执行为检查式、突击式评估，评估结果只限于某个项目周期，以评促建的评估使命很难达成。为了更好地配合反向评估制度，购买方最好能适当延长项目的购买周期，将政府购买社工服务项目由一年延长至三年或五年。更长的服务周期有利于社工服务项目取得更加丰富的服务成果，也有利于服务对象的长期反馈。另一方面，反向评价制度的建立也使一线社工和服务对象的追加评价成为可能。一线社工和服务对象可以在评估项目结束后半年内，或者一年内再次对评估结果进行追加评价。追加评价可以直接地反映出第三方评估有没有实现以评促建的效果，也有助于发现一些长期的、隐性的评估问题。

（四）建立第三方评估机构信息公开网站

贯彻执行信息公开制度是完善第三方评估外部监督制度的重要举措，是从社会大众和服务对象角度保障第三方评估公正性和专业性的必然选择。只有第三方评估信息公开制度得到有效贯彻，购买方、行业监管机构、社会大众才能获得更加充足的信息，才能实施有效的外部监督。为了贯彻执行第三方评估信息公开制度，有必要建立专门的第三方评估机构信息公开网站，对省域甚至全国的第三方评估机构，以及社会服务第三方评估项目进行汇总整理，建立第三方评估机构的大数据库，以方便社会大众随时查询第三方评估机构及其承接的项目信息。为此，首先，要明确第三方评估信息公开的范围。就社工服务第三方评估项目而言，从立项到结项的各个环节都要及时向社会公众公开，确保项目全程在阳光下运作。其次，要重点监测和更新第三方评估机构的相关信息。第三方评估机构的发展沿革、人员构成及变动、财务收支情况、信用评价、资质评级等信息要及时公开，接受社会各界人士的监督和质询。最后，也要重视信息公开网站对移动客户端的开发，通过微信、微博、QQ、抖音等社交媒体拓展信息的传播渠道，帮助社会大众更加方便地接收评估信息。

三　建立第三方评估的行业准入制度

面对当前社工服务领域内第三方评估机构参差不齐的状态，行业准入制度的建立已经刻不容缓。建立第三方评估的行业准入制度，需要尽快建立五级评估资质授予制度、制定评估资质评定细则、成立第三方评估委员会，并增设社会服务第三方评估课程，最终在制度和人才储备层面保证第三方评估的专业能力和专业资质。

（一）建立五级评估资质授予制度

推进政府购买社工服务项目的制度化建设，需要政府部门尽快明确负责政府购买服务事项的组织机构。[①] 在当前的社工服务第三方评估领域，与第三方评估机构直接相关的政府组织机构并未明确，其突出表现就是第三方评估资质的授予主体并未清晰界定。目前来看，第三方评估亟须明确评估资质的授予主体，以杜绝形式化、功利化、片面化，甚至评估行业中"给钱就好评"的第三方评估乱象。一般来说，社工领域的第三方评估机构资质应由民政部、各省（区、市）民政厅或市民政局授予。国家、省、市、县区所能授予的评估资质也应有等级上的区别，市一级的评估机构一般情况下不应承接省或国家的第三方评估项目。相应地，对市一级第三方评估机构的资质要求也要比省一级和国家一级的要求低。此外，第三方评估协会、社会工作协会等行业协会类组织也应该以行业推荐的方式参与到资质认定过程中来。应当在资质评定制度中规定，第三方机构应当取得相

---

① 徐家良：《政府购买社会组织公共服务制度化建设若干问题研究》，《国家行政学院学报》2016 年第 1 期。

应等级的社会工作协会或第三方评估协会的推荐，才能向民政部门申请第三方评估资质。总而言之，各级民政部门、社会工作协会、第三方评估协会等监管主体都应该参与到第三方评估资质认定过程中来，并探索出一个全面合理的资质认定合作模式。

结合第三方评估机构的评级制度，笔者认为，应该建立行业协会推荐、各级民政部门批准的五级评估资质授予制度。具体来说，由中国社会工作联合会推荐，民政部授予 AAAAA 级第三方评估机构，可承接国家级社会服务第三方评估项目；由省级社会工作协会推荐，各省民政厅授予 AAAA 级第三方评估机构，可承接省级社会服务第三方评估项目；由市级社会工作协会推荐，各市民政局授予 AAA 级第三方评估机构，可承接各市的社会服务第三方评估项目；由县区社会工作协会推荐，各县区民政局授予 AA 级第三方评估机构，可承接各县区的社会服务第三方评估项目。符合第三方评估行业准入标准的第三方评估机构可申请成为 A 级第三方评估机构，但必须成为 AA 级第三方评估机构才能开始承接社会服务第三方评估项目。此外，低层级第三方评估机构不可承接高层级的第三方评估项目，高层级的第三方评估机构可以承接低一个层级的第三方评估项目，但不能承接低两个层级的第三方评估项目，以保证行业内部合理竞争。

（二）制定评估资质评定细则

评估资质授予主体明确后，评估资质的授予和清退细则也应尽快确定。就本研究所重点关注的社工服务领域来说，可以采取国家、省、市、县区、准入等五级资质认定机制，不同等级的第三方评估机构的资质要求也应有所不同。例如，准入级的标准可以适当放宽，但至少应当包括：具有独立的名称和固定的办公场所，并依法在民政等部门注册登记；具备完整的机构章程和日常管理制度，并符合第三方评估行业的行业规范；至少有 3 名专职人员有助理社会工作师证书，或 2 名专职人员为中级社工师，或 1 名专职人员为高级社工师；至少有 3 名专职人员从事过一线社工服务项目或评估项目。

高级资质的第三方评估机构评定时，要求应适当提高。例如，市级 AAA 级第三方评估机构评定时，至少应该具备如下四项基本条件：获得 AA 级第三方评估机构评级满三年，且近三年内无违规违法记录；由市级社会工作协会出具推荐证明，并附近三年内从业诚信记录；组织内部至少有 5 名助理社会工作师，或 3 名中级社工师，或 2 名高级社工师；提交 3 个典型评估案例，由第三方评估专业委员会裁决，并取得三分之二以上的支持票。在省级和国家层面，第三方评估机构的资质评定标准也应适当上调。在清退标准方面，则可以采取全国统一的标准，针对评估效果不明显、评估敷衍了事、串标陪标等不同性质的违规行为设立不同的处罚标准，如通报批评、警告、降低或取消资质评级等。

（三）成立第三方评估委员会

当前我国已经有一些地方政府开始尝试建立省级的第三方评估管理机构，例如江苏省在《关于开展重大政策举措第三方评估的实施意见》中提出，"建立省政府重大政策举措第三方评估领导小组"。但是，这种直接设在省政府领导班子里的第三方评估领导小组本质上还是非正式的组织机构，且侧重于政策评估领域。相较于第三方评估所涉及的广泛社会领域来说，这种管理机构的管理模式和管理重点还比较狭隘。因此，建议民政部牵头成立全国性的社会服务以及社工服务第三方评估委员会，抑或在中国社会工作联合会下设置第三方评估委员会。社工服务第三方评估委员会以各地的优秀社工、社工机构负责人、专家学者为主体，通过颁布相应的评估行业规范来约束整个第三方评估行业。第三方评估委员会要加强与第三方评估协会等行业协会的合作，尽快发布第三方评估的本土化理论研究成果和具有可操作性的、合理的评估方法与技术，从而形成行业内的评估标准。在第三方评估委员会的指导下，可以尝试创办一批全国性的、权威性的、有代表性的第三方评估机构，以形成良好的示范效应。还可以借鉴国外的相关经验，如英国的慈善委员会及美国的明智捐赠联盟、布鲁金斯学会、贝尔研究所等，从某个侧面，如专业资质、财务状况、大众点评等角度对第三方评估机构进行社会监管和排名。第三方评估委员会对第三方评估机构的排名可以对第三方评估协会的排名形成有效的补充，从而为社会大众提供更多的信息获取渠道。

（四）增设社会服务第三方评估课程

专业评估人才的培养可以说是未来第三方评估发展的最主要依靠，没有专业的评估人才，法律法规、外部监督、资质管理实际上都不可能发挥出明显的制度推动作用。因此，成体系的评估人才培养制度应当成为促进第三方评估行业发展的重要制度保障。从目前国内第三方评估的发展趋势来看，首先，未来合格的专业评估人才要有相应的专业资质，如社会服务评估师、社会工作服务评估师、社会工作师等。其次，应该有一定的评估实践经验，以更好地实现评估理论与实践的结合。再次，最好具备一定的业内影响力，以更好地发挥评估的导向作用。最后，还要重视评估伦理、评估使命、评估职业操守，保证评估遵循正确的价值观。

为了培养合格的专业评估人才，应当在社会工作教育课程中增设社会服务第三方评估课程。当前一些学校的社会工作教育中并没有将第三方评估或社会工作评估、社会服务评估作为一门单独的课程来讲授，而是作为社会工作概论中的一个章节。要培养合格的社会服务评估人才，目前教育课程中的教学内容是远远不够的，而且还有一些有争议的内容。例如，目前社工学界内对于"社会工作评估""第三方评估"的概念实际上并未有公论，仅相似的概念就有社会服务评估、社会评估、社会项目评估、社会福利项目评估、项目评估等十几种。学者们也经常混用这些概念，致使评估界面临着缺乏共同语境的问题。例如，顾东辉教授在《社会工作评估》一书中认为，"社会工作评估也称社会服务评估，是评估活动的一种，是针对社会工作或社会服务而进行的评估"。[1] 该定义实际上模糊了社会工作评估和社会服务评估之间的关系。黄晨熹教授翻译的《社会工作评估：原理与方法》一书虽然冠以"社会工作评估"之名，但全书实际上论述的是项目评估，且全书中都没有明确定义社会工作评估的概念。[2] 陈锦棠等著的《香港社会服务评估与审核》实际上论述的也是社会工作项目评估，同时也没有给出社会工作评估或社会服务评估的定义。[3] 诸如此类的专著，如《社会福利项目管理与评估》[4]《项目评估：循证方法导论》[5]《社会项

[1]　顾东辉：《社会工作评估》，高等教育出版社，2009，第5页。
[2]　Leon H. Ginsberg：《社会工作评估：原理与方法》，黄晨熹译，华东理工大学出版社，2013。
[3]　陈锦棠等：《香港社会服务评估与审核》，北京大学出版社，2008，第15页。
[4]　方巍、张晖、何铨：《社会福利项目管理与评估》，中国社会出版社，2010，第17页。
[5]　戴维·罗伊斯、布鲁斯·A.赛义、德博拉·K.帕吉特：《项目评估：循证方法导论》，王海霞、王海洁译，中国人民大学出版社，2018，第16页。

目评估》①《21 世纪评估实务》②《第三部门评估与责信》③《社会评估：理论、过程与技术》，④ 要么忽略"社会工作评估""第三方评估"的概念定义，要么将社会工作评估、第三方评估、社会服务评估、社会项目评估，甚至非营利组织评估、第三部门评估等概念混用。因此，评估界至今仍没有一个统一的、基础性的公认概念，评估理论的发展很难具有统一性和比较性。针对已经在第三方评估行业中从事评估实践的工作人员，可以通过评估业务培训和资质认证等方式来提升他们的评估能力；对于已经具备良好社会工作基础的社会工作师群体，再继续深入地开展第三方评估培训即可。发放相应的补贴或者设立专门的评估人才资质证书等，都是可以考虑的具体举措。

第二节　规制第三方评估机构的行动策略

完善第三方评估的制度体系侧重于制度结构层面的调整，但并未涉及具体的评估实践场域。在具体的评估操作情境中，购买方和评估方还要提前制定一些具体的执行规范，借以规制第三方评估机构的行动策略。

一　确定第三方评估机构的权责内容

规制第三方评估机构行动策略的第一步是严格划清购买方和评估方的权责界限，尤其是要保障评估方的评估权力，明确评估方的连带责任，并限制购买方的不当需求。

（一）保障评估方的评估权力

面对强势的购买方，第三方评估机构很难享有完整的评估权力，导致其独立性不足、公正性不佳。保障第三方评估机构享有完整的评估权力，需要相关部门尽快出台或修改相应的政策规定。具体来说，第一，要保障

---

① 方巍、祝建华：《社会项目评估》，上海人民出版社，2019，第 10 页。
② 威廉·R. 纽金特、洁基·D. 西帕特、沃尔特·W. 赫德森：《21 世纪评估实务》，卓越、叶文振、姜国兵译，中国人民大学出版社，2006，第 25~40 页。
③ 官有垣、陈锦棠、陆宛苹：《第三部门评估与责信》，北京大学出版社，2008，第 3~13 页。
④ C. 尼古拉斯·泰勒、C. 霍布森·布莱恩、科林·G. 古德里奇：《社会评估：理论、过程与技术》，葛道顺译，重庆大学出版社，2009，第 1~27 页。

评估方对评估方案、评估标准、评估指标的制定权和使用权，购买方不宜干涉评估的具体操作过程，外部评估专家可以提出自己的专业意见，但只能是一种参考性的意见，不能作为评估结果。第二，要保障评估方对评估结果的公示权，评估结果应由第三方评估机构自主得出、自主公示，并接受相关投诉和反馈，购买方不应篡改或暗示评估方更改评估结果。第三，要保障第三方评估机构及时收到项目经费的权力，购买方不得以延迟或扣发项目经费的方式，要求评估方修改评估结果。2020 年 7 月，国务院颁布《保障中小企业款项支付条例》，规定机关、事业单位和大型企业采购货物、工程、服务支付中小企业款项，逾期付款违约金未做约定的，一律按日万分之五计算。如果能严格执行该规定，政府购买服务资金的拖延问题以及评估项目"时间差"的问题或许能够得到解决。

（二）明确评估方的连带责任

在当前的政府购买社工服务第三方评估项目中，第三方评估机构大多不敢主动承担评估责任，而是通过将评估权力和评估责任转嫁给购买方以及评估专家的方式，实现了自身的责任转移。在这种评估模式下，第三方评估机构实际上只是一个组织机构，一个购买方的执行机构，既无法在评估活动中发挥主导作用，也不用承担明确的评估责任。随着第三方评估制度的改革，第三方评估机构也要开始主动承担起自身的责任。为此，应当进一步明确第三方评估机构的连带责任。首先，因评估方案、评估标准、评估指标体系不合理等因素而造成评估偏差问题的，第三方评估机构应当为自己的专业能力不足而承担责任。其次，第三方评估机构未能查明服务方的弄虚作假行为，而造成评估结果偏差的，也应承担一部分责任。再次，第三方评估机构自身出现计算错误、描述错误、审核错误等技术性错误的，应承担评估责任。最后，对于多次评估后仍没有起色的社工服务项目，第三方评估机构也要承担一部分连带责任。通过对连带责任的追究，第三方评估机构将无法再逃避责任，评估形式化的风险也能被有效降低。

（三）限制购买方的不当需求

不同于工程类、硬件配置类政府购买项目，社工服务项目等政府购买服务项目的初衷是满足服务对象的需求、提高服务对象的生活质量和幸福感，而不在于满足政府彰显政绩的需求。因此，第三方评估的核心内容和主要指标应当以服务对象为中心，不能用购买方的需求来代替服务对象的需求。相应地，对于购买方的诉求要有所限制。具体来说，第一，购买方的评分权重不宜过高。第二，评估指标应更多侧重于项目服务效果、社工服务能力、服务对象评价等方面，新闻媒体报道数量、项目管理、服务人次等社会影响力方面的评分权重不宜过高。第三，购买方不应干涉评估结果的出台过程，不得以私人好恶来影响第三方评估结果。此外，目前政府购买服务中所使用的综合评审机制实际上淡化了第三方评估的价值和意义，其合理性还需要进一步考证。

二 约束第三方评估机构的功利行为

出于节约成本的考虑，第三方评估机构采用了一些注重效率的功利化策略，在一定程度上影响了第三方评估的效果。对此，购买方和服务方要提前达成共识，要求评估方严格执行评估程序、保持稳定的评估团队、使用科学的评估指标体系、突出评估报告的实用性，从而避免第三方评估机构的功利行为。

（一）严格执行评估流程

就 X 市社会工作协会而言，其实际上拥有一套优良的评估流程，但在实际的操作过程中，X 市社会工作协会并不会严格按照这套程序，而是会根据购买方的态度有所裁剪。评估方的这种行动策略更倾向于经济效率和市场逻辑，属于典型的工具理性。也就是说，即使是作为非营利组织的第三方评估机构，其本身也有削减成本和提升收益的生存压力，并不会保持始终如一的专业性。相反，第三方评估机构是按照市场主体的经济理性逻辑来决定自身行动的。面对不重视评估的购买方，第三方评估机构不会投入较高的成本，最终导致评估的专业性降低了，评估所产生的实际效果自然也就不及预期了。因此，有必要在评估开始前就对第三方评估的执行过程有所规制：其一，不管购买方重不重视，第三方评估机构都应该按照标准流程来执行评估，而不能因为成本问题任意减少评估环节；其二，每个评估项目的实地考核时间应不低于 3 个小时，每个项目的专家讨论和评分时间不应低于 30 分钟；其三，评估反馈最好使用集中会议反馈和单独反馈相结合的方式，最大限度地给每个项目接受深度反馈的机会。

（二）保持稳定的评估团队

目前来看，仅仅依靠外部评估专家不仅难以得出全面、真实、客观的评价，也会使第三方评估机构逐步丧失自身的权威性和专业性。因此，破除对外部评估专家权威的依赖、培育第三方评估机构的评估核心团队是非常有必要的。首先，这一核心团队应该具备较高的稳定性。评估团队在一年内的人员流动率应该不高于20%，以确保评估团队能够长期跟踪评估社工服务项目。其次，这一核心团队应该具备较高的专业性。以5人的核心团队来说，至少应有3~4名中级社工师，或者拥有3年以上评估经验或实务经验的资深社工；也可以配备1~2名长期从事社工评估理论研究的高校学者，但最好能常年、多次以兼职的形式参与评估团队。最后，这一核心团队应当和被评估对象之间建立长期的、联动的互动关系。随着实践的发展，一批历经2~3年，甚至5年的社工服务项目逐渐开始出现了，相应地，第三方评估项目也具有了长期性。针对这种情况，评估团队应该和项目点的社工建立起长期的、稳定的互动关系，采用跟踪式评估的长期评估方式，以更好地发挥以评促建的作用。当然，注重培育机构内部的评估核心团队并不是完全忽视外部评估专家的作用。外部评估专家往往能带来新颖的视角和最新的评估理论知识，能够为服务项目带来很多启发。因此，应该在专家评估会议上邀请1~2名外市，甚至外省的评估专家，剩下3~4名评估专家应由机构内部的评估专家担任，以确保评估专家团队对于社工服务项目的了解总体上是比较深入的。

（三）使用科学的评估指标体系

提升第三方评估机构的专业化水平，最直接的办法是使用合理的评估指标体系，但由于评估理论知识的匮乏以及本土化研究的滞后，很多第三方评估机构实际上还处在借鉴发达地区评估指标体系的阶段。这种借鉴来的评估指标体系，一方面体现不出第三方评估机构的自身专长和特色，另一方面经常会遇到水土不服的问题。例如，在X市C区第三方评估项目中，第三方评估机构借鉴了其他地区的评估指标体系，该指标体系要求项目社工4人中至少有3人持有助理社会工作师证书，但X市作为一个内陆发展中城市，持证社会工作师的数量并不多，致使很少有项目能满足这一要求。为此，C区社会事业局和C区社工们达成共识，由C区社会事业局为各个项目的社工签发临时的资质认可说明，以说明代替助理社工师证书。经由购买方的介入，评估指标体系实际上已经成为可以灵活变通的参考体系，第三方评估机构的专业性和权威性再一次面临质疑。

因此，为了增强自身的专业性，第三方评估机构也要树立知识产权意识，创造自己的评估方法和评估指标体系，从而形成自己的核心竞争力。首先，这种有知识产权的评估指标体系应该符合基本的评估规范和流程，例如定量评估和定性评估相结合、结果评估和过程评估相结合等。其次，应该体现机构的特色，例如以高校学者为主体的评估机构可以更加侧重评估理论和实践的结合，由一线社工组成的评估机构可以更加关注服务项目的成效。再次，还应该针对不同特点的项目设计不同的评估指标体系。目前将一套评估指标体系应用于性质和特点不同的服务项目的做法既不科学，也不专业。最后，第三方评估机构也要不断地研究和学习，用国内外最新的研究成果不断更新和创新自身的评估方法和体系，从而增强评估的科学性和专业性。

（四）突出评估报告的实用性

作为第三方评估结果的重要载体，评估报告呈现了第三方评估的最终结果，也是影响社工服务项目后续发展的重要载体。但是，当前评估报告的套路化问题颇为严重，评估报告撰写人员追求的是效率而非价值，导致评估报告的实际效用堪忧。为此，上级政府部门、购买方以及服务方应当建立评估报告的反馈机制，进一步检视第三方评估报告的价值和作用。检视评估报告的价值，一是要看评估报告的重复性，检查评估报告是否与其他项目的评估报告雷同；二是要看评估报告的实用性，检查评估报告是否过于套路化，是否就服务项目提出具体的问题；三是要看评估报告的前瞻性，考察评估报告是否有助于项目下一阶段的改进。对于第三方评估机构来说，则要坚定认真负责、实事求是的态度，要深入地观察和了解社工服务项目，避免先入为主地讨论项目问题和提出建议。

三　调整评估主体的互动关系

在评估的具体操作层面，第三方评估机构偏向于使用项目管理评估、服务产出评估、事后评估、短期评估等较为简单易行的评估方法，致使评估往往呈现出明显的片面化倾向。改变第三方评估机构这种化繁为简的片面化行动策略，需要调整第三方评估中各个主体的互动关系。首先要强化服务对象的权力和地位，提升服务对象的评估权重；其次要转变评估方的角色，促使其更多发挥服务促进者的作用；最后还要扩充评估责任承担者，促使购买方也承担部分责任。

（一）提升服务对象的评估权重

第三方评估机构将数字指标、专家意见、程序流程视为掩盖服务对象需求和利益相关者诉求的合法性外衣，从而将服务对象的需求和满意度置于无足轻重的地位。因此，量化指标评估方法具有忽视服务对象的重大缺陷，其对数字指标和外部评估专家的过度依赖是以牺牲服务对象的真实意见为代价的。或者说，购买方和评估专家看到的是数字包装后的自己需求的"倒影"，而服务对象的真实生活状况或许并没有什么变化。

评估学发展到第四代评估甚至第五代评估以后，利益相关者之间的互动和诉求，尤其是服务对象的真实改变已经成为评估的核心要旨。对于社工服务项目来说，满足购买方的需求并不是项目的使命和目标，也不是第三方评估项目的使命和目标。社工服务项目和第三方评估项目的使命和目标从来都是基于服务对象需求的，从来都是为了提高服务对象的满意度和生活质量的，从来都是为了帮助服务对象做出积极的改变的。基于服务对象需求和满意度的导向，第三方评估机构要把服务对象的真实改变作为评估社工服务项目的最关键标准。

为此，首先，要在评估程序中为服务对象的参与留下制度空间和参与渠道，促使他们积极使用自身的评估权利。可以通过上文中所述的反向评价办法，构建服务对象的长期反馈机制。要让社会大众认识到，参与第三方评估是他们的权利和责任所在，他们的参与能对评估结果产生重要的影响，进而能够决定社工服务项目能否继续存在。其次，应当提升服务对象满意度在整个评估体系中的比重，让服务对象满意度的重要性凌驾于制度管理、财务评估、服务产出等评估内容之上。最后，第三方评估机构也可以引进或自主开发一些服务对象满意度测量方法，或者尝试性地使用一些已经被公认具有良好信效度的满意度测量量表，并进行本土化的改造。以往抽取少数特定服务对象进行评估的评价方式并不可取，最好采用以户为单位的标准随机抽样方法。需要注意的是，不能单一依赖量化测量结果，最好和案例方法综合使用，以避免数字的欺骗性。

（二）转变评估方的角色

在以往的政府购买社工服务第三方评估项目中，作为评估方的第三方评估机构和作为服务方的社工机构及一线社工之间的关系实际上是割裂的。评估机构只在中期评估和末期评估的一段时期内和社工项目发生业务联系，其他时间很少会和服务方发生关联。在这种割裂式的互动关系中，评估方更偏向于事后评估等评估方法。或者说，社工开展了一段时间的服务之后，评估方才会入场扮演监督核查者的角色。这种偏向于事后评估的评估方法，无疑带有很大的片面性。因此，消除事后评估方法的片面性，关键在于转变评估方的角色，使评估方由单一的监督核查者角色转变为监督促进者角色。

为此，评估方应该在服务方入驻项目点之前，就和服务方开展合作。评估方要帮助服务方提升需求评估能力，从而准确判断服务对象的需求；要帮助服务方判断项目存在的难点、问题，确定未来发展的方向和目标；要和服务方协商后续评估方案、评估方法、评估标准、评估指标的具体细节，确保评估的合理性。在服务项目开始后，评估方要全程跟踪服务方的服务过程，使用过程评估方法帮助服务方坚定服务目标，确保服务不偏离项目目标。如此一来，评估方就不再是服务项目的"局外人"和"考核者"，而变成了服务项目的合作者和促进者，第三方评估以评促建的作用才能最大限度地实现。

（三）扩充评估责任承担者

为了全面、真实地反映社工服务项目的服务效果，以及更好地体现第三方评估以评促建的功能，第三方评估机构应该更多采用注重长期影响的评估办法。

为此，以往的评估责任承担主体可能要发生很大的改变。一方面，要改变以往将社工机构视为被评估对象的评估办法，转而将项目点作为被评估对象，并建立以项目点为评估载体的长期服务评估档案。在以往的评估中，被评估的对象实际上是承接服务项目的各个社工机构。然而，这种评估方式经常会因为承接机构的变化、评估机构的变化而出现断裂性的问题。建立以项目点为载体的长期服务评估档案后，即使承接机构、评估机构发生了变化，后续的机构也都可以在以前机构的基础上继续发力，从而确保评估的延续性和长期性。此外，也要注意打破以往中期评估和末期评估以及各年度评估之间的割裂性，将不同时间的评估结果进行比较分析，在检视项目变化的同时，也反思评估是否带来了项目效果的提升。

另一方面，要改变以往将社工机构视为唯一责任主体的评估办法，转而将购买方也视为责任主体，将上级政府部门视为追责主体。购买方成为责任主体后，评估方对社工服务项目的评估将不再仅仅着眼于服务方，其还要评估购买方有没有充分指导和配合服务方的行动，有没有实现政府购买社工服务的初衷和购买服务资金的充分利用。一旦购买方也成了责任主体，社工服务项目就有了稳定的被问责主体，第三方评估也不得不变成长期式的评估。

第三节　创新本土化的"共享主义第五代评估范式"

自 20 世纪 80 年代古贝和林肯提出建构主义第四代评估范式以来，已经过去了 30 多年。一方面建构主义第四代评估范式始终未能成为主流评估范式；另一方面学者们也始终未能提出具有突破性的第五代评估范式，社会服务评估研究实际上陷入了某种意义上的停滞期。

建构主义第四代评估曾被认为是一种超越前三代方法的前瞻性评估方法，其对前三代评估"管理主义倾向、忽略价值多元性、过分强调调查的科学范式"的批判，以及对"利益相关者的主张、焦虑和争议"的关注，对参与、协商、赋权等具有启发性评估理念的强调，曾给评估界带来了一场评估理论与评估范式的巨大变革。但是，30 多年过去了，建构主义第四代评估始终未能解决实际操作性差、应用难度过大、经济和时间成本过高、主观性过强等一系列问题，导致其无法完全付诸实践，更多是作为一种启发性的评估理论或辅助性评估工具而存在。[①] 古贝和林肯在建构主义

---

① Tina M. Timm, Julie Birkenmaier, and Susan Tebb, "The Experiential Community Assessment Project: Integrating Social Work Practice Skills," *Journal of Community Practice* 2 (2011): 175-188.

第四代评估中提出的方法十分全面和耗时，以至于这种评价方法在一般评价实践中很难得到非常广泛的应用。[①] 即使建构主义第四代评估能够完全实现，也可能会存在利益相关方同谋型妥协、形式化协商、虚假式赋权，或者利益相关者的主张差异过大而导致无效拖延的问题。[②] 换句话说，强调"充分尊重利益相关者权利和意见"，重点关注"利益相关者的主张、焦虑和争议"的建构主义第四代评估并不完美，也不是社会工作评估理论的终点，它既无法完全克服前三代评估方法的缺陷，还有可能衍生出一些新的问题。

近些年来，国内外学者也曾试图探索"第五代评估"范式。例如，一些学者在建构主义第四代评估的方法论基础上选择了更进一步，他们基本上摒弃了实证主义评估的"价值中立"原则，主张有必要采取公开的意识形态立场，认为评估者应该扮演承担社会正义的坚定倡导者角色，以代表边缘化群体。[③] 一些学者认为，第四代评估虽然认识到了利益相关者群体的价值取向和价值多元问题，但没有特别考虑少数群体和那些缺乏权力的弱势人群，因而主张第五代评估应为弱势群体"发声"。[④] 此外，也有学者试图弥合理性主义与建构主义的分歧，其关注实证主义事实分析和建构主义价值分析的整合，建立了包括项目验证、情景确认、社会论证、社会选择的四层次、二轮顺序的分析框架，也被认为是第五代评估的一种尝试。[⑤] 国内也有一些学者尝试从理性主义和建构主义的耦合[⑥]、定量评估与定性评估的混合[⑦]等角度阐述第五代评估的核心主旨。但无论是主张抛弃价值

① Gökhan Öztürk, "Fifth Generation in Language Program Evaluation: Towards Transparency, Nation-based Standards and Value-based Evaluation," International Conference on Foreign Language Teaching & Applied Linguistics, 2014.

② 韩江风：《社工站项目适合哪种评估方式——实证主义量化评估与建构主义第四代评估范式之争》，《中国社会工作》2023 年第 6 期。

③ P. K. Jamison, "Professional Evaluation: Social Impact and Political Consequences: Ernest", in R. House. Newbury Park (C. A.: Sage Publications, 1993).

④ Paul Thomas, and Colin Palfrey, "Politics and Policy Evaluation," Public Policy and Administration 4 (1999).

⑤ 弗克兰·费希尔：《公共政策评估》，吴爱明等译，中国人民大学出版社，2003，第 150 页。

⑥ 鄢益奋：《公共政策评估：理性主义和建构主义的耦合》，《中国行政管理》2019 年第 11 期。

⑦ 刘江：《社会工作服务效果评估：基于定性与定量方法的混合评估法》，《华东理工大学学报》（社会科学版）2016 年第 6 期。

中立，直接为弱势群体代言的评估理念，还是理性主义与建构主义，量化评估与质性评估相结合的评估理念，实际上都很难说实现了对建构主义第四代评估范式的"超越"，基本上是对其的"缝缝补补"。整体而言，现有的所谓"第五代评估"大多还不是十分成熟，主观性和建构性元素更强，且内部视角分歧较多，实践操作难度普遍更大。

因此，本书主张在国内外评估研究的基础上，结合中国式现代化社会工作评估的本土实践，探索一种"共享主义第五代评估范式"。这种评估范式不同于测量、描述、判断、协商等前四代评估方式，其以"共享"为核心评估主旨，以情境主义为理论基础，以区块链、信息化、大数据、智能化为评估技术工具，希望通过技术赋权的路径来保障利益相关者主体的评估权力，同时又能最大限度地降低评估成本，最终达成"公正、公平、公认、共享"的新时代评估范式。[①]

目前，笔者已经使用区块链技术研发了"社工站服务绩效动态监测平台"，并于 X 市 A 区、C 区和 L 市开展了一年的前期试点。[②] 笔者相信，这种以大数据、区块链、人工智能等技术为数字底座的智能化"共享主义"评估，极有可能成为未来中国社工服务第三方评估的新范式。关于"共享主义第五代评估范式"的具体内容，笔者将在后续学术专著《共享主义评估：第五代评估范式的到来》中专题论述，在本书中只做简单的引述。

第四节　推动第三方评估的技术革新

同"共享主义第五代评估范式"相适应，新时代的社工服务第三方评估要与区块链、大数据、人工智能、元宇宙等现代化信息技术相结合，实现社工服务第三方评估领域的技术革新。以笔者研发的"社工站服务绩效动态监测平台"为例，其试图利用"去中心化、不可篡改、全程留痕、集体共享、公开透明"区块链技术建构一种兼具动态化、开放性、多元性、大数据、虚拟现实等特点的云评估模式，进而通过技术赋权来实质性地调

---

① 韩江风、张明锁：《社工站项目评估中的盲区假说与云评估模式建构》，《西华大学学报》（哲学社会科学版）2023 年第 6 期。

② 韩江风：《技术赋权评估：社工站服务第三方评估平台探寻》，《中国社会工作》2023 年第 25 期。

和多元利益相关者的互动结构。

一　区块链理念与技术优势

借助区块链理念和技术，有助于打破以往静态和割裂性的评估时空线，并有益于形成平等互惠的政社合作关系。从应用端看，区块链是一个分布式的共享账本和数据库，具有去中心化、不可篡改、全程留痕、集体共享、公开透明等特点，这些特点和优势保证了区块链的"诚实"与"透明"，为区块链创造信任奠定了基础。[1] 去中心化是区块链最突出和最本质的特征，区块链技术不必依赖额外的第三方管理机构，通过分布式核算和存储信息，各个节点能实现信息自我验证、传递和管理。[2] 通过给数据增加时间维度以及记录前后顺序，区块链使数据具有可追溯性，实现了数据的不可篡改与全程留痕。[3] 同时，区块链系统中的所有数据由所有参与节点集体维护，每一个区块的数据都必须经过其他区块的认同和确认，才能被纳入区块链，数据具有高度的民主性和透明性。总体而言，区块链就是一个促进多元主体平等合作、能记录所有原始和过程数据，并能供各个主体实时查询全部信息和更新动态的"共享型电子记账本"。[4] 因此，区块链能够解决社工服务评估中的信息不对称问题，能够实现多个主体之间的协作信任与一致行动。换句话说，区块链结构有可能削弱政府作为购买方的垄断性权威地位，并通过技术赋权让所有主体都处在平等的合作地位。

二　搭建社工站项目动态评估平台

在区块链理念与技术的基础上，应当建立囊括政府部门、招标公司、社工机构、项目社工、项目督导、志愿者、社区自治组织、乡镇（街道）、

---

① 张鹏：《区块链赋能下的数字法治政府建设：内涵、关联及路径》，《电子政务》2022 年第 7 期。
② 姚忠将、葛敬国：《关于区块链原理及应用的综述》，《科研信息化技术与应用》2017 年第 2 期。
③ 林小驰、胡叶倩雯：《关于区块链技术的研究综述》，《金融市场研究》2016 年第 2 期。
④ Svein Olnes, Jolien Ubacht, and Marijn Janssen, M., "Blockchain in Government: Benefits and Implications of Distributed Ledger Technology for Information Sharing," *Government Information Quarterly an International Journal Of Information Technology Management Policies & Practices*, 3 (2017).

财务审计、评估专家、第三方评估、服务对象、社会大众等十三类利益相关者的一整套社工站评估指标体系。[①] 社工站项目动态评估平台应建立在评估指标体系以及多元主体提交的评估信息和客观评价之上。多元主体使用身份密钥登录平台，实时上传与评估指标相关的评估信息（文本、音频、视频等）。例如，购买方可以随时上传新出台的社工站支持政策，社工可以随时修改对乡镇（街道）支持力度的评价，服务对象也可以随时修改对社工服务的满意度评价。除了个别无须集体认同的信息（已公开的政策、媒体数量等），大部分评估信息需要征得其他主体认同与确认之后，系统才会根据指标权重生成评估结果。这一系统架构保证了各个主体享有平等的评估权力，从根本上改变了以往购买方一家独大的"游戏规则"。另外，每一个区块都包含所有区块的全部信息，使得多元主体可以实时查看和确认其他主体的评价，进而在参考其他主体评估意见的同时，完成自身评估意见的"建构"。由于评估结果是由系统实时生成的，这就避免了建构主义评估易陷入无休止争论的弊端，也能更好地兼容过程评估和结果评估两种评估方式。此外，由于评估信息是实时更新、动态变化和完全公开的，打破了传统评估中评估时间的临时性与评估空间的割裂性，利益相关者主体可以随时登录评估平台查看和修改自己的评价，以及审阅和同意其他主体的合理评价。

三　建构社工站项目云评估模式

在区块链理念的技术基础上，本研究试图融合情境互动理论归纳出一种本土化的社工站项目云评估模式。云评估模式认为，社工站项目评估要打破传统物理场域的静态化、封闭性、单元性、文本式以及局限于线下评估的樊篱，要向动态化评估、开放性评估、多元性评估、大数据评估和虚拟现实评估模式转型，进而塑造人人可以随时随地进入社工服务评估情境的评估云空间。第一，要从静态评估向动态评估转型，要改变以往中期评估、末期评估的静态评估方式，实现"社工站项目动态评估平台"的数据与评估结果实时更新；第二，要从封闭性评估向开放性评估转型，要改变

---

① 　韩江风：《差序互动格局：政府购买社工服务项目中多元主体的角色扮演——以 X 市为例》，《地方治理研究》2022 年第 2 期。

以往区域性、项目性、临时性的封闭评估场域，打造全国性的社工站项目动态评估平台与公开排名系统，做到全程留痕、公开透明；第三，要从单一主体评估向多元主体评估转型，要改变以往购买方占据主导地位的评估权力分布格局，实现多元利益相关者主体在评估场域中的去中心化，实现集体共享、不可篡改的评估；第四，要从文本评估向大数据评估转型，要改变以往文牍主义和形式主义的片面化评估方式，更多使用丰富的大数据开展服务评估；第五，要从线下评估向线上线下相结合的虚拟现实评估转型，利用区块链与大数据技术模拟服务对象行动和反馈模式，架构虚拟现实服务场景与专家云端评估空间（见图9-1）。

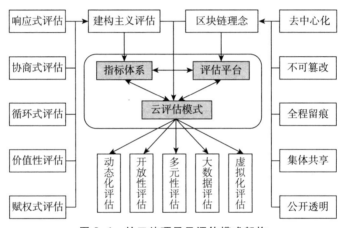

图 9-1 社工站项目云评估模式架构

云评估模式的核心理念是：区块链理念和技术有助于在评估场域中形成平等合作的政社关系，并打破以往单一线下评估时空的局限性，进而推动响应式评估、协商式评估、赋权式评估等建构主义评估方法的可操作化。在云评估模式中，社工站项目评估指标体系是搭建动态评估平台的基石，社工站项目动态评估平台是开展社工站项目评估的主要载体，动态化评估、开放性评估、多元性评估、大数据评估、虚拟化评估是主要的云评估模式。云评估模式的主要目标是构建"永远进行中的云评估情境"，使评估不再局限于一时一隅、一人一地，而成为一种兼具动态化、开放性、多元性、大数据、虚拟现实等特点的常态化评估模式。云评估模式强调，社工站项目评估的被评估对象，不仅是社工机构和项目社工，而应当是包括十三类主体在内的一整套一荣俱荣、一损俱损的合作机制。

　　在区块链理念与技术以及情境互动理论的基础上，笔者提出了一种崭新的社工站项目云评估模式。社工站项目云评估模式的实质是一种大数据时代的社工站项目评估理论探索，虽然还存在诸多不足之处，但有益于呼吁学者们关注区块链技术、大数据甚至元宇宙技术等社会背景对社工服务评估的潜在影响。云评估模式的最大价值可能在于，通过构建线上评估情境重组了多元利益相关者主体的评估权力分配格局，进而调和了传统物理评估场域中政强社弱的失衡关系。基于云评估模式的社工站项目动态评估平台，有利于解决现有评估中过度中心化、高度权威化、评估主体单一化、评估指标泛化、评估内容固化、评估方法机械化、评估时空局限性等诸多问题，有益于提升社工站项目评估的全面性、准确性和公正性。

　　在建构主义第四代评估、区块链理念以及云评估模式的理论指导之下，笔者目前已经成功研发并上线了"社工站服务绩效动态监测平台"。该平台是 Y 省首个由高校学者设计研发，联合高校科研院所、社工行业协会、软件技术公司等多元主体共同打造的社工站项目动态评估平台，同时也是云评估模式的初期实验产品和具体化实践平台。"社工站服务绩效动态监测平台"目前已经在 Y 省 X 市和 L 市开展了前期试点，希望通过技术赋权的方式给予多元利益相关者主体更大的评估话语权，进而试图调整评估实践场域中不平衡的政社关系格局，并为评估领域的政社关系研究开辟新的研究路径。但是，平台在实践过程中也遇到了理论和实践之间的剧烈冲突，出现了许多前期未曾设想到的复杂问题。例如，多元利益相关者主体就评估报告是否要向社会公众公开、评估方预判不合格的项目是否要上传评估平台、社工申诉是否需要经过购买方同意等问题展开了颇为激烈的争论和博弈。文本及音视频材料等评估数据公开的潜在风险如何防范、社工在平台上评价购买方的底气何在、不利的评估信息和结果如何得到多方认可等潜在问题也逐渐暴露出来。因此，"社工站服务绩效动态监测平台"与云评估模式虽然能够借助技术赋权的方式，在一定程度上调适现有政府购买社工站项目中的政社互动关系，但目前也很难从根本上改变政强社弱的基本互动格局。在当前环境之下，云评估模式要解决社工站项目评估中的诸多痛点、难点问题，还需要经过漫长的实践探索，还需要依赖国家整体治理体系与治理能力现代化的深度改革。

参考文献

埃贡·G. 古贝、伊冯娜·S. 林肯：《第四代评估》，秦霖、蒋燕玲等译，中国人民大学出版社，2008。

埃米尔·J. 波萨瓦茨、雷蒙德·G. 凯里：《项目评估：方法与案例》（第7版），于忠江译，重庆大学出版社，2014。

白锐、郑一凡：《疏离与嵌入：政府购买社会服务中的政社关系——以街道办事处与家庭综合服务中心为例》，《广州大学学报》（社会科学版）2018年第3期。

包国宪：《绩效评价：推动地方政府职能转变的科学工具——甘肃省政府绩效评价活动的实践与理论思考》，《中国行政管理》2005年第7期。

彼得·罗希、马克·李普希、霍华德·弗里曼：《评估：方法与技术》（第7版），邱泽奇、王旭辉、刘月等译，重庆大学出版社，2007。

伯利：《现代股份公司与私有财产》，陆年青、许冀汤译，台北：台湾银行经济研究室，1981。

C. 尼古拉斯·泰勒、C. 霍布森·布莱恩、科林·G. 古德里奇：《社会评估：理论、过程与技术》，葛道顺译，重庆大学出版社，2009。

蔡长昆、沈琪瑶：《从"行政吸纳社会"到"行政吸纳服务"：中国国家-社会组织关系的变迁——以D市S镇志愿者协会为例》，《华中科技大学学报》（社会科学版）2020年第1期。

曹迪、张杰：《政府购买服务中社会工作机构主体性研究》，《沈阳工业大学学报》（社会科学版）2021年第4期。

曹伟军、赵周洁：《整合导向的社会工作服务项目评估指标体系建构研究——基于济南市槐荫区的实践经验》，《社会政策研究》2019年第 2 期。

陈彬：《关于理性选择理论的思考》，《东南学术》2006 年第 1 期。

陈锦棠：《香港社会服务评估与审核》，北京大学出版社，2008。

陈潭：《第三方治理：理论范式与实践逻辑》，《政治学研究》2017 年第 1 期。

陈天祥、郑佳斯：《把政府带回来：政府购买服务的新趋向》，《理论探索》2019 年第 6 期。

陈天祥、郑佳斯：《双重委托代理下的政社关系：政府购买社会服务的新解释框架》，《公共管理学报》2016 年第 3 期。

陈晓运：《技术治理：中国城市基层社会治理的新路向》，《国家行政学院学报》2018 年第 6 期。

陈振明：《社会研究方法》，中国人民大学出版社，2012。

陈钟林、吴伟东：《国外社会工作评估：理论架构探析》，《北京科技大学学报》（社会科学版）2006 年第 2 期。

成洪波、徐选国、徐永祥：《社会工作参与基层社会治理的机制创新及其实践逻辑——基于东莞市横镇的经验研究》，《福建论坛》（人文社会科学版）2018 年第 7 期。

程同顺、张国军：《理性选择理论的困境：纠结的理性与不确定性》，《理论与现代化》2012 年第 2 期。

程燕林：《如何保证第三方评估的独立性》，《中国科技论坛》2017 年第 7 期。

程样国、李志：《独立的第三方进行政策评估的特征、动因及其对策》，《行政论坛》2006 年第 2 期。

程至强：《从"市场失灵"到"政府失灵"再到"志愿失灵"》，《知识经济》2009 年第 12 期。

戴维·奥斯本、特德·盖布勒：《改革政府：企业家精神如何改革着公共部门》，周敦仁等译，上海译文出版社，2006。

戴维·比瑟姆：《马克斯韦伯与现代政治理论》，徐鸿宾等译，浙江人民出版社，1989。

戴维·罗伊斯、布鲁斯·A. 赛义、德博拉·K. 帕吉特、T. K. 洛根：《公共项目评估导论》，王军霞、涂晓芳译，中国人民大学出版社，2007。

戴维·罗伊斯、布鲁斯·A. 赛义、德博拉·K. 帕吉特:《项目评估——循证方法导论》,王海霞、王海洁译,中国人民大学出版社,2018。

党生翠:《台湾志愿服务的实践与启示:志愿失灵的视角》,《中国行政管理》2016 年第 12 期。

邓国胜:《非营利组织评估》,社会科学文献出版社,2001。

丁水山、张绪山:《社会角色论》,上海社会科学院出版社,1992。

丁瑜、肖礽:《从政府购买社工服务进程中的问题再思三元主体关系——以广州市为例》,《社会工作与管理》2017 年第 2 期。

段欣宇、方香廷:《维度模型:临床社会工作过程评估策略研究》,《中国社会工作》2019 年第 4 期。

范柏乃、余有贤、程宏伟:《影响政府绩效评估误差的因素及其对策研究》,《软科学》2005 年第 4 期。

范斌、方琦:《社会工作证据为本的实践:演进脉络与发展趋向》,《学海》2017 年第 6 期。

范斌、张海:《社会服务评估发展的历史性观察》,《理论月刊》2014 年第 3 期。

范雅娜:《政社合作困境及其症结探讨——社区共融项目"内卷化"现象分析》,《重庆大学学报》(社会科学版)2016 年第 1 期。

方巍:《社会项目评估研究发展趋势与启示》,《社会工作》2010 年第 6 期。

方巍、张晖、何铨:《社会福利项目管理与评估》,中国社会出版社,2010。

方巍、祝建华:《社会项目评估》,上海人民出版社,2019。

方英:《有边界合作:项目制下社会工作机构与街道办、居委会的新型关系》,《社会工作与管理》2020 年第 4 期。

费梅苹:《政府购买社会工作服务中的基层政社关系研究》,《社会科学》2014 年第 6 期。

费孝通:《乡土中国》,人民出版社,2008。

风笑天:《社会学研究方法》(第 3 版),中国人民大学出版社,2009。

弗克兰·费希尔:《公共政策评估》,吴爱明等译,中国人民大学出版社,2003。

高丙中:《社会团体的合法性问题》,《中国社会科学》2000 年第 2 期。

高丽、徐选国：《第三方评估组织发展的结构性困境及其生成机制——基于对 S 市的经验观察》，《中国第三部门研究》2019 年第 2 期。

高丽、徐选国：《政府购买社会服务第三方评估的合法性困境及其重构》，《社会建设》2019 年第 6 期。

葛蕾蕾、韩依依：《国内第三方评估的现状、特点及优化路径——基于二维视角的案例研究》，《行政管理改革》2019 年第 11 期。

葛忠明：《从专业化到专业主义：中国社会工作专业发展中的一个潜在问题》，《社会科学》2015 年第 4 期。

耿长娟：《从志愿失灵到新治理——萨拉蒙的非营利组织理论》，中国社会科学出版社，2019。

顾东辉：《社会工作评估》，高等教育出版社，2009。

顾建光：《非政府组织的兴起及其作用》，《上海交通大学学报》（哲学社会科学版）2003 年第 6 期。

顾江霞：《当专家与街头官僚相遇：建构主义视角下社区治理项目评估实践分析》，《社会工作》2021 年第 6 期。

顾江霞：《独立与依附：社会工作服务评估的价值观反思——基于 H 市两个社会评估项目的案例研究》，《招标与投标》2014 年第 3 期。

顾江霞：《控制论视角下第三方评估机制分析——基于 H 市社区治理评估项目的案例研究》，《社会工作与管理》2017 年第 3 期。

顾江霞：《专家参与还是公众参与？——对政府购买社会服务评估主体的一项经验研究》，《社会工作》2017 年第 6 期。

官有垣、陈锦棠、陆宛苹：《第三部门评估与责信》，北京大学出版社，2008。

管兵、夏瑛：《政府购买服务的制度选择及治理效果：项目制、单位制、混合制》，《管理世界》2016 年第 8 期。

郭锦蒙：《存在主义社会工作：从思辨哲理到折衷方法——兼论"存在—整合"的评估框架》，《华东理工大学学报》（社会科学版）2021 年第 5 期。

韩江风：《差序互动格局：政府购买社工服务项目中多元主体的角色扮演——以 X 市为例》，《地方治理研究》2022 年第 2 期。

韩江风：《技术赋权评估：社工站服务第三方评估平台探寻》，《中国社会工作》2023 年第 25 期。

韩江风：《技术治理逻辑下社会工作评估的失灵与优化——以 T 市 W 街道社会工作评估项目为例》，《理论月刊》2019 年第 12 期。

韩江风、韩恒、张明锁：《科层为体，项目为用：融合式社工站运行模式研究》，《社会建设》2023 年第 6 期。

韩江风：《嵌入性理论视域下中国特色社会工作的转型与制度化建构》，《重庆三峡学院学报》2019 年第 3 期。

韩江风：《社工站项目适合哪种评估方式——实证主义量化评估与建构主义第四代评估范式之争》，《中国社会工作》2023 年第 6 期。

韩江风：《社会工作协会角色失调的双向维度：角色越位与缺位——以 M 市社会工作协会为例》，《社会工作与管理》2021 年第 4 期。

韩江风：《社会排斥视角下残疾人就业困境及帮扶路径研究》，《社会福利》（理论版）2019 年第 4 期。

韩江风：《政府购买服务中第三方评估的内卷化及其优化——以 Z 市 S 区社会工作服务评估项目为例》，《四川理工学院学报》（社会科学版）2019 年第 2 期。

韩江风、徐慧玲、郭晓艳：《一线社工对项目评估的疑问与协商式评估的建构》，《中国社会工作》2022 年第 16 期。

韩江风、张明锁：《社工站项目评估中的盲区假说与云评估模式建构》，《西华大学学报》（哲学社会科学版）2023 年第 6 期。

何东、陈明龙、刘小峰：《亲亲相隐：社会组织项目制何以形成"共谋链"——基于 M 社会工作机构的观察》，《社会工作》2022 年第 1 期。

何威：《现实形塑与科学回归：社会工作"嵌入式发展"的规范图景及其超越》，《社会科学》2023 年第 4 期。

何文盛、姜雅婷：《系统建构视角下政府绩效评估结果偏差生成机理的解构与探寻》，《兰州大学学报》（社会科学版）2015 年第 1 期。

何文盛、姜雅婷：《政府绩效评估"三权"视角下第三方评估权力组织模式与评估结果偏差——基于多案例的阐释》，《江苏行政学院学报》2020 年第 4 期。

何文盛、廖玲玲、李明合：《我国地方政府绩效评估结果偏差的分类研究：概念、类型与生成机制》，《福建论坛》（人文社会科学版）2012 年第 10 期。

何雪松、刘莉：《政府购买服务与社会工作的标准化——以上海的三个机构为例》，《华东师范大学学报》（哲学社会科学版）2021 年第 2 期。

赫伯特·马尔库塞：《单向度的人——发达工业社会意识形态研究》，刘继译，上海译文出版社，2008。

胡莹：《基于建构主义的临床社会工作评估模式研究——以一个家庭治疗个案为例》，《中国社会工作》2019 年第 13 期。

黄春蕾、刘君：《绩效视角下政府购买社会工作服务模式的优化：济南市的经验》，《中国行政管理》2013 年第 8 期。

黄建：《社会失灵：内涵、表现与启示》，《党政论坛》2015 年第 2 期。

黄晓星、熊慧玲：《过渡治理情境下的中国社会服务困境 基于 Z 市社会工作服务的研究》，《社会》2018 年第 4 期。

黄晓星、杨杰：《社区治理体系重构与社区工作的行动策略——以广州 C 街道社区建设为研究对象》，《学术研究》2014 年第 7 期。

黄忠怀、杨娇娇：《公共服务供给的三重失灵与结构重塑：一种生态循环的平衡》，《理论月刊》2019 年第 3 期。

纪颖：《民间组织评估模式的国际比较及成因探析》，《学会》2008 年第 6 期。

贾春增：《外国社会史》，中国人民大学出版社，2008。

蒋敏娟：《组建中央社会工作部与社会治理现代化》，《人民论坛》2023 年第 7 期。

蒋天佑：《扶贫绩效第三方评估客观性消解及其应对——基于 A 县个案和相关者利益博弈视角的分析》，《湖南农业大学学报》（社会科学版）2018 年第 5 期。

蒋逸民：《作为"第三次方法论运动"的混合方法研究》，《浙江社会科学》2009 年第 10 期。

康晓光：《非营利性组织管理》，中国人民大学出版社，2011。

康晓光、韩恒：《分类控制：当前中国大陆国家与社会关系研究》，《开放时代》2008 年第 2 期。

康晓光、卢宪英、韩恒：《改革时代的国家与社会关系—行政吸纳社会》，中国社会科学出版社，2008。

孔静静、乐会进：《微认证：数字时代职业技能评估的新途径》，《南方职业教育学刊》2023 年第 2 期。

库少雄：《社会工作评估——单样本设计》，《北京科技大学学报》（社会科学版）2004 年第 3 期。

Leon H. Ginsberg：《社会工作评估——原理与方法》，黄晨熹译，华东理工大学出版社，2005。

莱斯特·M. 萨拉蒙：《公共服务中的伙伴——现代福利国家中政府与非营利组织的关系》，田凯译，商务印书馆，2008。

莱斯特·萨拉蒙、谭静：《非营利部门的崛起》，《马克思主义与现实》2002 年第 3 期。

赖茵哈德·施托克曼、沃尔夫冈·梅耶：《评估学》，唐以志译，人民出版社，2012。

雷杰、黄婉怡：《实用专业主义：广州市家庭综合服务中心社会工作者"专业能力"的界定及其逻辑》，《社会》2017 年第 1 期。

雷杰、易雪娇、张忠民：《行政化导向的新管理主义：乡镇（街道）社会工作站建设与政府购买社会工作服务——以湖南省"禾计划"A 市项目为例》，《社会工作与管理》2022 年第 4 期。

黎熙元：《社区技术治理的神话：政府项目管理与社工服务的困境》，《兰州大学学报》2018 年第 3 期。

李斌、王镒霏：《组织化与专业化：中国社会工作的双重演进》，《社会工作》2014 年第 6 期。

李春、王千：《政府购买养老服务过程中的第三方评估制度探讨》，《中国行政管理》2014 年第 12 期。

李华伟：《基线评估法在社会工作实务过程中的应用》，《社会工作》2012 年第 6 期。

李培林：《理性选择理论面临的挑战及其出路》，《社会学研究》2001 年第 6 期。

李全彩：《政府购买社会工作服务：现状、问题与对策》，《社会福利》（理论版）2014 年第 7 期。

李伟：《社会工作何以走向"去社会变革化"？基于美国百年社会工作史的分析》，《社会》2018 年第 4 期。

李伟、杨彩云：《专业主义还是反专业主义：社会工作界的百年话语争议》，《社会工作》2018 年第 4 期。

李迎生：《社会工作概论》，中国人民大学出版社，2018。

李志军：《第三方评估理论与方法》，中国发展出版社，2016。

栗智宽、俞良早：《中国共产党力戒形式主义的百年实践：轨迹、成就与经验》，《求实》2021 年第 3 期。

林顺利：《论政府购买公共服务背景下社会工作机构能力建设的五个基本问题》，《社会工作》2014 年第 3 期。

林淞、周恩毅：《我国 NPO 志愿失灵的有效治理——兼论与"第四域"的融合》，《华中科技大学学报》（社会科学版）2009 年第 3 期。

林万亿：《当代社会工作：理论与方法》，五南图书出版社，2002。

刘传铭、乔东平、王金顺：《我国政府与社会组织之间的关系研究——基于北京、上海、广州、深圳的调查研究》，《经济研究参考》2012 年第 22 期。

刘芳、吴世友、Mark W. Fraser：《案主满意度评估：一种有效的社会工作实务评估方法》，《华东理工大学学报》（社会科学版）2013 年第 4 期。

刘江：《社会工作服务评估：一个整合的评估模型》，《社会工作与管理》2015 年第 3 期。

刘江：《社会工作服务效果评估：基于定性与定量方法的混合评估法》，《华东理工大学学报》（社会科学版）2016 年第 6 期。

刘江：《自由目标评估：一种可行的社会服务项目效果评估法——兼论社会服务项目效果评估的新转向》，《华东理工大学学报》（社会科学版）2019 年第 4 期。

刘江、顾东辉：《方法为本、理论驱动与机制分析——社会工作服务效果评估的三种策略》，《社会工作与管理》2021 年第 6 期。

刘江、张闻达：《社会工作评估研究的四种进路——基于我国中文研究文献的系统评价》，《华东理工大学学报》（社会科学版）2020 年第 4 期。

刘祺、叶仲霖、陈国渊：《公共政策价值评估：缘起、概念及测度——一种批判实证主义的评估程式建构》，《东南学术》2011 年第 4 期。

刘少杰：《理性选择理论的形式缺失与感性追问》，《学术论坛》2006 年第
　　3 期。

刘伟、苗岭：《国内学界对理性选择理论的误解：一个初步反思》，《社会
　　科学动态》2017 年第 2 期。

刘五驹：《评价标准：科学性还是人文性——"第四代评估"难题破析》，
　　《教育理论与实践》2014 年第 16 期。

刘小年：《社会治理政策评估发展阶段划分》，《合作经济与科技》2023 年
　　第 1 期。

刘永谋：《技术治理的逻辑》，《中国人民大学学报》2016 年第 6 期。

刘永谋：《技术治理的哲学反思》，《江海学刊》2018 年第 4 期。

刘正峰、王九洲、刘亦为：《社会工作"二元市场结构"与注册社会工作
　　师立法》，《社会工作与管理》2020 年第 5 期。

龙欢：《乡镇（街道）社工站参与基层社会治理的三重路径——基于湖南
　　的实践》，《中国社会工作》2022 年第 13 期。

陆奇斌：《英国慈善组织的监管特色》，《中国民政》2016 年第 1 期。

露易斯：《非政府组织的缘起与概念》，《国外社会科学》2005 年第 1 期。

罗伯特·K. 殷：《案例研究：设计与方法》，周海涛主译，李永贤、张蘅
　　参译，重庆大学出版社，2004。

马贵侠、叶士华：《政府向社会工作机构购买服务的运作机制、困境及前
　　瞻》，《广东工业大学学报》（社会科学版）2014 年第 1 期。

马焕英：《广州社会工作服务评估困境与对策——以 L 社工机构为例》，
　　《东莞理工学院学报》2016 年第 4 期。

马克斯·韦伯：《经济与社会（上卷）》，林荣远译，商务出版社，1997。

马亮、于文轩：《第三方公共服务绩效评价的评价：一项比较案例研究》，
　　《南京社会科学》2013 年第 5 期。

马秀莲、杨团：《政社合作下社区托管服务的规模化和专业化——从罗山
　　市民会馆到华爱社区管理中心》，《理论探讨》2017 年第 2 期。

马旭红、唐正繁：《第三方评估的实证理论与实证探索》，西安交通大学出
　　版社，2017。

乜琪：《服务对象对社会工作的职业认同研究——对北京、上海两地服务
　　对象的调查》，《新视野》2011 年第 1 期。

莫玉音：《我国第三方教育评估机构的资质认证现状与标准》，《教育测量
　　与评价》2019 年第 4 期。

穆莉萍：《权力、资源、专业的互动博弈：政府购买服务中的政社关系研
　　究》，《重庆工商大学学报》（社会科学版）2017 年第 4 期。

尼古拉斯·亨利：《公共行政与公共事务》，张听译，中国人民大学出版
　　社，2002。

倪星、余凯：《试论中国政府绩效评估制度的创新》，《政治学研究》2004
　　年第 3 期。

聂玉梅、黎江：《委托代理视角下社会服务项目第三方评估实践及其运作
　　逻辑——基于 H 市实践的调查》，《社会工作与管理》2020 年第 5 期。

潘旦、向德彩：《社会组织第三方评估机制建设研究》，《华东理工大学学
　　报》（社会科学版）2013 年第 1 期。

潘修华、孙玉明：《我国志愿服务中的"失灵现象"探析》，《北京工业大
　　学学报》（社会科学版）2012 年第 5 期。

潘泽泉：《湖南"禾计划"：实现社会工作与民政工作融合式发展》，《中
　　国民政》2021 年第 4 期。

彭亚平：《技术治理的悖论：基层政府在民调中如何"制造"民意》，《社
　　会》2018 年第 3 期。

彭云、马亮：《"放管服"改革视域下的政务服务"好差评"制度——中
　　国省级政府的比较研究》，《行政论坛》2020 年第 6 期。

强世功：《法制与治理：国家转型中的法律》，中国政法大学出版社，2003。

乔东平、高克祥：《政府与社会组织的合作：模式、机制和策略》，华夏出
　　版社，2015。

丘海雄、张应祥：《理性选择理论述评》，《中山大学学报》（社会科学版）
　　1998 年第 1 期。

任文启、顾东辉：《基层治理专业化视野下社会工作站建设的进程、困境
　　与实践策略》，《社会工作与管理》2022 年第 6 期。

萨瓦斯：《民营化与公私部门的伙伴关系》，周志仁等译，中国人民大学出
　　版社，2002。

邵任薇、贾化颖：《政府购买公共服务第三方评估伦理研究》，《秘书》
　　2019 年第 5 期。

史柏年：《"双轨运行"下的社会工作专业人才培养》，《中国社会工作》
　　2019 年第 13 期。

孙发锋：《第三方评估：我国慈善组织公信力建设的必然要求》，《行政论
　　坛》2014 年第 4 期。

孙越：《现代技术的"现代性困境"》，《山西师大学报》（社会科学版）
　　2015 年第 1 期。

邰鹏峰：《政府购买公共服务的评估困境破解——基于内地评估实践的研
　　究》，《学习与实践》2013 年第 8 期。

谭钊明、邹国颐：《广东"双百计划"推动社会工作均衡发展》，《中国民
　　政》2016 年第 24 期。

唐斌：《政府利益诉求与社会工作职业伦理的冲突及其调适》，《求索》
　　2010 年第 6 期。

唐文玉：《从"工具主义"到"合作治理"——政府支持社会组织发展的
　　模式转型》，《学习与实践》2016 年第 9 期。

唐文玉：《行政吸纳服务——中国大陆国家与社会关系的一种新诠释》，
　　《公共管理学报》2010 年第 1 期。

滕爱聪：《政府购买服务引入第三方评估机制效果可期》，《中国社会报》
　　2015 年 7 月 3 日，第 5 版。

童敏、周燚：《从需求导向到问题导向：社会工作"中国道路"的专业合
　　法性考察》，《社会工作》2019 年第 4 期。

王恩见、何泳佳、高冉、朱新然：《服务的内卷化：对政府购买失独家庭
　　社会工作服务的省思——以 X 失独家庭社会工作服务项目为例》，《人
　　口与发展》2018 年第 6 期。

王海萍、许秀娴：《我国社会工作干预项目评估流程与方法回顾》，《社会
　　工作与管理》2018 年第 5 期。

王家合：《政府购买社会工作服务的利益相关者分析——基于利益"要求-
　　冲突-协调"的框架》，《求索》2019 年第 1 期。

王杰、徐选国：《我国社会工作的合法性困境及其路径重构》，《中国农业
　　大学学报》（社会科学版）2018 年第 2 期。

王杰、朱志伟、康姣：《政府购买公共服务背景下的第三部门失灵及其治
　　理》，《领导科学》2018 年第 32 期。

王礼刚：《社会工作高质量发展面临的问题及对策》，《社会与公益》2023年第7期。

王璐、邹靖：《市场机制下第三方教育评估机构的发展：机遇、路径与挑战》，《教育测量与评价》2020年第9期。

王名、乐园：《中国民间组织参与公共服务购买的模式分析》，《中共浙江省委党校学报》2008年第4期。

王浦劬、莱斯特·M.萨拉蒙等：《政府向社会组织购买公共服务研究——中国与全球经验分析》，北京大学出版社，2010。

王前、谭望：《政府绩效评估中的委托代理风险及其防范》，《前沿》2007年第5期。

王晴锋：《戈夫曼与符号互动论：形似与神离》，《宁夏社会科学》2018年第2期。

王晴锋：《欧文·戈夫曼与情境互动论》，社会科学文献出版社，2019。

王晴锋：《情境互动论：戈夫曼社会学的理论范式》，《理论月刊》2019年第1期。

王瑞鸿：《打造现代民政：从组织增能变革到社会治理创新》，《中国社会工作》2019年第25期。

王诗宗、杨帆：《政府治理志愿失灵的局限性分析——基于政府购买公共服务的多案例研究》，《浙江大学学报》（人文社会科学版）2017年第5期。

王思斌：《"大社会工作"框架下社会工作的多角度理解及专业性》，《中国社会工作》2023年第19期。

王思斌：《发展好"大社会工作"》，《中国社会工作》2023年第10期。

王思斌：《机构设置新格局下"大社会工作"的均衡发展》，《中国社会工作》2023年第16期。

王思斌：《我国社会工作从嵌入性发展到融合性发展之分析》，《北京工业大学学报》（社会科学版）2020年第3期。

王思斌：《中国社会工作的嵌入性发展》，《社会科学战线》2011年第2期。

王思斌、阮曾媛琪：《和谐社会建设背景下中国社会工作的发展》，《中国社会科学》2009年第5期。

王先明：《从财务的角度浅谈社会组织年检》，《社团管理研究》2011 年第 10 期。

王向华、张曦琳：《管办评分离背景下高等教育第三方评估的探索与实践——以上海市教育评估协会和麦可思研究院为例》，《当代教育科学》2019 年第 2 期。

王晔：《社会组织年度检查制度存在的问题和改革路径研究》，《学会》2020 年第 5 期。

威廉·R. 纽金特、洁基·D. 西帕特、沃尔特·W. 赫德森：《21 世纪评估实务》，卓越、叶文振、姜国兵译，中国人民大学出版社，2006。

卫小将：《排异与契合：社会工作的本土局限性分析》，《学习与实践》2014 年第 8 期。

卫小将、李喆、苗艳梅：《我国社会工作的"绞溢"病象及其诊治的可能路径》，《华中科技大学学报》（社会科学版）2008 年第 2 期。

温来成、陈潇琳：《政府购买公共服务第三方评价面临的困境及政策建议》，《财政监督》2017 年第 22 期。

温欣：《风险导向社会工作服务项目的财务评估》，《山东工商学院学报》2020 年第 3 期。

温颖娜：《资源依赖视角中的 NGO 与政府关系——以 Y 机构"一个社工多个婆婆"现象为例》，《社会工作（下半月）》2010 年第 7 期。

文军：《当代中国社会工作发展面临的十大挑战》，《社会科学》2009 年第 7 期。

文军、何威：《社会工作"选择性服务"现象及其反思》，《学习与探索》2016 年第 7 期。

文军、吴越菲：《超越分歧：社会工作整合理论及其应用》，《社会科学文摘》2016 年第 7 期。

闻英：《社会建设背景下社会工作服务机构的培育与发展——基于对河南省的调查与思考》，《中州学刊》2011 年第 6 期。

吴帆、郑飞北：《社会服务评估实用教程》，高等教育出版社，2018。

吴光芸、方国雄：《市场失灵、政府失灵与非营利组织失灵及三者互动的公共服务体系》，《四川行政学院学报》2005 年第 1 期。

吴佳惠、王佳鑫、林誉：《论作为政府治理工具的第三方评估》，《中共福建省委党校学报》2015年第6期。

吴瑞君、倪波、陆勇、王裔艳：《政府购买社会服务综合绩效评量模型设计与参数估计——以上海市浦东新区计生系统购买社会服务为例》，《华东师范大学学报》（哲学社会科学版）2019年第4期。

吴伟东：《社会工作评估：层次深入模型》，《社会》2004年第10期。

吴耀健：《未完成的专业化：社会工作项目评估标准中管理与专业的动态平衡》，《社会工作与管理》2020年第5期。

吴耀健、陈安娜：《行政化与专业自闭桎梏：广东D区民办社会工作机构的内卷化》，《社会工作》2017年第5期。

夏书章：《行政管理学》，中山大学出版社，2003。

向荣、陆德泉：《"流行社工"路——云南连心本土社会工作实践》，社会科学文献出版社，2018。

向羽、张和清：《政府购买服务准市场化的异化与中国特色社会工作发展道路反思——以广东社会工作发展历程为例》，《暨南学报》（哲学社会科学版）2023年第2期。

肖小霞、张兴杰：《社工机构的生成路径与运作困境分析》，《江海学刊》2012年第5期。

肖小霞、张兴杰、张开云：《政府购买社工服务：道德实践和政治实践的异化》，《理论月刊》2013年第7期。

谢海山：《国内外政府购买服务的简要历程》，《社会与公益》2012年第8期。

谢建社、吴夏元：《服务对象参与社工服务的现状及其策略——基于抽纸原理的启示》，《广州大学学报》（社会科学版）2018年第9期。

谢棋君、王青青：《协同治理视角下中国社工机构服务评估的困境与化解》，《成都大学学报》（社会科学版）2015年第6期。

谢小燕、顾来红、徐蓓蓓：《新管理主义的评估问题剖析与"第四代评估"理论的借鉴——基于场域视角》，《南京理工大学学报》（社会科学版）2014年第2期。

邢瑞磊：《理解理性选择理论：历史、发展与论争》，《武汉大学学报》（哲学社会科学版）2015年第3期。

熊跃根：《论中国社会工作本土化发展过程中的实践逻辑与体制嵌入》，载王思斌主编《社会工作专业化及本土化实践》，社会科学文献出版社，2006。

徐道稳、唐达婷：《责信理论视角下社会工作机构绩效评估研究——以 S 市社会工作机构绩效评估为例》，《社会工作与管理》2020 年第 4 期。

徐道稳：《从"去体制化"到"新体制化"：社会工作的体制嬗变》，《社会科学战线》2023 年第 4 期。

徐道稳：《浅谈中央社会工作部成立对我国现有社会工作发展体制的影响》，《中国社会工作》2023 年第 22 期。

徐道稳：《因地制宜推进乡镇（街道）社工站建设》，《中国社会工作》2021 年第 15 期。

徐道稳：《中国社会工作行政化发展模式及其转型》，《社会科学》2017 年第 10 期。

徐家良：《政府购买社会组织公共服务制度化建设若干问题研究》，《国家行政学院学报》2016 年第 1 期。

徐双敏：《国外模式的比较借鉴 不同形式的国外政府委托评估模式》，《中国民政》2015 年第 17 期。

徐双敏：《政府绩效管理中的"第三方评估"模式及其完善》，《中国行政管理》2011 年第 1 期。

徐双敏、陈尉：《"第三方"评估政府绩效的制度环境分析》，《学习与实践》2013 年第 9 期。

徐双敏、崔丹丹：《民办非企业类社会组织评估现状及其完善研究——以浙江 N 市"阳光驿站"评估为例》，《晋阳学刊》2016 年第 2 期。

徐双敏、崔丹丹：《社会组织第三方评估主体及其能力建设》，《晋阳学刊》2018 年第 5 期。

徐双敏、崔丹丹：《完善社会组织第三方评估工作机制研究——基于 5 市调查数据的分析》，《中南财经政法大学学报》2016 年第 6 期。

徐双敏、翟玥：《国外地方政府委托评估模式比较研究》，《学习与实践》2012 年第 8 期。

徐向文：《西方专业社会工作合法化路径及其对我国的启示》，《甘肃社会科学》2015 年第 4 期。

徐选国：《社区公益服务项目第三方评估的"内卷化"困境及其治理》，

《中国社会工作》2017 年第 4 期。

徐选国：《政社联结：发达县域乡镇（街道）社工站的整合模式》，《中国社会工作》2021 年第 31 期。

徐选国、高丽：《"被动型增长"政府购买服务第三方评估组织的生成逻辑》，《社会与公益》2018 年第 4 期。

徐选国、黄颖：《政社分开与团结：政府购买社会服务第三方评估的风险及其治理——基于 S 市的评估实践》，《社会工作与管理》2017 年第 2 期。

徐选国、杨君、徐永祥：《政府购买公共服务的理论谱系及其超越——以新制度主义为分析视角》，《学习与实践》2014 年第 10 期。

徐蕴、姜波、王瑞鸿、孙洁：《社工站建设之地方实践（三）湖南"禾计划"：如何实现从 1.0 到 3.0 版本的进阶》，《中国社会工作》2021 年第 4 期。

许娓、徐蕴：《全国志愿服务和社会工作电视电话会议在京召开 已建成乡镇（街道）社工站 2.9 万个》，《中国社会报》2023 年 1 月 18 日。

许源：《合法性视角下政府购买服务第三方评估机制、困境及其突破》，《科学发展》2020 年第 4 期。

言心哲：《现代社会事业》，商务印书馆，1945。

颜克高：《信息披露与非营利组织失灵的治理》，《探索与争鸣》2007 年第 11 期。

杨发祥、叶淑静：《社工薪酬的结构性困境与可能出路——以珠三角地区为例》，《江苏行政学院学报》2016 年第 5 期。

杨帆、王诗宗：《志愿失灵的治理：一种反思》，《公共管理与政策评论》2017 年第 1 期。

杨君、徐永祥、徐选国：《社区治理共同体的建设何以可能？——迈向经验解释的城市社区治理模式》，《福建论坛》（人文社会科学版）2014 年第 10 期。

姚华：《NGO 与政府合作中的自主性何以可能？——以上海 YMCA 为个案》，《社会学研究》2013 年第 1 期。

姚进忠、林悦盈：《服务型治理：乡镇社会工作站的实践逻辑与路径建构》，《中国农业大学学报》（社会科学版）2023 年第 5 期。

姚进忠、崔坤杰：《绩效抑或专业：我国社会工作评估的困境与对策》，《中州学刊》2015 年第 1 期。

叶常林：《非营利组织失灵：组织边界之模糊与清晰》，《中国行政管理》2006 年第 11 期。

叶托、胡税根：《政府购买社会服务的绩效评估指标体系研究——基于德尔菲法和层次分析法的应用》，《广东行政学院学报》2015 年第 2 期。

鄞益奋：《公共政策评估：理性主义和建构主义的耦合》，《中国行政管理》2019 年第 11 期。

尹阿雳、赵环：《审核与增能：社会工作服务机构评估模式的整合升级——基于深圳市社工服务机构评估（2009—2016 年）的经验反思》，《社会工作与管理》2018 年第 1 期。

应小丽、钱凌燕：《"项目进村"中的技术治理逻辑及困境分析》，《行政论坛》2015 年第 3 期。

尤莉：《第三次方法论运动——混合方法研究 60 年演变历程探析》，《教育学报》2010 年第 3 期。

余长华：《以第三方评估促行业协会内部治理的强化——重庆市 2015 年全市性行业协会评估报告》，《国家治理》2016 年第 45 期。

余芳梅、施国庆：《西方国家公共政策评估研究综述》，《国外社会科学》2012 年第 4 期。

虞维华：《从"志愿失灵"到危机：萨拉蒙非营利组织研究疏议》，《行政论坛》2006 年第 2 期。

袁铭健：《第三方评估的政策演进及其趋势》，《党政论坛》2017 年第 12 期。

袁强：《第三方评估运行机制与实践规制的理性建构》，《中国教育学刊》2016 年第 11 期。

詹姆斯·科尔曼：《社会理论的基础》，邓方译，社会科学文献出版社，1990。

张和清、廖其能：《从群众中来 到群众中去——"双百"社会工作概论》，中国社会出版社，2021。

张和清、廖其能：《发展型社会救助的中国社会工作实践探索——以广东"双百"为例》，《西北师大学报》（社会科学版）2021 年第 6 期。

张和清、廖其能、许雅婷：《"双百计划"实务模式探究》，《中国社会工作》2018年第19期。

张和清、杨锡聪：《社区为本的整合社会工作实践——理论、实务与绿耕经验》，社会科学文献出版社，2021。

张鹏：《区块链赋能下的数字法治政府建设：内涵、关联及路径》，《电子政务》2022年第7期。

张飘飘：《响应式的建构：政府绩效第三方评估的优化路径——以昆明市评估实践探索为例》，《佳木斯大学社会科学学报》2019年第5期。

张威：《社会工作能否标准化和指标化？——兼论社会工作的功能定位与科学属性》，《社会工作》2017年第1期。

张现洪：《技术治理与治理技术的悖论》，《浙江学刊》2019年第1期。

张小秋：《国外评估的专业化发展及其对中国的启示》，《科研管理》2016年第13期。

张兴杰、肖小霞、张开云：《政府购买社会工作服务：实践检视与未来政策选项》，《浙江学刊》2013年第5期。

张洋勇、李晓凤：《社会工作第三方评估实践的边界生产策略——基于Y机构的个案研究》，《都市社会工作研究》2023年第1期。

赵芳：《社会工作专业化的内涵、实质及其路径选择》，《社会科学》2015年第8期。

赵环、滕爱聪、徐丽婕：《"以评促建"：深圳社工机构评估机制与组织建设》，《中国社会工作》2011年第10期。

赵环、徐选国、杨君：《政府购买社会服务的第三方评估：社会动因、经验反思与路径选择》，《福建论坛》（人文社科版）2015年第10期。

赵环、严骏夫、徐选国：《政府购买社会服务的逻辑起点与第三方评估机制创新》，《华东理工大学学报》（社会科学版）2014年第3期。

赵学慧：《社会工作性质反思及其发展脉络分析》，《社科纵横》2010年第9期。

珍妮特·登哈特、罗伯特：《新公共服务：服务，而不是掌舵》，方兴、丁煌译，中国人民大学出版社，2004。

郑广怀、张政：《社会工作机构何以向劳务公司转变——基于国家-社会关系的视角》，《广东社会科学》2021年第4期。

郑佳斯、卜熙：《失效的第三方：组织自利性下的社会组织评估》，《华南师范大学学报》（社会科学版）2020 年第 5 期。

周长城：《理性选择理论：社会学研究的新视野》，《社会科学战线》1997
年第 4 期。

周光辉：《从管制转向服务：中国政府的管理革命——中国行政管理改革
30 年》，《吉林大学社会科学学报》2008 年第 3 期。

周金玲：《乡镇（街道）社工站建设湖南模式探析》，《中国社会工作》
2021 年第 7 期。

周凯：《政府绩效评估导论》，中国人民大学出版社，2006。

朱健刚、陈安娜：《嵌入中的专业社会工作与街区权力关系——对一个政
府购买服务项目的个案分析》，《文化纵横》2013 年第 3 期。

朱媛媛：《折叠式关系：社会组织参与城市基层治理的现实空间与实践路
径——以 G 市政府购买社会工作服务为例》，《社会工作与管理》2020
年第 4 期。

朱志伟：《基于服务对象需求的政府购买服务机制研究——以制度变迁理
论为分析视角》，《云南行政学院学报》2017 年第 4 期。

邹学银、卢磊、陶书毅：《政府购买社会工作服务目录指南研究》，《社会
工作与管理》2014 年第 3 期。

左敏、周梅华：《动态绩效管理视域下政府购买服务的评估困境及路径优
化》，《重庆社会科学》2020 年第 10 期。

Alnoor Ebrahim, and V. Kasturi Rangan, "The Limits of Nonprofit Impact: A
Contingency Framework for Measuring Social Performance," *Social Science
Electronic Publishing* 10 (2010).

Alpa Dhanani, and Ciaran Connolly, "Discharging not-for-Profit Accountability:
UK Charities and Public Discourse," *Accounting, Auditing & Accountability
Journal* 7 (2012).

A. Mcdonald, "Assessment: the Contribution of Social Work," *Nursing and Res-
idential Care* 1 (2008).

Amy Lopez, "Social Work, Technology, and Ethical Practices: A Review and
Evaluation of the National Association of Social Workers' Technology Stand-
ards," *Social Work in Health Care* 9 (2014).

Andy Adcroft, Robert Willis, "Commodification or Transformation: Measuring Performance in the Public Sector," *The International Journal of Knowledge, Culture, and Change Management* 1 (2005).

Barbara Bryant Soloman, *Empowerment: Social Work in Oppressed Community* (New York: Columbia University Press, 1976).

Bernd Helmig, Stefan Ingerfurth, and Alexander Pinz, "Success and Failure of Nonprofit Organizations: Theoretical Foundations, Empirical Evidence, and Future Research," *International Journal of Voluntary and Nonprofit Organizations* 6 (2014).

Beth R. Crisp, and Pam Green Lister, "Assessment Methods in Social Work Education: A Review of the Literature," *Social Work Education* 2 (2002).

Bob Tanner, "Independent Assessment by Third-party Certification Bodies," *Food Control* 5 (2000).

Carol Propper, and Deborah Wilson, "The Use and Usefulness of Performance Measures in the Public Sector," *Department of Economics* 3 (2003).

Chris Beckett, *Assessment & Intervention in Social Work: Preparing for Practice* (Los Angeles: Sage Publications Ltd, 2010).

Christopher J. Bamber, John M. Sharp, and Pavel Castka, "Third Party Assessment: the Role of the Maintenance Function in an Integrated Management System," *Journal of Quality in Maintenance Engineering* 1 (2004).

Claire Moxham, "Understanding Third Sector Performance Measurement System Design: A Literature Review," *International Journal of Productivity & Performance Management* 6 (2014).

C. Meyer, *Assessment in Social Work Practice* (New York: Columbia University Press, 1993).

Corrado Lo Storto, "Measuring Performance in the Public Administration Sector: An Analysis of Websites Efficiency," *Advanced Science Letters* 1 (2014).

Dale E. Thomson, "Exploring the Role of Funders Performance Reporting Mandates in Nonprofit Performance Measurement," *Nonprofit and Voluntary Sector Quarterly* 4 (2010).

David A. Campbell, Krishna T. Lambright, and Laura R. Bronstein, "The Eyes of the Beholders: Feedback Motivations and Practices Among Nonprofit Providers and Their Funders," *Public Performance & Management Review* 1 (2012).

David Diehl, and Daniel McFarland, "Toward a Historyical Sociology of Social Situations," *American Journal of Sociology* 6 (2010).

David M. Van Slyke, "The Public Management Challenges of Contracting with Nonprofits for Social Services," *International Journal of Public Administration* 4 (2002).

Derek Clifford, "Social Assessment Theory and Practice: A Multidisciplinary Framework," *Aldershot* 6 (2018).

D. M. Compton, Michael Baizerman, and S. H. Stockdill, "The Art, Craft, and Science of Evaluation Capacity Building," *New Directions for Evaluation* 1 (2002).

Dorothea Greiling, "Balanced Scorecard Implementation in German Non-profit Organizations," *International Journal of Productivity and Performance Management* 6 (2010).

Egon G. Guba, and Yvonna S. Lincoln, *Fourth Generation Evaluation* (London: Newbury Sage Publications, 1989).

Eileen Gambrill, "Evidence-Based Practice: An Alternative to Authority-Based Practice," *Families in Society: The Journal of Contemporary Social Service* 4 (1999).

Elinor Brunnberg, and Ninoslava Pećnik, "Assessment Processes in Social Work with Children at Risk in Sweden and Croatia," *International Journal of Social Welfare* 3 (2006).

Erving Goffman, Communication Conduct in an Island Community, Ph. D. diss., University of Chicago, 1953.

Erving Goffman, E., "On Cooling the Mark Out: Some Aspects of Adaptation to Failure," *Psychiatry-interpersonal & Biological Processes* 4 (1952).

Erving Goffman, "The Interaction Order: American Sociological Association, 1982 Presidential Address," *American Sociological Review* 1 (1983).

George Karpetis, "Field Practice Supervision of Social Work Students: Psychodynamic View on the Emotional Context of the Process and the Setting During the Client Assessment Phase," *European Journal of Social Work* 4 (2010).

Glifford Geertz, *Agricultural Involution: The Process of Ecological Change in Indonesia* (California: University of California Press, 1969).

Gregory A. Porumbescu, "Placing the Effect? Gleaning Insights into the Relationship between Citizens' Use of E-Government and Trust in Government," *Public Management Review* 2 (2016).

Hamid R. Ekbia, Michael Mattioli, and Inna Kouper, and G. Arave, "Big Data, Bigger Dilemmas: A Critical Review," *Journal of the Association for Information Science & Technology* 8 (2015).

H. England, *Social Work as Art: Making Sense for Good Practice* (London and Boston: Allen&Unwin, 1986).

Herbert Blumer, *Symbolic Interactionism: Perspective and Method* (California: University of California Press, 1986).

Hilary Wilson, "Social Work Assessment: What Are We Meant To Assess?" *Ethics and Social Welfare* 1 (2020).

James Samuel Coleman, *Foundation of Social Theory of Social Theory* (Cambridge: Belknap press of Harvard University Press, 1990).

Jane Aldgate, *The Role of Assessment in Social Work* (New York: The Law and Social Work, 2010).

Jo An M. Zimmermann, and Bonnie W. Stevens, "The Use of Performance Measurement in South Carolina Nonprofits," *Nonprofit Management and Leadership* 3 (2006).

Joanne G. Carman, and Kimberly A. Fredericks, "Evaluation Capacity and Nonprofit Organizations: Is the Glass Half-Empty or Half-Full?" *American Journal of Evaluation* 1 (2010).

Joanne G. Carman, "Program Evaluation Use and Practice in Nonprofit Organizations: A Theory-Based Study of Nonprofit Organizations in New York State," (Ph. D. diss., Albany, N. Y: Department of Public Administration, Suny Albany, 2005).

Johanna Woodcock, "The Social Work Assessment of Parenting: An Exploration," *British Journal of Social Work* 1 (2003).

John W. Meyer, and Brian Rowan. , "Institutionalized Organizations: Formal Structure as Myth and Ceremony," *American Journal of Sociology* 2 (1977).

Joseph S. Wholey, Harry P. Hatry, and Kathryn E. Newcomer, *Handbook of Practical Program Evaluation* (San Francisco: Jossey-Bass, 2004).

Judith Milner, and Partick O'Byrne, *Assessment in Social Work* (New York: Palgrave Macmillan, 1998).

Kast, and J. Rosenzweig "Organization and Management: A Systems Approach," *Intensive Care Medicine* 18 (1974).

Katherine O'Regan, and Sharon Oster, "Does Government Funding Alter Nonprofit Governance? Evidence from New York City Nonprofit Contractors," *Journal of Policy Analysis & Management* 3 (2002).

Kelly LeRoux, and Nathaniel S. Wright, "Does Performance Measurement Improve Strategic Decision Making? Findings From a National Survey of Nonprofit Social Service Agencies," *Nonprofit & Voluntary Sector Quarterly* 4 (2010).

Lester M. Salamon, and Helmut K. Anheier, "Social Origins of Civil Society: Explaining the Nonprofit Sector Cross-Nationally," *Voluntas* 3 (1998).

Loulse C. Johnson, "Social Work Practice, A Generalist Approach," *Revista Médica De Chile* 8 (2010).

L. Schneider, and E. Goffman, "Behavior in Public Places; Notes on the Social Organization of Gatherings," *American Sociological Review* 3 (1964).

Margaret Taylor, and Andrew Taylor, "Performance Measurement in the Third Sector: the Development of a Stakeholder-focussed Research Agenda," *Production Planning & Control* 16 (2014).

Mark C. Suchman, "Managing Legitimacy: Strategic and Institutional Approach," *Academy of Management Review* 3 (1995).

Matthew Hall, "Evaluation Logicsin the Third Sector," *Voluntas International Journal of Voluntary & Nonprofit Organizations* 2 (2012).

Milton Bloombaum, and E. Goffman, "Encounters: Two Studies in the Sociology of Interaction," *American Sociological Review* 3 (1962).

Mitesh Kataria, and Fabian Winter, "Third Party Assessments in Trust Problems with Conflict of Interest: An Experiment on the Effects of Promises," *Economics Letters* 1 (2013).

M. Mattaini, and Stuart A. Kirk, "Assessing Assessment in Social Qork," *Social Work* 3 (1991).

Paul Thomas, and Colin Palfrey, "Politics and Policy Evaluation," *Public Policy and Administration* 4 (1999).

P. Connolly, and P. York, "Evaluating Capacity-Building Efforts for Nonprofit Organizations," *OD Practitioner* 34 (2002).

Q. K. Jamison, "Professional Evaluation: Social Impact and Political Consequences: Ernest", in R. House. *Newbury Park* (C. A. : Sage Publications, 1993).

Rebecca Szper, and Assem Prakash, "Charity Watchdogs and the Limits of Information-Based Regulation," *Voluntas International Journal of Voluntary & Nonprofit Organizations* 1 (2011).

Richard Greatbanks, Graham Elkin, and Graham Manville, "The Use and Efficacy of Anecdotal Performance Reporting in the ThirdSector," *International Journal of Productivity and Performance Management* 6 (2010).

Richard Hoefer, "Accountability in Action? Program Evaluation in Nonprofit Human Service Agencies," *Nonprofit Management and Leadership* 2 (2003).

Robert C. Ankony, and Thomas M. Kelley, "The Impact of Perceived Alienation on Police Officers' Sense of Mastery and Subsequent Motivation for Proactive Enforcement," *Policing* 2 (1999).

Robert S. Kaplan, and D. P. Norton, "Using the Balanced Scorecard as Strategic Management System," *Harvard Business Review* 1 (1996).

Roland Burgman, and Goran Roos, "Measuring, Managing and Delivering Value Performance in the Public Sector," *International Journal of Learning & Intellectual Capital* 2 (2004).

Rosemary Sheehan, "Child and Family Assessment in Social Work Practice," *Australian Social Work* 2 (2005).

Roy W. Rodenhiser, Vuctirua V. Buchan, Grafton H. Hull Jr. , and Marshall L. Smith, "Assessment of Social Work Program Outcomes: The Baccalaureate Educational Assessment Project," *Journal of Baccalaureate Social Work* 1 (2007).

R. Turner, and Paul Colomy, "Role Differentiation: Orienting Principles," *Advances in Group Processes* 5 (1988).

Ruben Martin, *Social Work Assessmen* (London: Learning matters ltd., 2010).

S. Akbar Zaidi, "NGO Failure and the Need to Bring Back the State," *Journal of International Development* 2 (1999).

S. Fawcett, A. Paine-Andrews, V. T. Francisso, J. A. Schultz, K. P. Richter, R. K. Lewis, E. L. Williams, and K. J. Harris, "Using Empowerment Theory in Collaborative Partnerships for Community Health and Development," *American Journal of Community Psychology* 5 (1995).

Steven Rathgeb Smith, and Michael Lipsky, "Nonprofits for Hire: The Welfare State in the Age of Contracting," *Contemporary Sociology* (4) 1995.

Svein Olnes, Jolien Ubacht, and Marijn Janssen, M., "Blockchain in Government: Benefits and Implications of Distributed Ledger Technology for Information Sharing," *Government Information Quarterly an International Journal Of Information Technology Management Policies & Practices*, 3 (2017).

Theodore H. Poister, "Measuring Performance in Public and Nonprofit Organizations," *Jossey Bass Nonprofit & Public Management* 1 (2003).

Tina M. Timm, Julie Birkenmaier, and Susan Tebb, "The Experiential Community Assessment Project: Integrating Social Work Practice Skills," *Journal of Community Practice* 2 (2011).

Tobin Im, Wonhyuk Cho, Greg Porumbescu, and Jungho Park, "Internet, Trust in Government, and Citizen Compliance," *Journal of Public Administration Research & Theory* 3 (2014).

Tom O'Neill, "Implementation Frailties of Guba and Lincoln's Fourth generation Evaluation Theory," *Studies in Educational Evaluation* 1 (1995).

Trevor Brown, and Mathew Potoski, "Contract-Management Capacity in Municipal and country Governments," *Public Administration Review* 2 (2003).

Wiebe E. Bijker," How is technology made? -That is the question," *Cambridge Journal of Economics* 1 (2010).

Y. Jarrar, and G. Schiuma, "Measuring Performance in the Public Sector: Challenges and Trends," *Measuring Business Excellence* 4 (2007).

Yoshihiro Ohta, "Process of Social Work Practice and its Assessment," *Hokus Review the School of Humanities* 21 (1983).

后　记

本书包含一座城、一个行业、一家机构、一群社工人七年中的许多"故事"。"故事"里的人大多身在局中，而又身不由己，但都脱不开个体理性、组织理性以及制度环境的制约，由此衍生出社工服务第三方评估项目的偏差问题。即使是最具有权威的购买方，大多时候也面临诸多压力，受制于很多外部因素，并不能做出完全科学化的决策。购买方是如此，服务方是如此，作为评估方的第三方评估机构亦是如此。微观层面上第三方评估机构的行动策略导致节约财政投入、提高服务效率、提升社会治理能力的政府购买服务初衷难以充分达成，反而衍生出政府购买社会服务"内卷化"、社会工作行政化、非营利组织异化和第三方评估偏差等诸多问题。政府购买社会工作服务项目及第三方评估项目未来将如何破局？这需要从制度完善、主体规制、理论创新、技术变革等多个层面共同发力，需要利益相关者提高思想站位、约束自身行为，同时也依赖于社会政策体系的不断完善与社会文化环境的不断优化，绝非一朝一夕之功。

本书是国内首本重点关注政府购买社工服务领域中第三方评估项目偏差问题的学术专著，是研究者参与式追踪调查的成果结晶。本书有助于社会工作、社会学以及评估学的师生深入了解社工服务第三方评估项目的"全貌"，有利于完善中国式现代化社会工作发展的本土化理论体系。

本书是笔者在博士学位论文的基础上修改而成的。在其基础上，本书又增加了最近三年的案例资料、行业政策，以及最新的理论研究成果等，新增5万余字。本书的完成，首先要特别感谢笔者的博士生导师南开大学关信平教授及硕士生导师郑州大学张明锁教授的指导和帮助。两位老师是我学术道路上的引路人，也是我学习的榜样。其次也要感谢我的父母、岳父母及爱人樊云英女士的大力支持。最后还要隆重感谢书中所涉及的所有个人及组织，没有他们的帮助和坦言，将无法成书。同时也要说明，由于保密和隐私的要求，本书对某些个体进行了身份和观点的整合，不能对号入座。本书的出版也要感谢社会科学文献出版社胡庆英编辑的辛苦付出，郑州大学研究生刘诗雨、安滋焓、陈凤、王红蕊、刘凤娇、翟跃等同学参与了后期的校对工作。成书不易，第三方评估行业发展不易，社会工作专业发展不易，愿中国式现代化本土社会工作早日结成硕果，进而为社会贫弱群体带去更多福祉。

韩江风

2024 年 5 月于郑州

图书在版编目（CIP）数据

第三方评估偏差：基于政府购买社工服务项目的探
讨／韩江风著 . --北京：社会科学文献出版社，2024.
9. --ISBN 978-7-5228-3866-3

Ⅰ. D632

中国国家版本馆 CIP 数据核字第 2024A5Y654 号

第三方评估偏差

——基于政府购买社工服务项目的探讨

著　　者／韩江风

出 版 人／冀祥德
责任编辑／胡庆英
文稿编辑／杨　莉
责任印制／王京美

出　　版／社会科学文献出版社·群学分社（010）59367002
　　　　　　地址：北京市北三环中路甲 29 号院华龙大厦　邮编：100029
　　　　　　网址：www.ssap.com.cn
发　　行／社会科学文献出版社（010）59367028
印　　装／三河市尚艺印装有限公司

规　　格／开　本：787mm×1092mm　1/16
　　　　　　印　张：17　字　数：277 千字
版　　次／2024 年 9 月第 1 版　2024 年 9 月第 1 次印刷
书　　号／ISBN 978-7-5228-3866-3
定　　价／98.00 元

读者服务电话：4008918866

▲ 版权所有 翻印必究